BENDIGEIDURAN UAB LLYR

Ail Gainc y Mabinogi

*Golygiad newydd ynghyd
â nodiadau testunol a geirfa lawn*

i Ursula, Siôn a Catrin

ⓗ Prifysgol Aberystwyth, 2017 ©

Cyhoeddwyd gan CAA, Prifysgol Aberystwyth, Plas Gogerddan, Aberystwyth SY23 3EB (www.aber.ac.uk/caa).

Cyhoeddwyd â chymorth ariannol gan Adran y Gymraeg, Prifysgol Aberystwyth

ISBN: 978-1-84521-679-5

Dyluniwyd gan Richard Huw Pritchard
Argraffwyd gan Argraffwyr Cambria

CYNNWYS

Rhagair

RHAGAIR

Dros bymtheng mlynedd yn ôl, cyhoeddais y golygiad Gymraeg cyntaf o *Math Uab Mathonwy* ers golygiad arloesol Ifor Williams, *Pedeir Keinc y Mabinogi*, dros bedwar ugain mlynedd yn ôl. Y pryd hwnnw, mynegais fy mwriad o fynd i'r afael â chyhoeddi golygiad Cymraeg o'r tair cainc arall, fesul un. Ddeng mlynedd yn ôl, cyhoeddais olygiad Cymraeg o'r Drydedd Gainc, *Manawydan Uab Llyr*. Yr wyf yma yn awr yn cyhoeddi testun *Bendigeiduran Uab Llyr* ynghyd â rhagymadrodd, nodiadau testunol a geirfa lawn yn y gobaith y bydd hwn hefyd o fudd i fyfyrwyr y Gymraeg. Fy mwriad yn y pen draw yw cyhoeddi'r pedair cainc ynghyd o fewn un gyfrol er y cyhoeddir yn gyntaf y pedair cainc ar wahân. Cydnabyddaf y golyga hyn ychydig o orgyffwrdd o ran y rhagymadrodd ac o ran y nodiadau rhwng y cyfrolau ond yr wyf am osgoi trawsgyfeirio yn y gyfrol bresennol at nodiadau a gyhoeddwyd yn y gyfrol gyntaf a'r ail gyfrol yn y gyfres – h.y. ni raid meddu ar *Math Uab Mathonwy* a *Manawydan Uab Llyr* cyn medru darllen a deall *Bendigeiduran Uab Llyr*. Dylai golygiad newydd o bob un o'r pedair cainc fedru sefyll ar ei ben ei hun yn ogystal â bod yn rhan o'r Mabinogi.

Hoffwn ddiolch i bawb sydd wedi rhoi cymorth imi ar hyd y ffordd gyda'r gwaith hwn, yn enwedig yr Athro Barry Lewis a ddarllenodd y gwaith cyfan gan gynnig nifer o welliannau a sylwadau gwerthfawr iawn. Hoffwn ddiolch hefyd i'm gwraig a'm plant am eu hamynedd di-ben-draw â mi ers dechrau ar y gwaith hwn.

Ian Hughes, Aberystwyth, 2017

RHAGYMADRODD

1. Y TESTUN A'R LLAWYSGRIFAU

Mae testun ail gainc y Mabinogi, neu *Bendigeiduran Uab Llyr,*[1] wedi'i gadw'n llawn mewn dwy lawysgrif, Llyfr Gwyn Rhydderch (colofnau 38:12–61:19) a Llyfr Coch Hergest (colofnau 726:42–739:33). Mae hyn hefyd yn wir am dair cainc arall y Mabinogi a adweinir heddiw fel *Pwyll Pendefig Dyfed*, *Manawydan fab Llŷr* a *Math fab Mathonwy* ac, o ran hynny, am y rhan fwyaf o chwedlau Cymraeg Canol. Perthyn Llyfr Gwyn Rhydderch (bellach Llawysgrifau Peniarth Llyfrgell Genedlaethol Cymru Aberystwyth, Peniarth 4 a Pheniarth 5) i ganol y bedwaredd ganrif ar ddeg (*c.*1350).[2] Fe'i henwyd ar ôl Rhydderch ab Ieuan Llwyd ab Ieuan o Langeitho (*c.*1325–1398/99) y'i copïwyd ar ei gyfer. Ceir atgynhyrchiad o ran o'r Llyfr Gwyn yn *The White Book Mabinogion* wedi'i olygu gan J. Gwenogvryn Evans (Pwllheli, 1907) a adargraffwyd ynghyd â rhagymadrodd gan R. M. Jones dan y teitl *Llyfr Gwyn Rhydderch: Y Chwedlau a'r Rhamantau* (Caerdydd, 1973). Perthyn Llyfr Coch Hergest (bellach Llawysgrifau Llyfrgell Bodley Rhydychen, Jesus College 111) i ddiwedd y bedwaredd ganrif ar ddeg a dechrau'r bymthegfed ganrif (*c.*1382–1410).[3] Enwyd y llawysgrif hon ar ôl ei chartref yn Hergest, Swydd Henffordd, lle y'i cadwyd er ail hanner y bymthegfed ganrif hyd at ddiwedd yr ail ganrif ar bymtheg. Ceir atgynhyrchiad o destun y Llyfr Coch yn *The Text of the Mabinogion and other Welsh Tales from the Red Book of Hergest* wedi'i olygu gan John Rhŷs a J. Gwenogvryn Evans (Oxford, 1887). Yn wahanol i geinciau *Pwyll* a *Math*, mae fersiwn ysgrifenedig cynharach o ran o *Bendigeiduran* a *Manawydan*. Fe'u ceir yn llawysgrif Peniarth 6 a ddyddiwyd tua 1225 gan J. Gwenogvryn Evans (*Llyfr Gwyn Rhydderch: Y Chwedlau a'r Rhamantau*, v–vi), a chytunodd Ifor Williams â'r dyddiad hwn (PKM, xv). Fodd bynnag, awgrymodd Daniel Huws y dylid dyddio'r ddalen o Beniarth 6 sy'n cynnwys *Bendigeiduran* (Pen. 6i) a'r ddalen sy'n cynnwys *Manawydan* (Pen. 6ii) i ail hanner y drydedd ganrif ar ddeg (MWM, 40, 58 a 245). Cedwir Peniarth 6 hefyd yn Llyfrgell Genedlaethol Cymru, Aberystwyth.

---

[1] Am ymdriniaeth â theitl y testun hwn, gw. tt. iii-vi isod.

[2] Am ymdriniaeth fanwl â natur, cynnwys, hanes a dyddiad y llawysgrif hon, gw. Daniel Huws, 'Llyfr Gwyn Rhydderch', CMCS 21 (1991), 1–37, a MWM, 227–68.

[3] Am drafodaeth lawnach ar y llawysgrif hon, gw. Daniel Huws, 'Llyfr Coch Hergest', CyT, 1–30, a MWM, 65–83; gw. hefyd Gifford Charles-Edwards, 'Scribes of the Red Book of Hergest', NLWJ 21 (1980), 246–56.

Mae perthynas agos iawn rhwng fersiwn y Llyfr Gwyn o'r ail gainc a fersiwn y Llyfr Coch, a rhwng y rhain a fersiwn y dernyn sydd yn llawysgrif Peniarth 6, ac mae hyn yn ein harwain i gredu bod y tri fersiwn'n tarddu yn y pen draw – yn uniongyrchol neu'n anuniongyrchol – o un ffynhonnell ysgrifenedig gyffredin yn hytrach na bod y Llyfr Coch yn gopi o'r Llyfr Gwyn.[4] Ni chredir ychwaith fod y Llyfr Gwyn na'r Llyfr Coch yn gopïau o Beniarth 6. Mae'r berthynas agos hon i'w gweld eto yn y chwedlau eraill a gadwyd yn y ddwy lawysgrif hyn. Gwelir o'r darlleniadau amrywiol mor debyg yw testun *Bendigeiduran Uab Llyr* yn y ddau gasgliad llawysgrifol a phan fo darlleniad gwahanol, sylwir nad yw, fel arfer, yn arwyddocaol. Mae'r dernyn o'r testun a gadwyd yn Peniarth 6 hithau'n dra thebyg i destun y Llyfr Gwyn a'r Llyfr Coch eithr mae'r orgraff a'r iaith mewn mannau'n fwy hynafol; am y rheswm hwn, ceir holl destun Peniarth 6i yn yr Atodiad.

2. GOLYGIADAU O'R TESTUN

Ymddangosodd y golygiad cyntaf o Bedair Cainc y Mabinogi yn y flwyddyn 1925. Fe'i golygwyd gan Ludwig Mühlhausen dan y teitl *Die Vier Zweige des Mabinogi* (Halle, 1925). Seiliwyd ei destun ar ddarlleniad Llyfr Coch Hergest gydag ambell gyfeiriad yn y troednodion at yr amrywiadau yn Llyfr Gwyn Rhydderch. Ceir adargraffiad o'r golygiad hwn gan Stefan Zimmer (Tübingen, 1988). Cafwyd y golygiad safonol cyntaf yn y Gymraeg o *Bendigeiduran* dan y teitl *Branwen Uerch Lyr* gan Ifor Williams yn ei gyfrol arloesol *Pedeir Keinc y Mabinogi* (Caerdydd, 1930, 29–48). Ymddangosodd golygiad Saesneg safonol o ail gainc y Mabinogi gan Derick S. Thomson yn 1976 dan y teitl *Branwen Uerch Lyr* (Dublin Institute for Advanced Studies).

3. CYFIEITHIADAU O'R TESTUN

Cyhoeddodd Lady Charlotte Guest destun gwreiddiol yr ail gainc dan y teitl *Branwen the Daughter of Llyr* gyda chyfieithiad Saesneg mewn tair cyfrol erbyn canol y bedwaredd ganrif ar bymtheg, sef *The Mabinogion: from the Llyfr Coch o Hergest, and other ancient Welsh Manuscripts, with an English translation and notes* (London, 1838–1849). Cynnwys y cyfrolau hyn destunau a throsiadau Saesneg gweddill chwedlau Cymraeg Canol hefyd. Cafwyd argraffiad poblogaidd o'r rhain, mewn un gyfrol, sef *The Mabinogion, from the Welsh of the Llyfr Coch o Hergest (the Red Book of Hergest) in the Library of Jesus College, Oxford*, yn 1877. Ymddangosodd y cyfieithiad Cymraeg diweddar cyntaf o destun yr ail gainc dan y teitl *Branwen ferch Lŷr* ynghyd â'r holl chwedlau eraill dair blynedd yn ddiweddarach yn y gyfrol *Y Mabinogion Cymreig: sef Chwedlau rhamantus yr hen Gymry* gan Isaac Foulkes (Liverpool, 1880). Wedyn, ymddangosodd cyfieithiad Ffrangeg gan Joseph Loth, *Les Mabinogion traduits en entier en français pour la première fois avec un*

---

[4] Gw. Derick S. Thomson (gol.), BUL x–xi; a Rachel Bromwich a D. Simon Evans (gol.), CO x–xi.

commentaire explicatif et des notes critiques (Paris, 1889), a ailgyhoeddwyd yn 1913 dan y teitl *Les Mabinogion du Livre Rouge de Hergest avec les variantes du Livre Blanc de Rhydderch*. Dilynwyd hwn gan gyfieithiad Almaeneg gan Martin Buber, *Die Vier Zweige des Mabinogi: ein keltisches Sagenbuch* (Leipzig, 1914). Cyhoeddwyd ail gyfieithiad Saesneg mewn dwy gyfrol gan T. P. Ellis a John Lloyd, *The Mabinogion: a new translation* (Oxford, 1929). Yn hanner cyntaf yr ugeinfed ganrif, cafwyd ail gyfieithiad Cymraeg diweddar o'r Pedair Cainc gan T. H. Parry-Williams, *Pedair Cainc y Mabinogi: Chwedlau Cymraeg Canol wedi eu diweddaru* (Caerdydd, 1937). Er canol yr ugeinfed ganrif, cafwyd pedwar trosiad Saesneg newydd o'r chwedlau Cymraeg Canol i gyd: *The Mabinogion* (London, 1948) gan Thomas Jones a Gwyn Jones; *The Mabinogion* (Harmondsworth, 1976) gan Jeffrey Gantz; *The Mabinogion, and other medieval Welsh tales* (Berkeley, 1977) gan Patrick K. Ford; a *The Mabinogion* (Oxford, 2007) gan Sioned Davies. Cyhoeddwyd cyfieithiad Saesneg arall o'r Pedair Cainc gan John Bollard, *The Mabinogi: Legend and Landscape of Wales* (Llandysul, 2006), gyda chyfres o luniau o leoliadau a enwir yn y testunau wedi eu tynnu gan Anthony Griffiths. Cafwyd trydydd diweddariad Cymraeg o'r Pedair Cainc gan H. Meurig Evans, *Y Mabinogi Heddiw* (Abertawe, 1979) a diweddariad safonol o'r holl chwedlau Cymraeg Canol gan Dafydd Ifans a Rhiannon Ifans yn *Y Mabinogion*, gyda rhagymadrodd gan Brynley F. Roberts (Llandysul, 1980). Cyhoeddwyd nodiadau ar destun Ifor Williams gan Ian Hughes, *Branwen Uerch Lyr: Geirfa, ynghyd â chanllawiau ar gyfer darllen a diweddaru'r testun* (Cynorthwyon Cymraeg Safon Uwch Aberystwyth: 2, Aberystwyth, 1996). Bellach, y mae nifer o gyfieithiadau eraill wedi ymddangos: cyfieithiad Almaeneg newydd gan Bernhard Maier, *Das Sagenbuch der walisischen Kelten: Die Vier Zweige des Mabinogi*, (München, 1999); cyfieithiad Ffrangeg gan Pierre-Yves Lambert, *Les Quatre Branches du Mabinogi et autres contes gallois Moyen Age, traduit du moyen gallois* (Paris, 1993); cyfieithiad Eidaleg gan Gabriella Agrati a Maria Letizia Magini, *I Racconti Gallesi del Mabinogion* (Milan, 1982); cyfieithiad Siapaneg gan Setsuko Nakano (Tokio, 2000).

4. TEITL YR AIL GAINC

Ym mhob un o'r cyfrolau a restrwyd uchod ac eithrio dau, adweinir yr ail gainc wrth enw'r cymeriad benywaidd Branwen. Y ddau eithriad yw cyfieithiadau Sioned Davies a John Bollard lle defnyddir y teitl 'The Second Branch of the Mabinogi'. O graffu ar dystiolaeth y llawysgrifau canoloesol, gwelir nad oedd teitl fel y cyfryw i'r un o'r Pedair Cainc yn y Llyfr Gwyn. Yn y Llyfr Coch, ceir math o deitl ar ddechrau pob un o'r pedair chwedl hyn: ar ddechrau'r gainc gyntaf ceir *llyma dechreu mabinogi*; ar ddechrau'r ail gainc ceir *llyma yr eil geinc or mabinogi*; ar ddechrau'r drydedd gainc, ceir *llyma y dryded geinc or mabinogi* ac ar ddechrau'r bedwaredd gainc *honn yw y bedwared geinc or mabinogi*. Yn sgil hyn, gellir dadlau bod tystiolaeth ganoloesol gadarn i'r ffordd yr enwyd y trosiadau Saesneg gan Sioned Davies a John Bollard. Fodd bynnag, mae angen edrych yn fanylach ar y ffordd y datblygodd teitlau i'r holl chwedlau canoloesol Cymraeg cyn gwneud penderfyniad ynghylch teitl posibl i'r ail gainc.

Mae tuedd gennym i gyd i gyfeirio at y chwedlau canoloesol Cymraeg i gyd fel y Mabinogion Cymraeg. Arddelir y term hwn fel teitl hwylus i'r un chwedl ar ddeg, ond mae'n rhaid cofio fod hwn yn derm cyfeiliornus – ni ddigwydd y gair 'Mabinogion' mewn Cymraeg Canol ond yng nghyswllt y Pedair Cainc a phryd hynny hefyd, rhaid cofio'r posibilrwydd mai term gwallus ydyw.[5] At hyn, mae tuedd arall gennym, sef i gyfeirio at y chwedlau unigol wrth enw bachog cryno: *Pwyll, Branwen, Manawydan, Math, Peredur, Gereint, Owein, Culhwch ac Olwen, Maxen, Rhonabwy, Lludd a Llefelys.* Mae'r teitlau hwylus hyn yn arddangos un nodwedd gyffredin, sef mai enwau cymeriadau ydynt a chan mwyaf enwau dynion, ar wahân i *Branwen* wrth gwrs. Serch hynny, pan edrychir ar deitlau'r chwedlau hyn yn eu fersiynau cyhoeddedig o ail chwarter yr ugeinfed ganrif ymlaen, ceir teitlau ychydig mwy cynhwysfawr, *Pwyll Pendeuic Dyuet* (Dublin, 1957); *Branwen Uerch Lyr* (Dublin, 1976); *Manawydan Uab Llyr* (Caerdydd, 2007; Belmont, 2000); *Math Uab Mathonwy* (Aberystwyth, 2000; Belmont, 1999); *Historia Peredur vab Efrawc* (Caerdydd, 1976); *Owein or Chwedyl Iarlles y Ffynnawn* (Dublin, 1968); *Ystorya Gereint Uab Erbin* (Dublin, 1997); *Breudwyt Ronabwy* (Caerdydd, 1948), *Cyfranc Lludd a Llefelys* (Bangor 1910; Dublin, 1975); *Breudwyt Maxen Wledic* (Bangor 1908 a 1920; Dublin, 2005); *Culhwch ac Olwen* (Caerdydd, 1988); *Culhwch and Olwen* (Cardiff, 1992).

Er gwaethaf y teitlau cyhoeddedig hyn, y mae'n beryglus meddwl mai felly yr enwid ac yr adweinid y chwedlau hyn yn yr Oesoedd Canol. Yn aml, nid oes dim teitl fel y cyfryw yn y llawysgrifau ar gyfer rhai o'r chwedlau. Ni cheir, felly, deitl fel y cyfryw i'r testunau a adweinir bellach fel *Pedeir Keinc y Mabinogi* (Caerdydd, 1930).[6] Ni ddigwydd teitlau i'r ceinciau unigol ychwaith. O ran *Peredur,* ni ddigwydd y teitl *Historia Peredur vab Efrawc* yn nhestun y Llyfr Gwyn na'r Llyfr Coch er y ceir *Ac y gwledychwys P[er]edur gyt a'r amherodres pedeir blynedd ar dec, megys y dyweit yr ystorya* ar ddiwedd rhan arbennig o'r testun (*Peredur* 56:14-5), ac *Ac velly y treythir o Gaer yr Ynryfedodeu* ar ddiwedd testun y Llyfr Gwyn a'r Llyfr Coch (*Peredur* 70 24-5) ac fe ellid eu cymryd fel math o deitlau neu is-deitlau i'r testun.[7] Yn fersiwn Peniarth 7 (*c.* 1300) o'r testun hwn, diwedda'r stori gyda'r geiriau *Ac y velly y t[er]vyna kynnyd Paredur ap Efrawc* (*Peredur* 181) a gellid cymryd hwn fel math o deitl i destun sy'n trafod cynnydd, sef datblygiad, yr arwr.[8] Yn achos *Ystorya Gereint uab Erbin*, ni cheir teitl o gwbl yn nhestun y Llyfr Gwyn ond fe geir y canlynol ar ddechrau testun y Llyfr Coch: *Llyma mal y treythir o ystorya Gereint Uab Erbin* (*Gereint,* x). Ni ddigwydd teitl fel y cyfryw yn achos

---

[5] Gw. Ian Hughes (gol.), *Manawydan Uab Llyr* (Caerdydd, 2007), tt. iv-v, ac Ifor Williams, PKM, t. xlii; gw. hefyd Diana Luft, 'The Meaning of *mabinogi*', CMCS 62 (2011), 57-79, ar 68.

[6] Er yr ymddengys y teitl hwn mewn orgraff ganoloesol, nis ceir yn y ffynonellau canoloesol o gwbl.

[7] Gw. adran 10 *Isdeitlau* isod.

[8] Gw. Sioned Davies, 'Cynnydd *Peredur Vab Efrawc*' yn *Canhwyll Marchogyon* (Caerdydd, 2000), tt. 65-90, yn enwedig 70-71.

Culhwch ac Olwen, er y ceir y frawddeg gloi ganlynol ar ddiwedd testun y Llyfr Coch:[9] *Ac uelly y kauas Kulhwch Olwen merch Yspadaden Pennkawr* (CO 1245-6). Ar sail y frawddeg hon, enwa Sioned Davies y testun hwn fel *How Culhwch Won Olwen* yn ei chyfieithiad o'r chwedlau i gyd. Yn achos testunau eraill, fe ddigwydd rhyw fath o ôl-deitl ar ddiwedd y naratif: *a'r chwedyl hon a elwir Breudwyt Maxen Wledic, amherawdyr Rufein* (BMW 321-2); *a'r chwedyl hwn a elwir Chwedyl Iarlles y Ffynnawn* (*Owein* 822); *a'r chwedyl hwnn a elwir Kyfranc Llud a Lleuelys* (LlaLl 171); *a'r ystorya honn a elwir Breidwyt Ronabwy* (BRh 21:9). Dengys hyn oll nad oes dim cysonder o ran rhoi teitl i'r chwedlau yn y llawysgrifau canoloesol.

O ran y Pedair Cainc eu hunain, fel y dywedwyd eisoes, nid ymddengys teitlau i'r pedwar testun yn y Llyfr Gwyn, a'r cyfan a geir yn y Llyfr Coch yw rhif i'r ceinciau gwahanol, sef *dechreu, yr eil geinc, y dryded geinc,* ac *y bedwaredd geinc;* gw. uchod. Fodd bynnag, wrth i ysgolheigion gyfeirio atynt o'r ddeunawfed ganrif ymlaen, mae'n amlwg bod arnynt eisiau rhoi enwau mwy penodol iddynt:

(i) Cyfeiria yr ysgrifydd a'r bardd Thomas Evans, neu Thomas ab Ifan o Hedreforfudd ger Corwen (*fl.* 1580-1633) at y ceinciau gwahanol gyda theitl y prif gymeriad gwrywaidd a ymddengys yn llinellau agoriadol pob cainc: 'ystoria Pwyll a Mabinogion', 'ystoria Manawydan a Mabinogi', 'ystoria Math a Mabinogi'. Y teitl a geir ganddo ar gyfer yr ail gainc yw 'ystoria Bendigeidfran a Mabinogi';[10]

(ii) Dilynir y teitlau uchod gan Lewis Morris, 1701-65, – yr hynaf o bedwar brawd a adweinir fel arfer fel Morrisiaid Môn – pan gyfeiria at y Pedair Cainc fel a ganlyn: 'Ystoria Pwyll arglwydd saith gantref dyfed a Phryderi ei fab'; 'Ystoria Bendigeidvran vab llyr a Branwen ei chwaer a matholwch o Iwerddon ei gwr hitheu', 'Manawydan a Phryderi'; 'Ystoria Math vab Mathonwy';[11]

(iii) Mewn gwaith gorffenedig ond heb ei gyhoeddi o eiddo William Owen Pughe, 1759-1835, a gedwir yn Llyfrgell Genedlaethol Cymru (llawysgrif NLW 13243), ceir copi cyflawn o'r Pedair Cainc ynghyd â chyfieithiadau Saesneg. Tybir i Pughe ymgymryd â'r gwaith cyfieithu ym mlynyddoedd cynnar y ddeunawfed ganrif gyda'r bwriad o'u cyhoeddi ynghyd â chyfieithiadau a thestunau gweddill y chwedlau Cymraeg canoloesol ond ni wireddwyd y bwriad hwn. Y teitlau a roddir gan Pughe ar y Pedair Cainc yw: 'Pwyll Pendefig Dyfed'; 'Bran'; 'Manawydan'; 'Math Mab Mathonwy'.[12]

Fel y mynegodd Sioned Davies: 'Ymddengys felly mai'r teitl cydnabyddedig ar ail gainc y *Mabinogi* hyd ganol y 19eg ganrif oedd *Brân, Brân Vendigeid* neu

[9] Ni cheir traean olaf y testun hwn yn y Llyfr Gwyn.
[10] Gw. Diana Luft, 'The Meaning of *mabinogi*', CMCS 62 (2011), 57-79, ar 76.
[11] Gw. Diana Luft, 'Lewis Morris and the *Mabinogion*', *Electronic British Library Journal* (2012), Article 3, t. 4, N.24.
[12] Gw. Glenda Carr, *William Owen Pughe* (Caerdydd, 1983), 115-20; gw. hefyd Arthur Johnston, 'William Owen-Pughe and the Mabinogion', NLWJ 10 (1957-8), 323-8.

Mabinogi Bendigeidvran.[13] Fodd bynnag ar ôl i Lady Charlotte Guest ei chyhoeddi a'i chyfieithu ymhlith gweddill y chwedlau canoloesol Cymraeg yn 1846, teitl yr ail gainc fu *Branwen Verch Llyr* neu *Branwen the Daughter of Llyr* byth wedyn. Fe'i dilynwyd hi gan bob cyfieithydd a phob golygydd byth wedyn, hyd yn oed mor fuan â 1849 gan Thomas Stephens a gyfeiria at yr ail gainc dan y teitl *Branwen the daughter of Llyr,*[14] a chan Isaac Foulkes a gyfeiria ati dan y teitl *Branwen Verch Llyr.*[15] Fy mwriad i yw cyfeirio at y testun o dan y teitl a ddefnyddid cyn cyfnod Guest, sef *Bendigeiduran Uab Llyr.* Tybiaf mai hwnnw yw prif gymeriad y testun – y cymeriad a enwir yn y frawddeg agoriadol, y cymeriad sy'n gwmni i'w wŷr hyd y diwedd, a'r cymeriad sy'n ymdrechu i lywodraethu dros Brydain mewn ffordd gytbwys, gyfiawn a doeth ac i ofalu am ei bobl a'i deulu yn y ffordd orau y gall.

5. DYDDIAD Y TESTUN

Mae dyddio'r Pedair Cainc yn eu ffurf ysgrifenedig wedi bod yn bwnc llosg ers dros bedwar ugain mlynedd bellach. Er bod y testun cyflawn cynharaf yn perthyn i ail hanner y bedwaredd ganrif ar ddeg, sef yn Llyfr Gwyn Rhydderch, y farn gyffredinol yw eu bod yn gynnyrch oes gynharach, rywbryd rhwng ail hanner yr unfed ganrif ar ddeg a diwedd y ddeuddegfed ganrif, er bod un ysgolhaig yn awgrymu dyddiad yn ystod hanner cyntaf yr unfed ganrif ar ddeg ac ambell un arall yn fwy pleidiol i ddyddiad mor hwyr â'r drydedd ganrif ar ddeg. Nid fy mwriad yn y fan hon yw manylu ar bob dadl a gynigiwyd gan yr ysgolheigion yn y maes ynghylch dyddio Pedair Cainc y Mabinogi yn eu ffurf ysgrifenedig bresennol. Fodd bynnag, rhestrir isod rai o'r prif ddadleuon o ran eu dyddio ar seiliau orgraffyddol, ieithyddol, cystrawennol ynghyd â rhai sylwadau cymdeithasol a hanesyddol:

(1) Ifor Williams oedd yr ysgolhaig Cymraeg cyntaf i drafod y pwnc hwn mewn ffordd drefnus a manwl. Ceir pob un o'i ddadleuon yn ei ragymadrodd i'w olygiad arloesol *Pedeir Keinc y Mabinogi,* tt. xxii–xli. Dadleua'n bennaf ar sail nodweddion orgraffyddol ac ieithyddol er bod ganddo ambell ddadl yn manylu ar gonfensiynau cymdeithasol a digwyddiadau hanesyddol. Ei gasgliad yw: 'Y ddamcaniaeth sy'n ateb i'r ffeithiau hysbys i mi, felly, yw ddarfod i ŵr o Ddyfed uno hen chwedlau Gwent, Dyfed, a Gwynedd oddeutu 1060, pan oedd y tair gwlad yn un'.[16]

(2) Mae barn Saunders Lewis yn bur wahanol. Tra cytuna â Williams ei bod yn debyg mai dyn o Ddyfed a fu yn y pen draw yn gyfrifol am y Pedair Cainc yn eu ffurf bresennol, dadleua ar sail hanesyddol iddynt gael eu cyfuno a'u trefnu yn

---

[13] Gw. Sioned Davies, 'Ail Gainc y Mabinogi - Llais y Ferch', YB 17, (1990), tt.15-27, ar 21; gw. hefyd *The Mabinogion: from the Llyfr Coch o Hergest, and other ancient Welsh Manuscripts, with an English translation and notes* (London, 1838–1849), tt. 79-140.

[14] Thomas Stephens, *The Literature of the Kymry* (London, 1849), 413 a 417.

[15] Isaac Foulkes, *Y Mabinogion Cymraeg a Rhamantau'r Hen Gymry* cyfr. II (Liverpool, 1880), tt. 131-140. Ceir diweddariad ganddo ar 152-64 lle defnyddir y teitl *Branwen Ferch Llyr.*

[16] Ifor Williams, PKM, t. xli.

eu gwedd bresennol yn ystod chwarter olaf y ddeuddegfed ganrif. Pwysleisia Lewis eu bod yn arddangos dylanwad campwaith Sieffre o Fynwy *Historia Regum Britanniae* (*c.* 1138) yn ogystal â digwyddiadau hanesyddol cyfoes yn perthyn i oes teyrnasiad Harri'r Ail, Brenin Lloegr (1154-89).[17]

(3) Ymetyb T. M. Charles-Edwards i holl ddadleuon Williams a Lewis gan gynnig ateb i bob pwynt a godwyd ganddynt ill dau. Ei gasgliad ef parthed y pwnc yw: 'I do not think that any precise date for the Four Branches can yet be given. The arguments of Mr. Saunders Lewis and, before him, Sir Ifor Williams, are not sufficiently convincing. On the other hand, Sir Ifor Williams' date, though too precise, may well, on the available evidence, be quite close to the truth'.[18] Serch hynny, cynigia ddyddiad rywbryd rhwng 1050 a 1120 ar gyfer y testunau fel y'u hadweinir heddiw.

(4) Cynigia Patrick Sims-Williams rai sylwadau perthnasol ar ambell bwynt a godwyd gan Charles-Edwards, yn enwedig y 'croeso' a gafodd Bendigeidfran yn y testun pan gyrraedd Iwerddon. Tyn ein sylw at y tŷ a adeiladwyd er anrhydedd iddo a dywed yn eglur nad oes dim rhaid cymharu hwnnw â'r tŷ a godwyd i dderbyn Harri'r Ail yn Nulyn yn y flwyddyn 1171. Casgliad Sims-Williams yw nad oes ond ychydig iawn o dystiolaeth gadarn o'r testunau eu hunain a all daflu goleuni ar ddyddiad eu cyfansoddi.[19]

(5) Dadleua Proinsias Mac Cana fod awdur yr ail gainc yn bur gyfarwydd ag amryw o destunau storïol Gwyddeleg cynnar. Mae'n gadarn o'r farn 'that the story of *Branwen* [fel yr enwa ef yr ail gainc] is much later than the remaining three Branches of the Mabinogi and has fewer roots in [Welsh] tradition'. O ran yr awdur ei hun, cred Mac Cana ei bod yn bur debygol fod ganddo gysylltiad agos â chymuned fynachaidd Gymreig. Cwyd y posibilrwydd bod y gymuned honno i'w huniaethu â Llanbadarn Fawr ger Aberystwyth ac mai'r clerigwr dysgedig Sulien (*c.* 1010–91), neu ei fab Rhygyfarch (*c.* 1056–99), oedd yr awdur hwnnw. Gosodai hyn ddyddiad cyfansoddi *Bendigeiduran* i ddiwedd yr unfed ganrif ar ddeg.[20]

(6) Cyflwyna Andrew Breeze gyfres o ddadleuon o blaid priodoli cyfansoddi'r Pedair Cainc i Wenllian ferch Gruffudd ap Cynan. Sut bynnag, ymddengys y dadleuon hyn yn bur ddadleuol, bregus a damcaniaethol er gwaethaf y ffordd fanwl y'u gosodwyd. Cynigia ddyddiad rhwng 1127 a 1136.[21]

---

[17] Gw. MC 1–33.

[18] Gw. 'The Date of the Four Branches of the Mabinogi', THSC (1970), 263–98, ar 288.

[19] Gw. 'The Submission of Irish Kings in Fact and Fiction: Henry II, Bendigeidfran, and the Dating of *The Four Branches of the Mabinogi*', CMCS 22 (1991), 31–61, a IIMWL 208-29, yn enwedig 229.

[20] Gw. BDLl 180–190.

[21] Gw. *Medieval Welsh Literature* (Dublin, 1997), 69–79; ceir adolygiad o ddadleuon Breeze gan Dafydd Johnston yn CMCS 34 (1997), 122–3. Gw. hefyd *The Origins of the four Branches of the Mabinogi* (Leominster, 2009), yn enwedig 1-33; ceir adolygiadau gan Barry J. Lewis yn ZCP 59 (2012), 243-47, a chan Diana Luft yn *CSANA Newsletter* 27.2 (2010), 9-12. Amheua Simon Rodway yntau ddilysrwydd dadleuon Breeze yn 'The Where, Who, When and Why of Medieval Welsh Prose Texts', SC 41 (2007), 47–89, ar 50–2.

(7) Ystyria Catherine McKenna fod y Pedair Cainc yn cynnig i dywysogion Cymru 'a model of effective sovereignty for an age in which shrewdness, circumspection, and accommodation were essential instruments of good governance'.[22] Yn ei barn hi, cyfansoddwyd y testunau hyn 'when the arrival and expansion of the Normans in England and Wales gave rise to enormous changes in the political landscape'.[23]

(8) Dadansodda Helen Fulton ddefnydd didactig y Pedair Cainc ymhellach fel testunau storïol a oedd yn amcanu hyfforddi pendefigaeth frodorol Gymreig ynghylch ymddygiad cywir darpar arglwyddi a thywysogion. Ei dadl hi yw bod y chwedlau hyn yn cynnig 'lessons ... related to practices of leadership, good governance, and the development of appropriate personal virtues, practices designed to encourage and maintain loyalty, and the political stability of units within a centralized state'. Adlewyrchant y diddordeb mewn testunau Lladin tebyg i *speculum principum,* 'drych tywysogion', a oedd yn boblogaidd yn Ewrop o ddiwedd y ddeuddegfed ganrif ymlaen. O ganlyniad i hyn, mae Fulton o'r farn bod y Pedair Cainc yn perthyn i'r drydedd ganrif ar ddeg.[24]

(9) Dadleua Meinir Harris hithau o blaid dyddio'r Pedair Cainc i ddechrau'r drydedd ganrif ar ddeg. Seilia ei dadleuon ar ddadansoddiad manwl o lawer o elfennau cyfreithiol yn y testunau gan eu cymharu â'r Cyfreithiau Cymreig, yn enwedig yr hyn a elwir yn *sarhaed,* 'sarhad'. Ei chasgliad yw '[bod] modd darllen *PKM* fel enghraifft o'r gyfraith ar waith'.[25]

(10) Seilia Simon Rodway ei ddadleuon ar ffurf ferfol arbennig a geir yn y Pedair Cainc ac yn y rhelyw o'r testunau storïol rhyddiaith mewn Cymraeg Canol, sef trydydd person unigol gorffennol y ferf. Gan fod fersiwn y Pedair Cainc a gadwyd yn y Llyfr Gwyn yn arddangos cyfartaledd uwch o'r terfyniad *-wys* yn hytrach na'r terfyniad *-awd*, dylid ei ddyddio i gyfnod cyn canol y drydedd ganrif ar ddeg. Erbyn ail hanner y drydedd ganrif ar ddeg, yr oedd *-awd* bron wedi llwyr ddisodli'r terfyniad *-wys*.[26]

(11) Rhydd Brynley Roberts ei brif ddiddordeb ym mha le y cyfansoddwyd y Pedair Cainc yn hytrach na pha bryd y'u crewyd. Oherwydd bod llawer mwy o fanylion daearyddol yn y ceinciau gogleddol, sef *Bendigeiduran* a *Math*, ymddengys yn fwy tebygol mai gogleddwr oedd yr awdur, neu o leiaf rhywun a

---

[22] Gw. 'Learning lordship: the education of Manawydan', *Ildánach Ildírech: A Festschrift for Proinsias Mac Cana* (1999), 101–20, ar 119.

[23] Gw. hefyd 'Revising Math: Kingship in the Fourth Branch of the Mabinogi', CMCS 46 (2003), 95–117, ar 116.

[24] Gw. 'The *Mabinogi* and the education of princes in medieval Wales', *Medieval Celtic Literature and Society* (Dublin, 2005), 230–247, yn enwedig 241.

[25] Gw. 'Dychwelyd at gyfeiriadau, termau a chysyniadau cyfreithiol yn y Mabinogi', *Y Traethodydd* 158 (2003), 17–39, yn enwedig 35. Fodd bynnag, mae Robin Chapman Stacey wedi dadlau i'r gwrthwyneb, sef bod rhai delweddau a ddefnyddir yn y Cyfreithiau o bosibl yn tarddu o'r testunau storïol canoloesol; gw. 'Law and literature in medieval Ireland and Wales', *Medieval Celtic Literature and Society* (Dublin, 2005), 65–82.

[26] Gw. 'The Where, Who, When and Why of Medieval Welsh Prose Texts: Some Methodological Considerations', SC 41 (2007), 47–89. Am rai o'r manylion, gw. t. xv isod.

chanddo wybodaeth dda iawn o ddaearyddiaeth a lleoliadau yng Ngogledd-orllewin Cymru. O ran union leoliad eu cyfansoddi, daw i'r casgliad canlynol: 'Clynnog is a strong candidate on both cultural and geographical grounds'. Gofyn hefyd y cwesiwn 'whether we are being led to consider … a twelfth century date'.[27]

(12) Cymhara Iestyn Daniel y Pedair Cainc ynghyd â'r chwedlau Cymraeg canoloesol eraill â thestun crefyddol a gyfansoddwyd yng nghanol y drydedd ganrif ar ddeg. Ei gasgliad yw bod cymaint o debygrwydd o ran yr arddull a'r gystrawen fel bod rhaid ystyried ai yr un awdur a fu y tu ôl i'r testunau hyn oll. Gesyd hyn leoliad ar gyfer cyfansoddi'r Pedair Cainc yng Ngogledd Cymru, o bosibl ym Mangor, a hynny heb fod lawer ynghynt na dyddiad y llawysgrif gynharaf, Peniarth 6, tua chanol y drydedd ganrif ar ddeg.[28]

(13) Dadleua Nicolai Tolstoy o blaid dyddio'r Pedair Cainc yn gynnar yn yr unfed ganrif ar ddeg. Seilia ei ddadleuon ar gymhariaeth rhwng digwyddiadau'r gwahanol geinciau a digwyddiadau hanesyddol go iawn yr adeg honno. Awgryma i *Pwyll* gael ei chyfansoddi tua 1018, *Bendigeiduran* tua 1020, *Manawydan* tua 1022, a *Math* tua 1024. Dadleua ymhellach i'r pedair gael eu cyfansoddi gan yr un awdur, sef *pencerdd* Dinbych-y-pysgod yn ne Sir Benfro (538–39).[29]

Mae'n gwbl amlwg o'r amlinelliad uchod o'r gwahanol ddadleuon ar gyfer dyddio'r Pedair Cainc fod y pwnc hwn wedi mynd â bryd llawer o ysgolheigion a'i fod o hyd yn bwnc llosg. Mae'r dyddiadau a awgrymwyd uchod yn amrywio o ddechrau'r unfed ganrif ar ddeg hyd y drydedd ganrif ar ddeg.

6. STRWYTHUR Y TESTUN

Mae testun *Bendigeiduran Uab Llyr*, fel pob un o'r ceinciau eraill ac fel llawer o'r chwedlau canoloesol Cymraeg eraill, yn ymrannu'n dair adran.[30] Dyma grynodeb o'r prif ddigwyddiadau yn nhair adran *Bendigeiduran*:

(1) Mae'r stori'n cychwyn yn hamddenol iawn gyda Bendigeidfran, brenin coronog Ynys Prydain, yn eistedd yng nghwmni ei frawd Manawydan, ei chwaer Branwen, a'i ddau hanner brawd Efnysien a Nysien, ynghyd â'i osgordd, ar ben craig Harlech yn edrych dros y môr. Gwelant longau'n dynesu'n gyflym at y glannau. Cânt wybod mai Matholwch Brenin Iwerddon a'i lu sydd

---

[27] Gw. 'Where were the Four Branches of the Mabinogi written?', CSANA *Yearbook* 1 (Dublin, 2000), 61–73, yn enwedig 71 a 72. Gw. hefyd gw. Patrick Sims-Williams, 'Clas Beuno and the Four Branches of the Mabinogi', *150 Jahre "Mabinogion"*, 111–27.

[28] Gw. '*Ymborth yr Enaid* a'r Chwedlau Brodorol', LlCy 23 (2000), 1–20.

[29] Gw. *The Oldest British Prose Literature: The Compilation of the Four Branches of the Mabinogi*, Lampeter 2009, 471–74. Am adolygiad manwl o'r gyfrol hon, gw. T.M. Charles-Edwards, EC 38 (2012), 340–46; a Sioned Davies, SC 44 (2010), 209–12.

[30] Yn PKyM 19, noda Sioned Davies mai dim ond dwy adran sydd i'r Ail Gainc. Fodd bynnag, yn CyC 55–6, dywed y 'gellid dadlau mai adeiladwaith triawdol sydd yma unwaith eto'. Trafodir ganddi strwythur triawdol y chwedlau eraill hefyd yn CyC: 53–55 (Y Gainc Gyntaf); 56-8 (Y Drydedd Gainc); 58–60 (Y Bedwaredd Gainc); 64–72 (*Culhwch ac Olwen*); 72-4 (*Breuddwyd Macsen Wledig*); 82–7 (*Geraint fab Erbin*); 87–92 (*Peredur fab Efrog*).

ynddynt a bod hwnnw'n dymuno llaw Branwen mewn priodas er mwyn cyfuno'r ddwy ynys fel y byddant yn gadarnach. Croesawa Bendigeidfran y Gwyddyl a chytuna i roi ei chwaer mewn priodas i frenin Iwerddon. Teithiant i gyd i lys Bendigeidfran yn Aberffraw ym Môn, llu Prydain ar y tir a llu Iwerddon yn eu cychod. Trefnir gwledd briodas i'r pâr yn Aberffraw a chyflawnir y briodas yn ffurfiol trwy i'r pâr gysgu ynghyd. Yn y cyfamser, fodd bynnag, daw Efnysien ar draws ceffylau Matholwch wrth iddo grwydro'r ynys ac ar glywed yr hyn sy'n digwydd yn Aberffraw, gwylltia'n gacwn gan na ofynnwyd iddo yntau am ganiatâd i'w hanner chwaer briodi Brenin Iwerddon. Ymesyd ar geffylau Matholwch gan eu hanffurfio'n greulon. Wedi i'r Gwyddyl gael gwybod hyn, penderfynant ymadael ar unwaith â llys Aberffraw heb ofyn caniatâd Bendigeidfran i ymadael. Fodd bynnag, llwydda Bendigeidfran i ddarbwyllo Matholwch na wyddai yntau ddim oll am weithredoedd Efnysien a gwahodd ef Fatholwch i ddychwelyd gan addo iawndal iddo am anffurfio ei geffylau ac am y sarhad personol a wnaethpwyd iddo. Derbynia Matholwch gynnig Bendigeidfran gan ddychwelyd i'r wledd briodas. Yno caiff blât aur cymaint â'i wyneb ei hunan, gwialen arian cymaint â'i fys bach, a chrochan hud – y Pair Dadeni. Esbonia Bendigeidfran iddo gael y crochan hwn gan gawr a ffodd gynt o Iwerddon i Brydain. Edrydd Matholwch bopeth a ŵyr am hanes y crochan a'r cawr a'i deulu a derbynia'r rhoddion. Llasar oedd enw'r cawr a gwelwyd hwnnw gan Fatholwch yn dod allan o lyn wedi'i ddilyn gan ei wraig enfawr; ar y dechrau cânt groeso gan y Gwyddyl ond yn fuan wedi iddynt gael nifer o blant anferth, cynllunia'r Gwyddyl i gael gwared arnynt trwy eu dal mewn tŷ haearn a'u llosgi'n fyw o'i fewn; sut bynnag, llwydda'r cawr a'i wraig i ddianc o'r tŷ haearn gan groesi drosodd i Brydain a cheisio caniatâd gan Bendigeidfran i aros yno. Wedi'r wledd briodas, rhydd Bendigeidfran geffyl iach i Fatholwch am bob un a ddifethwyd. Dychwel Matholwch a Branwen a'i lu i Iwerddon ac ymddengys y berthynas rhwng y ddwy deyrnas yn sefydlog ac yn iach, am y tro o leiaf.

(2) Yn Iwerddon, derbynnir Branwen â llawenydd a chlywir iddi feichiogi ac esgor ar fab y rhoddir yr enw Gwern arno. Fodd bynnag, cyn diwedd yr ail flwyddyn, dechrau'r Gwyddyl gwyno am y ffordd y triniwyd eu brenin ym Mhrydain a rhoddant ddewis i Fatholwch – un ai y caiff wared ar Franwen neu y cyll ei goron. Dewisa Matholwch gadw ei goron, wrth reswm, a gyr Franwen i gael ei chaethiwo a'i gorfodi i weithio yn y gegin lle caiff fonclust beunydd gan y cigydd. Hefyd, gwaherddir pob masnach rhwng Iwerddon a Phrydain rhag ofn i Fendigeidfran ddod i glywed am gamdriniaeth ei chwaer. A hithau'n garcharor yn llys Iwerddon, deil hi ddrudwen gan ddysgu iaith iddi. Ysgrifenna lythyr at ei brawd, ei glymu wrth fôn asgell yr aderyn a'i anfon draw i Brydain. Daw'r ddrudwen o hyd i Fendigeidfran yng Nghaernarfon gan lanio ar ei ysgwydd. Dargenfydd Bendigeidfran y llythyr ynghudd yn ei phlu ac ar ôl ei ddarllen, penderfyna gasglu ei fyddinoedd ynghyd a chroesi'r môr i Iwerddon i ryddhau ei chwaer ac i ddial ei ddicter ar y Gwyddyl. Gedy ei fab Caradog ynghyd â saith gŵr arall i warchod Prydain yn ei absenoldeb. Erbyn hyn, deallwn fod Bendigeidfran o faintioli corfforol enfawr a phwysleisir hyn wrth inni glywed

amdano'n cerdded drwy'r dŵr o Iwerddon gyda'i delynorion ar ei gefn tra bo
gweddill ei fyddin yn croesi mewn llynges anferth. Gwêl ceidwaid moch
Matholwch beth rhyfedd yn dynesu at lannau Iwerddon – mynydd mawr yn
symud trwy'r dyfroedd tuag atynt a choedwig o wern yn ei ddilyn. Cânt
esboniad ar y rhyfeddod gan Franwen ei hun pan ddywed mai ei brawd yw'r
mynydd ac mai hwylbrenni'r llongau yw'r goedwig. Gyr hyn ofn mawr ar y
Gwyddyl a phenderfynant ffoi i'r gorllewin gan dorri i lawr bob pont ar draws
yr afon i rwystro'r fyddin ymosodol o Brydain. Wrth i'r rheiny lanio, gorwedd
Bendigeidfran dros yr afon i adael i'w wŷr groesi drosti ar ei gefn a dynesant at
y Gwyddyl. Enfyn y rhain negeswyr at Fendigeidfran gan gynnig telerau
heddwch iddo ar gyngor Branwen – sef y trosglwyddir brenhiniaeth Iwerddon i
Wern fab Branwen, nai Bendigeidfran, ac yr adeiladant dŷ mawr ar gyfer
Bendigeidfran ei hun i'w anrhydeddu, peth na chafodd erioed o'r blaen.
Derbynia Bendigeidfran y telerau hyn a pharatoir 'croeso' iddo gan y Gwyddyl
yn y tŷ anferth. Yr hyn a wnânt yw cuddio eu milwyr mewn dau gant o sachau
yn hongian ar golofnau'r tŷ gyda'r bwriad o ymosod ar lu Prydain wedi iddynt
gyrraedd y tŷ. Fodd bynnag, dargenfydd Efnysien ystyr y sachau ac achub y
blaen ar y Gwyddyl drwy ladd pob un o'r milwyr cudd yn y sachau yn ei dro
cyn i Fendigeidfran a'i lu fynd i mewn i'r tŷ. Lleolir llu Bendigeidfran yn naill
hanner y tŷ a llu Matholwch yn yr hanner arall a throsglwydda Matholwch
goron Iwerddon i'w fab Gwern yng ngŵydd pawb. Â Gwern at bob aelod o'i
deulu i dderbyn coflaid ond pan â at Efnysien, gafael hwnnw ynddo a'i daflu yn
y tân a thrwy hyn, dinistrir y person a gynrychiola undod coron y ddwy ynys.
Ymesyd pawb ar ei gilydd ac er y lleddir lladdfa fawr ar y ddwy ochr,
defnyddia'r Gwyddyl y Pair Dadeni i atgyfodi eu milwyr o'r meirw. Sylweddola
Efnysien mai ef a fu'n gyfrifol am y lladdfa a dinistria'r Pair Dadeni trwy adael
iddo'i hun gael ei daflu i mewn i'r pair ac ymestyn ynddo a'i chwalu'n
deilchion. Anefir Bendigeidfran yn farwol gan waywffon wenwynig yn ei goes
a gorchmynna ei lu i dorri ymaith ei ben a'i gario gyda hwy yn ôl i Brydain.
Dim ond saith gŵr a ddihanga'n fyw o'r gyflafan yn Iwerddon a Branwen gyda
hwy. Dim ond pum gwraig feichiog a oroesa o blith y Gwyddyl oll.
(3) Glania'r goroeswyr yn ôl ym Môn a phan sylweddola Branwen ei rhan yn
y gyflafan, mae'n wylo ac yn marw. Ymwêl y saith gŵr â Harlech lle arhosant
am saith mlynedd yn gwledda ac yn anghofio eu poen a'u galar. Oddi yno, ânt i
Wales, ynys fechan i'r gorllewin o lannau gorllewinol Penfro. Ar eu ffordd yno,
clywant newyddion fod Caswallon wedi trawsfeddiannu coron Prydain yn eu
habsenoldeb a'i fod wedi achosi marwolaeth y sawl a adawyd yng ngofal yr
ynys ynghynt. Yng Ngwales treuliant bedwar ugain mlynedd yn gwledda. Trwy
hyn oll, erys pen Bendigeidfran yn gwmni da i'r goroeswyr. Fodd bynnag, pan
agorir un o'r tri drws ar ynys Gwales, yr un a wyneba tua'r de dros Aber Hafren,
daw i gof pob un ohonynt gymaint o alar a cholled a ddaeth i'w rhan yn
Iwerddon ac ymadawant â'r ynys a dychwelyd i Lundain i gladdu pen
Bendigeidfran yno yn ôl ei orchmynion yntau.
     Mae'n werth sylwi nad yw hyd adrannau *Beindigeiduran* (nac o ran hynny
adrannau *Manawydan*) yn gymesur â'i gilydd fel y mae hyd adrannau *Pwyll* a

Math.[31] Er bod adran gyntaf ac ail adran *Bendigeiduran* yn weddol debyg o ran hyd, 187 llinell a 174 llinell yn y golygiad presennol, mae'r drydedd adran – o linell 363 ymlaen – yn fyrrach o lawer, 86 llinell.

7. PERTHYNAS YR AIL GAINC Â'R CEINCIAU ERAILL

Bendigeiduran Uab Llyr yw'r ail gainc yn y gyfres ac mae ei pherthynas â'r gainc flaenorol, *Pwyll Pendeuic Dyuet,* yn bur wan. Anodd yw gweld unrhyw ddatblygiad naratif na chysylltiad daearyddol rhwng y ddwy gainc hyn. Prin hefyd yw'r berthynas thematig ar wahân i fod y ddwy gainc hyn yn ymddangos yn groes i'w gilydd: mae hyn yn arbennig o wir o ran yr ymdriniaeth â safle'r ferch, y drafodaeth ar natur serch a phriodas, a'r manylion ynghylch natur sarhad a dialedd sydd mor amlwg yn *Bendigeiduran.* O ran y prif gymeriad benywaidd, ymddengys nad oes gan Franwen ddewis na dweud o gwbl ynghylch ei phriodas; caiff ei rhoi fel darn o eiddo gan ei brawd i frenin Iwerddon fel symbol o undod gwleidyddol rhwng y ddwy ynys tra mai Rhiannon ei hun sy'n penderfynu pwy y mae am ei briodi ac o dan ba amgylchiadau, h.y. mae ei phriodas â Phwyll yn seiliedig ar serch a chariad rhwng y ddau unigolyn. O ran sarhad, mae *Pwyll* yn ymdrin â'r ffordd y gellir dileu sarhad trwy ymddygiad cywir, h.y. gellir adfer cyfeillgarwch rhwng dau a allai fod yn elynion, Pwyll ac Arawn, trwy i'r cyntaf wneud ei orau i unioni'r cam â'r olaf. Nid yn unig y llwydda Pwyll i dalu'n iawn am y cam, llwydda hefyd i fynd un cam ymhellach – ni chyffyrdda â gwraig Arawn yn y gwely am flwyddyn gyfan er nad oedd hynny'n amod a osodwyd arno gan frenin coronog Annwfn. Yn *Bendigeiduran*, digwydd sarhad, ymgais i dalu'n iawn amdano, a sarhad pellach hyd at y diwedd anochel – dinistrio lluoedd Iwerddon i gyd a rhai Prydain i gyd ac eithrio saith. Ar lefel fecanyddol, ymddengys enw Pryderi yn y ddwy gainc hyn, fel yr ymddengys yn y ddwy gainc arall hefyd, ond yn *Bendigeiduran* nid yw'n gymeriad a wna unrhyw beth heblaw am oroesi'r gyflafan yn Iwerddon. Ymddengys yr enw Pendaran yn *Pwyll* ac yn *Bendigeiduran*, ond ni welir unrhyw gysylltiad clir rhwng y ddau gymeriad hyn; yn wir ymddengys Pendaran yn ŵr hŷn yn *Pwyll* nag ydyw yn *Bendigeiduran;* gw. nodyn ar linell 229/30 yn y *Nodiadau*. Dau bwynt o ddiddordeb o ran y ddwy gainc gyntaf hyn yw'r disgrifiad o'r Byd Arall a'r enw ar ranbarth de-orllewinol Cymru. O ran y cyntaf, â Pwyll i ymweld ag Annwfn – y Byd Arall – a cheir y teimlad nad yw'r byd hwnnw mor wahanol â hynny i'r byd hwn: mae'r pendefigion yno'n hela, yn gwledda, yn brwydro yn erbyn ei gilydd, yn cysgu ac yn byw bywyd gweddol gyfarwydd. Fodd bynnag, yn *Bendigeiduran*, ymwelir â Harlech ac â Gwales, y ddau safle'n ymddangos yn bur arallfydol; ynddynt caiff y saith dihangwr o Iwerddon wledd sy'n para am saith mlynedd ac am bedwar ugain mlynedd, yn y drefn honno; yno anghofiant eu galar a'u colledion ac er cyhyd yr arhosant yn y ddau le hynny, nid ymddengys eu bod yn

---

[31] Gw. PKyM 18–20 a MUM vi.

heneiddio cymaint ag un diwrnod. O ran de-orllewin Cymru, Dyfed yw'r enw a arferir yn gyson yn *Pwyll* ac yn *Manawydan*, er mai Penfro yw'r enw a ddefnyddir yn *Bendigeiduran*; gw. nodyn ar linell 268 yn y *Nodiadau*.

Mae'r cysylltiad rhwng *Bendigeiduran* a *Manawydan* yn bur amlwg pan gymherir y manylion ar ddiwedd *Bendigeiduran* â'r rhai a geir ar ddechrau *Manawydan:* mae'n amlwg bod brawddeg agoriadol *Manawydan* yn galw i gof gladdu pen Bendigeidfran yn y Gwynfryn yn Llundain, digwyddiad y manylir arno ar ddiwedd *Bendigeiduran*. Cyfeirir at y ffordd y cipiodd Caswallon goron Prydain trwy drais yn rhan olaf *Bendigeiduran* ac at statws Caswallon fel brenin Prydain yn *Manawydan*. Fodd bynnag, ar wahân i'r manylion hyn, mae'n anodd gweld unrhyw wir gysylltiad rhwng themâu'r ddwy gainc hyn nac ychwaith rhwng y prif gymeriadau ond bod Manawydan yn frawd i Fendigeidfran. Mae awyrgylch y ddwy yn bur wahanol gyda *Bendigeiduran* yn amlinellu bywyd milwrol a chod arwrol eithaf cyntefig gydag un ynys yn mynd i ryfela yn erbyn ynys arall a hynny'n cael ei achosi er gwaethaf ymdrechion i glymu'r ddwy ynys ynghyd yn wleidyddol ac yn deuluol. Ar y llaw arall, prin y gellid galw *Manawydan* yn arwrol gan mai'r unig weithred a gyflawna Manawydan ynddi yw dal llygoden feichiog. Ni chyflawna ef ddim trwy weithredoedd; yn wir ymddengys ei fod am osgoi gweithredu'n fyrbwyll ar unrhyw gost. Llwydda Manawydan nid trwy ddefnyddio cod ymddygiad arwrol ond trwy ddefnyddio rhesymu call, meddwl doeth a bargeinio gofalus, h.y. trwy ei eiriau yn hytrach na thrwy ei weithredoedd. Rhaid cyfaddef, felly, fod y llinyn cysylltiol rhwng *Bendigeiduran* a *Manawydan* yn denau iawn. Gwir yr enwir Pryderi yn y ddwy ond anodd fyddai honni ei fod yn gymeriad canolog yn y naill na'r llall.

Gellid awgrymu bod dechrau artiffisial i *Manawydan* yn ymgais ymwybodol i greu math o ddilyniant rhyngddi a diwedd *Bendigeiduran*. Awgrymodd Sioned Davies y posibilrwydd mai un gainc fu'r ddwy hyn yn wreiddiol ond iddynt gael eu hollti'n ddwy gainc ar wahân: 'O gofio'r dilyniant amlwg sydd rhwng yr ail a'r drydedd gainc tybed a ellir dadlau mai un oeddynt yn wreiddiol, ac mai *Teir Keinc y Mabinogi* sydd gennym, pob cainc yn debyg o ran hyd!'[32] Fodd bynnag, nid ymhelaetha hi ar y pwynt hwn. Yn hytrach na hynny, awgryma wedyn y posibilrwydd mai 'awdur y testun ysgrifenedig oedd y cyntaf i drefnu'r deunydd yn geinciau … . Gwnaeth ymdrech i wahaniaethu rhwng y pedair.'[33] Serch hyn, pwysleisia'r posibilrwydd eto mai 'dilyniant clir o'r ail gainc yw'r drydedd, ac nid cainc hollol hunangynhaliol.'[34] Dywed ymhellach: 'Ymddengys fel petai'r awdur wedi cael cryn anhawster i benderfynu lle'r oedd un gainc i orffen a'r nesaf i ddechrau. Mae'r ffin rhwng y gainc gyntaf a'r ail yn hollol glir, a hefyd y ffin rhwng y drydedd a'r bedwaredd – daw un gyfres o ddigwyddiadau i ben a dechreuir ar gyfres newydd, ynghyd â theulu newydd a daearyddiaeth

---

[32] Gw. PKyM 20.
[33] Gw. CyC 50-51.
[34] *ibid.* 51.

newydd.'[35] Mae hyn yn gwbl wir ond mae'n rhaid ychwanegu mai'r cymeriad Manawydan ei hun yw'r unig un o bwys sy'n cyplysu'r ail gainc â'r drydedd. At hyn, ar ôl y rhagymadrodd cryno, mae daearyddiaeth *Manawydan* yn bur wahanol i ddaearyddiath *Bendigeiduran*.

Dadl W. J. Gruffydd[36] a Proinsias Mac Cana yw bod yr awdur wrth uno *Bendigeiduran* â'r dilyniant heb integreiddio'r deunydd crai yn y gainc honno i fframwaith dilyniant y tair cainc arall mor llwyr nac mor llwyddiannus. Â Mac Cana yn ei flaen i awgrymu 'that the author of *Branwen* (or his predecessor) was himself responsible for unifying in one narrative the various materials he chose to include.'[37] Mae'n amlwg bod Sioned Davies yn cytuno â hyn i raddau helaeth: 'Ymddengys i mi, felly, fod yr awdur wedi cael problemau wrth geisio integreiddio ei ddeunydd yn yr ail a'r drydedd gainc ...'.[38]

Gellid ymateb i hyn trwy ddweud bod elfennau yn y ddwy gainc mor wahanol i'w gilydd fel mai prin y gellid cyfiawnhau'r ddamcaniaeth eu bod yn creu dilyniant o unrhyw fath. Efallai mai fel arall y dylid ystyried y berthynas rhwng y ddwy gainc hyn, sef bod *Manawydan* yn greadigaeth newydd a impiwyd yn ddiweddarach mewn ffordd artiffisial braidd ar weddill y dilyniant. Dyna yw sail y geiriau canlynol o eiddo Dafydd Glyn Jones: 'Pedair Cainc, tri theulu, dwy ochr y wlad. Yn wir, tair Cainc am dri theulu, gydag un gainc ychwanegol i wneud pedwaredd, a honno'n sôn am uniad dau o'r teuluoedd. Mewn rhyw ffordd, y drydedd Gainc, wahanol i'r lleill o ran ei hagoriad a'i chlo, yw'r bedwaredd, yr un ychwanegol.'[39]

Ceir enghreifftiau o hud a lledrith yn *Bendigeiduran* ac yn *Math* ond er bod cyfeiriad at frwydro yn y ddwy gainc hyn, prin y gellid dweud bod *Math* yn arddangos yr un nodweddion arwrol â *Bendigeiduran*. Fodd bynnag, o ran thema'r ferch, creir priodas wleidyddol o fath yn y ddwy gainc; yn wir creir Blodeuwedd er mwyn bod yn wraig i Leu. Nid oes unrhyw bwyslais ar deimladau o gariad rhwng Blodeuwedd a Lleu yn *Math*, yn union fel yn achos Matholwch a Branwen yn *Bendigeiduran*.

Efallai y dylid edrych yn fanwl ar ffactorau sy'n gwahanu'r Pedair Cainc yn ogystal â rhai sy'n eu huno:
(i) Defnyddir nifer o dechnegau naratif gwahanol yn y pedwar testun ac mae'r dystiolaeth hon yn ddigon i arwain Sioned Davies i gredu '[that] there is enough variation in the formulaic detail and usage to warrant a case for multiple authorship. Dialogue is introduced in a similar way in all four tales, yet it

---

[35] *ibid.* 52.
[36] Gw. *Rhiannon* (Cardiff, 1953), 10
[37] Gw. Proinsias Mac Cana, BDLl, 140-1.
[38] Gw. Sioned Davies, CyC, 52.
[39] Gw. Dafydd Glyn Jones, *Y Bedwaredd Gainc* (Pen-y-groes, 1987), 11; gw. hefyd Ian Hughes: 'Die drei Zweige des Mabinogi', yn *Akten des Symposiums Deutschsprachiger Keltologen* (Tübingen, 1993), 121-31.

features to a lesser extent in *Mabinogi Branwen* [h.y. yr ail gainc] and does not
have quite the same role in all four Branches'.[40]

(ii) O ran canran y deialog sydd yn y Pedair Cainc, casgla Sioned Davies
ymhellach fod 42% o *Pwyll* ar lun araith uniongyrchol; canran go debyg i'r hyn
a geir yn *Manawydan* – 43%. Ar y llaw arall, disgyn y ganran i 39% yn
Bendigeiduran tra bo *Math* yn arddangos y ganran isaf gyda 37%.[41] Mae'r
ffordd y cyflwynir araith uniongyrchol yn y Pedair Cainc yn amrywio hefyd.[42]
Fodd bynnag, mae natur yr ymddiddan yn *Bendigeiduran* yn bur wahanol i'r
lleill: 'Yr unig ddarn estynedig o araith uniongyrchol yw'r ymddiddan rhwng
Brân a Matholwch [135-80 yn y golygiad presennol], lle adroddir hanes y pair
a'r tŷ haearn.' Ceir llawer mwy o ddarnau ymddiddan estynedig a bywiog yn y
tair cainc arall.[43]

(iii) Yn achos rhai ffactorau ieithyddol, gellir canfod nifer o fân wahaniaethau
rhwng y ceinciau. Fel y mae Simon Rodway wedi dangos, mae'r ystadegau o
ran y defnydd o derfyniad trydydd person unigol yr amser gorffennol yn
arddangos canlyniadau diddorol. Y ddau derfyniad o bwys i'r pwynt hwn yw
-wys ac *-awd[d]* a'u dosraniad yn nhestun Llyfr Gwyn Rhydderch ar y naill law
a'r un dosraniad yn nhestun y Llyfr Coch. Yn *Pwyll* a *Math* fel y'u cadwyd yn y
Llyfr Gwyn, ceir canrannau o 72% a 71% yn achos *-wys* ac o ganlyniad 28% a
29% yn achos *-awd[d]*; yn *Bendigeiduran,* ceir canran o 82% a 18%, yn y drefn
honno; yn *Manawydan,* ceir defnydd 100% o'r terfyniad *-wys*, heb yr un
enghraifft o *-awd[d]* ynddi.[44] Os derbynnir y canrannau ar gyfer barddoniaeth
Beirdd y Tywysogion y gellir ei dyddio'n weddol fanwl ar sail sawl ffactor
hanesyddol, gwelir na cheir enghraifft o'r terfyniad *-awd[d]* cyn ail hanner y
ddeuddegfed ganrif. Yr hyn sy'n drawiadol yma yw'r ystadegau ar gyfer
Manawydan yn y Llyfr Gwyn, canran o 100% *-wys*, sy'n awgrymu dyddiad
cyfansoddi yn ystod y cyfnod hwnnw. Felly, ar sail y pwynt morffolegol hwn,
ceir gwahaniaeth nodadwy rhwng y Pedair Cainc.[45]

(iv) Pwynt ieithyddol arall o ddiddordeb o ran gwahaniaethau rhwng y Pedair
Cainc yw dosraniad bôn gorffennol y ferf *gwneuthur*. Yn *Pwyll*, ceir defnydd
28% o'r bôn *gorug-* tra ceir defnydd 72% o'r bôn *gwnaeth-*; yn *Manawydan*,
ceir 20% a 80%, ac yn *Math*, ceir 18% a 82%, yn y drefn honno. Fodd bynnag,

---

[40] Gw. Sioned Davies, 'Pedeir Keinc y Mabinogi – A Case for Multiple Authorship', *Proc. Ottowa*
1988, 443-59, ar 454; gw. hefyd y data a gasglwyd ganddi yn CyC, 116-7.
[41] Gw. CyC 198.
[42] *ibid*. 200-09.
[43] *ibid*. 208-9.
[44] Gw. Simon Rodway, 'The Where, Who, When and Why of Medieval Welsh Prose Texts: Some
Methodological Considerations', SC 41 (2007), 47-89, ar 74-6. Ceir y canrannau canlynol ar gyfer y
terfyniad *-wys* yn yr un testunau yn y Llyfr Coch: y gainc gyntaf 71%, yr ail gainc 81%, y drydedd
gainc 58%, y bedwaredd gainc 62%. Sylwir ar unwaith nad oes fawr o wahaniaeth yn achos y ddwy
gainc gyntaf ond bod gwahaniaethau mawr yn achos y ddwy gainc olaf, gydag ysgrifydd y Llyfr
Coch yn tueddu i ddiweddaru wrth gopïo.
[45] *ibid*. 72, N.119.

yn *Bendigeiduran,* ni cheir ond 3% o'r bôn *gorug-,* h.y. un enghraifft yn unig yn y Llyfr Gwyn a dwy yn y Llyfr Coch, tra ceir 97% o'r bôn *gwnaeth-.*[46]

(v) Mae'r defnydd o'r gystrawen *sef a* / *sef y(d)* / *sef* + *enw* / *sef ual y(d)* hefyd yn drawiadol wahanol pan gymherir ystadegau o'r Pedair Cainc. Ceir enghreifftiau o'r gystrawen *sef a* ym mhob un o'r ceinciau a chan mwyaf dilynir y geiriau hyn gan ffurf ar y ferf *gwneuthur* wedi'i dilyn gan ferfenw arall megis *Sef a wnaeth Efnyssyen* + *dyuot* (306-7) neu gan orffennol y ferf *cael, sef a gauas* ... (300). Ceir enghraifft o'r gystrawen *sef y(d)* yn *Bendigeiduran, Sef y clywei arueu am benn hwnnw* (319), ac yn *Math, Sef y kyrchyssant y dref uchaf yn Arllechwoed* 98-9 a *sef y guelei y tri llydyn* 193-4. Ceir enghreifftiau o'r gystrawen *sef* + *enw* ym mhob un o'r ceinciau ar wahân i *Manawydan* ac mae'r un yn wir o ran y gystrawen *sef ual y(d).* Yr hyn sy'n drawiadol yw na cheir ond y gystrawen gyntaf – *sef a* – yn *Manawydan.*[47]

(vi) O ran bôn ffurfiau trydydd person unigol a lluosog yr arddodiad personol *gan,* ceir y canrannau canlynol yn achos y ffurfiau 'gogleddol' gydag *-th-,* sef *ganthaw, ganthunt* neu *genthi* yn nhestun y Llyfr Gwyn: *Pwyll* 86%, *Bendigeidfran* 61%, *Manawydan* 24%, a *Math* 27%. Yn achos y ffurfiau 'deheuol' gydag *-t-,* sef *gantaw, gantunt* neu *genti,* ceir 14%, 39%, 76% a 73% yn y drefn honno. Yn y Llyfr Coch, ceir y canrannau hyn yn achos y ffurfiau gyda *-th-: Pwyll* 40%, *Bendigeidfran* 11%, *Manawydan* 12%, a *Math* 0%; yn achos y ffurfiau gyda *-t-: Pwyll* 60%, *Bendigeidfran* 89%, *Manawydan* 88%, a *Math* 100%. Yn y ddau ddernyn o'r ail gainc a'r drydedd a gadwyd yn Peniarth 6, rhaid nodi na ddigwydd ond y ffurfiau yn *-th-: genthi* yn *Bendigeidfran* – Atodiad 31, a *ganthaw* (x 2) a *ganthunt* yn *Manawydan* – Atodiad 32, 36, a 2 yn y drefn honno. Mae'n amlwg bod tystiolaeth ffurfiau *-th-* yn *Pwyll* ac yn *Bendigeidfran* yn y Llyfr Gwyn yn sefyll allan yn erbyn tystiolaeth y ceinciau eraill yn yr un llawysgrif. Mae'r dystiolaeth o ran *Pwyll* yn y Llyfr Coch hefyd yn werth ei nodi. Mae'r dystiolaeth yn P6 yn cadw'n gyson at y ffurfiau 'gogleddol'.[48]

---

[46] Diolchaf i Marieke Meelen o Brifysgol Leiden am yr ystadegau hyn.

[47] Daw llawer o'r ystadegau hyn o bapur a draddodwyd gan Marieke Meelen yn y Gyngres Astudiaethau Celtaidd Ryngwladol a gynhaliwyd yn Maynooth 2011; gw. hefyd adran 15 Cystrawen *Bendigeiduran Uab Llyr,* lix isod. O ran manylion enghreifftiau o'r cystrawennau gyda *sef,* noder y cyfansymau canlynol:

	Pwyll	Bendigeiduran	Manawydan	Math
sef a –	7	7	11	18
sef y(d)	0	1	0	3
sef yw	1	0	0	6
sef oed	0	1	0	2
sef + *enw*	11	9	0	8
sef ual	3	2	0	1
sef + *adferf*	1	0	0	0

[48] Am drafodaeth bellach ar y ffurfiau hyn, gw. Peter Wynn Thomas, 'Middle Welsh Dialects: Problems and Perspectives', B 40 (1993), 17-50, yn enwedig 29-30, a '(-th-): Tystiolaeth Beirdd y Tywysogion a'r Uchelwyr', *Dwned* 15 (2009), 11-32. Gw. hefyd Patrick Sims-Williams, 'Variation

Yn sgil y ffactorau uchod, gellir yn hawdd weld gwahaniaethau rhwng pob un o'r ceinciau ac efallai mai dyna'r paham y dylid eu trafod yn unigol ac nid fel un cwlwm o destunau. Fodd bynnag, mae'r portread o gymdeithas ac o rinweddau dynol a ffaeleddau dynol ynghyd â'r ffordd y creir cymeriadaeth a'r ffordd yr ailadroddir themâu cyffelyb yn y ceinciau i gyd yn sicr yn eu huno â'i gilydd mewn modd trawiadol. Yn sicr, mae artist celfydd y tu ôl i'r casgliad a wyddom bellach fel Pedair Cainc y Mabinogi ac efallai y dylid ei ystyried fel golygydd terfynol y gyfres yn hytrach na bod yn awdur gwreiddiol iddi.

8. YR AWDUR

Mae'n amlwg bod y cwestiwn ynglŷn ag awduraeth testunau canoloesol yn anodd ei ateb, os nad yn amhosibl. Mae'n anos fyth pan drafodir testunau megis y Mabinogi gan y derbynnir fel arfer eu bod yn y pen draw yn deillio o'r traddodiad llafar.[49] Seiliwyd y chwedlau llafar hyn ar amryw o episodau storïol a gasglwyd ynghyd dros gyfnod i greu chwedlau hwy a mwy cymhleth. Felly, camgymeriad fyddai honni mai awdur y testunau yn eu gwedd ysgrifenedig bresennol oedd yn gyfrifol am y chwedlau yn eu ffurfiau llafar. O ganlyniad, wrth inni sôn am awdur testun, yr ydym yn golygu, fel arfer, yr hwn fu'n gyfrifol am greu'r gwaith a gadwyd ar glawr. At hyn hefyd, wrth sôn am destun ysgrifenedig, rhaid cofio bod, yn achos y rhan fwyaf ohonynt, gyfres o gopïwyr wedi trosglwyddo'r defnydd ysgrifenedig o lawysgrif i lawysgrif ac o oes i oes, ac mae'r copïwyr hyn weithiau'n gyfrifol am fân newidiadau ac ychwanegiadau yn rhediad y stori.

Wrth drafod 'awdur' y Pedair Cainc, gellir honni bod tarddiad gwahanol i gynsail pob cainc, h.y. bod 'awduron' gwahanol i bob un. Mae'r ffactorau ieithyddol a amlinellwyd uchod ynghyd â chwestiwn perthynas storïol y ceinciau â'i gilydd yn sicr yn ddyledus i awduraeth wreiddiol wahanol pob cainc. Casgliad Sioned Davies yw bod cryn amrywiaeth ym manion arddull pob cainc a bod hynny'n ein harwain i gwestiynu barn Ifor Williams mai ffrwyth gwaith un awdur yw'r Pedair Cainc fel y'u hadwaenom heddiw. Ym marn Davies, nid yw arddull y ceinciau yn cadarnhau'r fath ddamcaniaeth. Gwell ganddi hi'r posibilrwydd mai 'casgliad o chwedlau yw'r *Pedeir Keinc* wedi eu cyfansoddi gan wŷr a berthynai i'r un cefndir, yn parchu'r un confensiynau wrth adrodd stori, ond yn amrywio yn eu defnydd o'r confensiynau hynny.'[50]

Serch hyn i gyd, parheir i sôn am 'awdur' y Pedair Cainc gan yr ymddengys fod undod thematig bwriadol i'r pedair stori. Dadleuodd John K. Bollard mai plethwaith o dair thema – cyfeillgarwch, priodas a chynnen – sydd i'w gael yn y Pedair Cainc. Yn ei farn ef, mae'r awdur yn ymdrin â phob un o'r themâu hyn

---

in Middle Welsh Conjugated Prepositions: Chronology, Register, and Dialect', *Transactions of the Philological Society* 111 (2013), 1-50.
[49] Ond gw. adran 12 *Casgliadau* isod, l-li.
[50] Gw. PKyM, 44.

ym mhob cainc, ac effaith hyn yw creu undod thematig i'r cyfan.[51] Defnyddiodd Brynley Roberts y term 'awdur' y Pedair Cainc wrth sôn am '(the) author's intentions' wrth gyfansoddi ei waith.[52] Ym marn Roberts hefyd, ceir themâu arbennig sy'n nodweddu'r ceinciau gwahanol: 'the nature of insult (*tremyg, gwaradwydd, sarhad*) in *Branwen*, of friendship and fellowship (*cydymddeithas*) in *Manawydan*, and of shame (*cywilydd*) in *Math*.'[53] Cyfeiriodd Glenys Goetinck hithau at 'awdur y Pedair Cainc' gan geisio treiddio i feddwl y llenor arbennig hwn i weld pa fath o gefndir oedd ganddo ac ym mha bethau yr ymddiddorai.[54]

9. YR AWDUR A *BENDIGEIDURAN UAB LLYR*

Mae'n amlwg bod gan awdur *Bendigeiduran* ddiddordeb mawr mewn enwau lleoedd ac mewn storïau onomastig. Mae chwe stori onomastig amlwg yn y testun: *Tal Ebolion* (131-4); *Llyn y Peir* (143-5); *Bryn Seith Marchawc* (223-6); *'a uo penn bit pont'* (271-3); *Ysbydawt Urdawl Benn* (416-7); *Pymp Ran Ywerdon* (438-41), ynghyd â chyfeiriad anuniongyrchol at seithfed enghraifft *Tre'r Clwydeu* (274-5). Mae'n amlwg hefyd fod gan yr awdur wybodaeth weddol fanwl o ddaearyddiaeth Cymru, yn enwedig Gwynedd, a'r lleoedd o bwys gwleidyddol yno: Harlech, Aberffraw, Caernarfon, Afon Alaw, Cwmwd Talybolion, a dengys ei fod yn ymwybodol o leoedd yn y gogledd-ddwyrain, megis Bryn Saith Marchog rhwng Corwen a Rhuthun, ac yn ne-orllewin Penfro, Ynys Gwales (368). Medda ar rywfaint o wybodaeth am ddaearyddiaeth Iwerddon, er y teimlir nad yw'n gwbl gyfarwydd â phob lleoliad y cyfeiria ato: Afon Erne (neu Shannon neu Liffey ?; gw. *Nodiadau* 264); pum talaith Iwerddon (440-1); llynnoedd a gysylltir â'r Byd Arall, er na ellir bod yn sicr pa un sydd mewn golwg ganddo (144; gw. hefyd *Nodiadau*). Dengys ymwybyddiaeth â thraddodiadau chwedlonol y Cymry: adar Rhiannon (366-7; gw. hefyd CO 632-3); gwledda arallfydol (396-402 a 403-11); pwysigrwydd coron Llundain fel symbol o undod gwleidyddol yr ynys gyfan (1-2); pwysigrwydd undod cryf y gellir ei greu trwy briodas (34-7); elfennau cyfreithiol (102-07); traddodiadau Gwyddeleg (271-5; 355-6; a 440-1). Delia â natur brenhiniaeth trwy ei wrthgyferbyniad o natur Bendigeidfran a Matholwch – caiff Matholwch ei reoli gan ei gynghorwyr a'i bendefigion tra ceidw Bendigeidfran reolaeth ar bopeth ym Mhrydain; gŵyr am werthoedd teuluol a ffyddlondeb a thwyll a dichelltra (106-7; 218-9; 341-2; 367-8).

Mae pwyslais ar sarhad, iawndal a dialedd di-bendraw sy'n diweddu mewn dinistr llwyr oni cheir y callineb i'w rwystro. Mae'r awyrgylch yn llawer mwy arwrol na'r ceinciau eraill. Yn *Pwyll* ac yn *Manawydan,* ceir mwy o bwyslais ar

[51] Gw. J. K. Bollard, 'The Structure of the Four Branches of the Mabinogi', THSC (1974/75), 250–76.

[52] Gw. Brynley F. Roberts, SMWL, t.. 96; gw. hefyd 'Where were the Four Branches of the Mabinogi written?' CSANA *Yearbook 1* (Dublin, 2000), 61-73, ar 68.

[53] *ibid.* 99.

[54] Gw. G. Goetinck, '*Pedair Cainc y Mabinogi:* Yr Awdur a'i Bwrpas', LlCy 15 (1987), 249–69.

rinweddau fel diweirdeb, ffyddlondeb, cyfeillgarwch diwyro, ymddygiad cytbwys, meddwl cyn gweithredu tra ceir mwy o bwyslais ar gyfiawnder, rhyfela a gweithredu uniongyrchol yn *Bendigeiduran*.

Ym mhob peth, fodd bynnag, sieryd yr awdur trwy ei gymeriadau a'u gweithredoedd. Mae ganddo ddiddordeb mawr yn y ffordd maent yn ymateb i amryw o sefyllfaoedd y cânt eu hunain ynddynt. Mae'r portread o Efnysien yn hynod o ddiddorol gan fod hwnnw'n ymddangos yn gymeriad unig na fydd bron byth yn siarad â neb arall ond ag ef ei hunan. Mae elfen amlwg o'r seicopath ynddo: ef sy'n symud y naratif ymlaen trwy ei weithredoedd ysgeler byrbwyll afreolus. Tybed beth a allasai ddigwydd petasai gan ei frawd Nysien fwy o ran yn y cynllun? Fodd bynnag, wedi dweud hyn oll, prif orchest yr 'awdur' yw creu naratif difyr a chyffrous; nid pregethu wrth ei gynulleidfa yw ei nod ond eu difyrru gyda stori dda.[55]

10. YR IS-DEITLAU

Gorffen testun *Bendigeiduran Uab Llyr* yn yr un modd ag y gorffen y tair cainc arall, sef gyda'r geiriau canlynol: '*A llyna ual y teruyna y geing honn o'r Mabinyogi*' (444). Yn *Pwyll* ceir: '*Ac y uelly y teruyna y geing hon yma o'r Mabynnogyon*' (PPD 654);[56] yn *Manawydan* ceir: '*Ac yuelly y teruyna y geing honn yma o'r Mabinogy*' (MULl 376–7); ac yn *Math* ceir: '*Ac yuelly y teruyna y geing honn o'r Mabinogi*' (MUM 595). Fodd bynnag, yn wahanol i'r tair cainc arall, ceir ychwanegiad pellach yn dilyn y frawddeg gloi ar ddiwedd *Bendigeiduran*:

> o achaws Paluawt Branwen, yr honn a uu tryded anuat paluawt yn yr ynys honn; ac o achaws Yspadawt Uran, pan aeth yniuer pedeir dec [g]wlat a seith ugeint e Iwerdon, y dial Paluawt Branwen; ac am y ginyaw yn Hardlech seith mlyned; ac am Ganyat Adar Riannon, ac am Yspydaut Benn pedwar ugeint mlyned. (444–9)

O graffu ar fanylion y darn hwn, deellir bod yr awdur am egluro prif uchafbwyntiau ei chwedl ac fe ellid ystyried y pwt ychwanegol hwn fel crynodeb o'r stori yn ei chrynswth. Mae'r stori, felly, yn ymdroi o gwmpas y pwyntiau canlynol:

(i) *Paluawt Branwen ...*, sef 'Dyrnod Branwen, yr un a fu un o dri dyrnod anffodus yr ynys hon.'

(ii) *Yspadawt Uran ...*, sef 'Cynulliad Bendigeidfran, pan aeth llu pedair talaith ar ddeg a saith ugain i Iwerddon i ddial Dyrnod Branwen.'

---

[55] Am gymariaethau rhwng yr ail gainc a rhai sagâu Llychlynnaidd, gw. Alaric Hall, 'Gwŷr y Gogledd? Some Icelandic Analogues to *Branwen Ferch Lŷr*', CMCS 42 (2001), tt. 27-50. Am gymhariaeth rhwng yr ail gainc a thraddodiadau Homeraidd Groegaidd, gw. Erin D. Boon, *Classical influences on Medieval Welsh literature: Branwen's Greek analogue,* Traethawd MA (Prifysgol Cymru, Aberystwyth, 2007), heb ei gyhoeddi.

[56] Am esboniad ar yr amrywiad hwn, gw. MULl iv–v.

(iii) *Y ginyaw yn Hardlech ...,* sef 'Y wledd saith mlynedd yn Harlech, Caniad Adar Rhiannon, Cynulliad y Pen am bedwar ugain mlynedd.'

Ychydig yn gynharach yn y testun, cafwyd tri chyfeiriad tebyg arall yng nghorff y naratif:

(iv) *Ysbydawt Urdaul Benn* (417), sef 'Cynulliad [y] Pen Urddasol'.

(v) *Ysbydawt Uranwen a Matholwch oed yr honn yd aethpwyt e Iwerdon* (418–9), sef 'Cynulliad Branwen a Matholwch oedd yr un yr aethpwyd ag ef i Iwerddon'.

(vi) *A hynny a dyweit y kyuarwydyd hwnn; eu kyfranc wy, 'Y gwyr a gychwynwys o Iwerdon,' yw hwnnw,* (431–3), sef 'A dyna a ddywed y chwedl hon; eu hanes hwy, 'Y gwŷr a gychwynnodd o Iwerddon' yw hwnnw.'

Beth yw arwyddocâd y cyfeiriadau hyn yng nghyd-destun *Bendigeiduran*? Un esboniad posibl yw eu bod yn llunio cyfres o is-deitlau yn y chwedl ac y dylent i gyd, o bosibl, gael eu lleoli yng nghorff y testun ar batrwm (iv) a (vi) uchod.[57] At hyn, gellid lleoli (v) *Ysbydawt Uranwen a Matholwch,* ar ddiwedd llinell 187 yn y golygiad presennol. Byddai'r is-deitl wedyn yn fath o grynodeb o ddigwyddiadau rhan gyntaf y chwedl. Yna gellid lleoli (i) *Paluawt Branwen* ar ddiwedd llinell 208 i greu crynodeb o hanes cosb Branwen. Lleolid (ii) *Yspadawt Uran* orau ar ddiwedd llinell 238 fel crynodeb o wys byddino Bendigeidfran a'i daith dros y môr i Iwerddon. Perthynai dwy ran gyntaf o (iii) ar ddiwedd llinell 402 gan ei fod yn cyfeirio'n uniongyrchol at eu harhosiad yn Harlech, a pherthynai'r rhan olaf o (iii) i'r un rhan ag y perthyn (iv). Mae (iv) – *Ysbydawt Urdaul Benn* – yn ei briod le yn y testun eisoes ar linell 417, fel y mae (vi) – *'Y gwyr a gychwynwys o Iwerdon,'* – sy'n glo i'r daith yn ôl i Lundain wedi'r gyflafan yn Iwerddon. Pe bai rhywun am greu dyfais gof ar gyfer rhediad chwedl *Bendigeidfran,* byddai'r is-deitlau hyn ar gael fel hwb iddo:

[a]   *Ysbydawt Uranwen a Matholwch;*
[b]   *Paluawt Branwen;*
[c]   *Yspadawt Uran;*
[ch]   *Y ginyaw yn Hardlech, Canyat Adar Riannon;*
[d]   *Yspydaut Benn; Ysbydawt Urdawl Benn;*
[dd]   *Y gwyr a gychwynwys o Iwerdon.*

Mae awgrym o rywbeth tebyg yn digwydd yn nhestun *Gereint fab Erbin.* Yn y testun hwnnw, nid is-deitl a geir fel y cyfryw ond coloffon i gloi episod megis, *Y chwedyl ef hyd yna* (*Gereint* 342); *Kyfranc Gereint hyd yma* (*Gereint* 395-6); *Eu chwedyl vynt hyd yma* (*Gereint* 496).

Ceir is-deitlau wedi'u dosbarthu yng nghorff testunau naratif yn y traddodiad Gwyddeleg hefyd. Yn fersiwn cyntaf *Táin Bó Cúailnge,* fe'u gwelir yn aml iawn un ai yn rhan o'r testun ei hun neu ar ymyl y dalen: *Na Macgnímrada inso sís,* 'Y Mabolgampau yma isod' (TBC[1] 398); *Aided na Maccraide inso,* 'Marwolaeth y Bechgyn yma' (TBC[1] 470); *Cath Eógain meic Derthacht fri Conchobar inso,* 'Brwydr Eógain fab Derthacht â Conchobar yma' (TBC[1] 481), heb enwi ond ychydig iawn o enghreifftiau. Ni olyga hyn fod awdur

---

[57] Gw. Sioned Davies, PKyM 20-2, a CyC 55-6; gw. hefyd Proinsias Mac Cana, BDLl, 140-5.

Bendigeiduran wedi benthyg yr is-deitlau o'r traddodiad Gwyddeleg. Y tebyg yw ei fod yn dilyn rhaniadau naturiol yn ei naratif ei hun yn union fel y gwnâi'r Gwyddyl hwythau. Mae is-deitlau i'w cael mewn nifer o destunau Gwyddeleg eraill, e.e. yn fersiwn *Lebor na hUidre* (LU) o *Togail Bruidne Dá Derga,* e.e. *Imda Chormaic Cond Longas,* 'Ynghylch Cormac Cond Longas' (LU 7076), *Imda noí céli Chormaic,* 'Ynghylch naw priod Cormac' (LU 7083), *Imda tuíssig teglaig Conaire,* 'Ynghylch arweinwyr teulu Conaire' (LU 7175). Mewn testun Gwyddeleg pwysig arall yn yr un llawysgrif – *Fled Bricrend,* 'Gwledd Bricriu', – ceir un clwstwr o is-deitlau ar y dechrau fel a ganlyn: *Fled Bricrend ocus in Curathmír Emna Macha ocus in Briatharchath ban Ulad ocus Tochim Ulad do Chrúachnaib Ai ocus Cennach ind Rúanada i nEmain Macha* (LU 8038-40), 'Gwledd Bricriu, a Chyfran y Pencampwr yn Emain Macha, a Brwydr Eiriau Gwragedd Wlster, a Gorymdaith Gwŷr Wlster i Cruchain Ai, a Gwobr y Pencampwr yn Emain Macha.' Mewn gwirionedd, efallai y dylid ail-leoli'r is-deitlau hyn i'w priod leoedd yng nghorff y testun, yn union fel yn achos *Bendigeiduran,* ond bod yr is-deitlau yn hwnnw ar ddiwedd y testun yn hytrach nag ar ei ddechrau.

11. CYMERIADAU'R TESTUN[58]

Bendigeidfran fab Llŷr — Brenin Coronog Prydain

O ran yr enw Brân Fendigaid neu Bendigeidfran,[59] dichon y gellir ei gysylltu â'r enw Gwyddeleg *Bran* a geir mewn testun Gwyddeleg o'r enw *Immram Brain,* 'Mordaith Brân', a ddyddir rhwng yr wythfed ganrif a'r ddegfed.[60] Dyma grynodeb o brif bwyntiau'r testun hwnnw:

'Un diwrnod, clyw Bran mac Febail wraig yn canu cyfres o englynion am 'Wledydd y Rhyfeddodau', gwledydd ar ynysoedd pell dros y môr. Yn awr, cychwyn Bran allan mewn tair llong, gyda naw gŵr ym mhob un ohonynt, dros y môr a chyferfydd â Manannán mac Lir sy'n gyrru dros y môr mewn cerbyd. Esbonia Manannán ei fod ar ei ffordd i Iwerddon lle genir mab iddo, Mongán fab Fiachnae. Yn awr cân Manannán gyfres o englynion am y môr a gyffelybir i wastadedd blodeuog. Disgrifia Manannán y wlad. Crybwylla Gwymp Dyn yng Ngardd Eden a phroffwyda hefyd ddyfodiad Iesu Grist. Anogir Bran i barhau ar ei daith i Wlad y Merched. Pan gyrraedd yno, ofna lanio ond yn y pen draw fe'i denir i'r tir. Ar yr ynys, diwellir holl anghenion y teithwyr â bwyd a diod yn ddiball ac â phob math o esmwythder y gellir ei ddymuno. Ar ôl treulio llawer o flynyddoedd yno, er y tybia gwŷr Bran mai dim ond un flwyddyn ydoedd, trechir un o'r garfan, Nechtan fab Ollbran, gan hiraeth am ei gartref a

---

[58] Yn yr adran hon, archwilir y prif ffynonellau canoloesol yn unig. Ni thrafodir y cyfeiriadau a geir at gymeriadau stori *Bendigeiduran* mewn testunau o gyfnod y Dadeni Dysg ymlaen oni bai bod hynodrwydd arbennig yn perthyn iddynt. Trefnwyd yr enwau yn ôl y drefn yr ymddangosant ynddi yn y testun.

[59] Am yr elfen *bendigaid* yn ei enw, gw. G. Goetinck, 'The Blessed Heroes', SC 20/21 (1985-86), 87-109.

[60] Séamas Mac Mathúna, (gol.), *Immram Brain: Bran's Journey to the Land of the Women* (Tübingen, 1985), 318-9.

chychwynnant i gyd adref am Iwerddon dros y môr eto. Pan gyrhaeddant, nid oes neb yn Iwerddon yn eu hadnabod er y gŵyr pawb am stori rhai a gychwynasai dros y môr flynyddoedd lawer ynghynt. Neidia Nechtan i'r tir o'r llong a thry ar unwaith yn llwch.'

Yn yr hanesyn hwn, cysylltir Bran â mordaith arbennig; cysylltir ef hefyd â Manannán mac Lir. Mae sôn am ymweld ag ynys arallfydol lle nad yw amser yn effeithio ar yr ymwelwyr. Pan ddychwelant i'w gwlad eu hunain, mae llawer o flynyddoedd wedi mynd heibio.

Nid anodd gweld rhai elfennau sy'n gyffredin i'r stori Wyddeleg hon ac i stori *Bendigeiduran*. Mae'n amlwg o gyd-destun y ddwy chwedl fod gwreiddiau Brân a Bran i'w canfod ymhell yn y gorffennol fel duw Celtaidd.[61] O ran Brân, mae ganddo faintioli cawr sy'n gallu cludo ei wŷr ar ei gefn (236-8); mae'n berchen ar grochan hud sy'n gallu adfywio meirwon a deflir ynddo (127-9); ar ôl ei farwolaeth, gall ei ben fod yn gwmni gwerthfawr i'w wŷr (363-8) ac yn dalismon i warchod Ynys Prydain rhag ei goresgyn (429-31). Cymer ei wŷr ran mewn gwledd a bery am bedwar ugain mlynedd lle cânt eu diwallu'n llwyr (404-14). Mae'n debyg iddo ennill ei epithet, Bendigaid, gan y'i portreedir fel arwr a merthyr, rhywun sy'n rhoi ei fywyd dros ei bobl er amddiffyn ei wlad a'i ddilynwyr.

(i) Mae'r enw Brân yn digwydd ddwywaith yn Llyfr Taliesin:
(a) y tro cyntaf mewn cerdd ddi-deitl sy'n cychwyn â'r geiriau 'Golychaf-i Gulwyd'[62] (BT 33:25–7; LPBT 273-92, ar 276, ll. 31-4):

Bum y gan Vran yn Iwerdon:	Bûm i gyda Brân yn Iwerddon:
gweleis pan ladwyt mordwyt tyllon;	Gwelais pan laddwyd rhyfelwyr mawr eu cluniau;
kigleu gyfarfot angerdolyon	Clywais gyd-drawiad gwŷr ffyrnig
a Gwydyl diefyl diferogyon.	Â['r] Gwyddyl dieflig twyllodrus.

Yn yr achos hwn, Taliesin chwedlonol sy'n llefaru gan frolio iddo fod yn bresennol pan aeth Brân i Iwerddon ac iddo fod yn dyst i farwolaeth rhyfelwyr cedyrn Prydain a hwythau'n ymladd â'r Gwyddyl twyllodrus. Fodd bynnag, gellir cymryd *mordwyt tyllon* yma fel cyfeiriad at Frân ei hun pan gofir i'r enw Morddwyd Tyllion gael ei ddefnyddio ddwywaith yn *Bendigeiduran* a'i bod yn bur debyg mai cyfeiriad at Fendigeidfran ei hun ydyw (344-5).[63] Noder hefyd i Taliesin gael ei restru yn *Bendigeiduran* fel un o'r saith a ddihangodd yn fyw o'r gyflafan yn Iwerddon.[64]
(b) yr ail dro, o bosibl, yn y gerdd sy'n cychwyn â'r geiriau 'Teithi Etmygant' (BT 42: 5-6; LPBT 370-86, ar 375, ll. 37-8):

---

[61] Gw. G. Goetinck, 'The Blessed Heroes', SC 20/21 (1985–6), 93.
[62] Dadleua Marged Haycock o blaid y posibilrwydd mai 'Kadeir Taliessin' oedd teitl y gerdd hon yn wreiddiol; gw. LPBT 257-9.
[63] Gw. Mac Cana, BDLl, 162–5; gw. hefyd *Nodiadau* 344 *Mordwyd Tyllyon*
[64] Y lleill yw Pryderi, Manawydan, Glifiai Ail Taran, Ynawg, Gruddiau fab Muriel a Heilyn fab Gwyn Hen (360–2).

ysceinrith kyfrenhin,

[Bûm yn] un nerthol mewn rhith gwasgarog (?),

Bran bore dewin.

dewin boreol Brân.

Yma, mae'n bosibl bod Taliesin, y dewin, yn cyfeirio at ei bresenoldeb gyda Brân a'i filwyr yn Iwerddon. Serch hynny, cwyd Marged Haycock y posibilrwydd mai at Frân Galed o'r gogledd y cyfeiria'r bardd yn y llinellau hyn gan fod y rhan hon o'r gerdd yn ymwneud â chymeriadau a lleoedd o'r Hen Ogledd; gw. LPBT 383.

(ii) Mae'r enw Brân fab Llŷr yn digwydd yng ngwaith tri o Feirdd y Tywysogion.

(a) Mae Cynddelw Brydydd Mawr, *fl.* 1155–1200, yn defnyddio enw Brân ap Llŷr yn ddelfryd o wrhydri a dewrder mewn brwydr mewn dwy gerdd: 'Marwnad Madog fab Maredudd' (CBT III, 7:17):

Rut ongyr Bran vab Llyr Lledyeith

[Cludwr] gwaywffon waedlyd Brân fab Llŷr Llediaith

'Kanu y Duw' (CBT IV 17.71–2):

Rybu Uran uab Llyr, llu rwymadur
*   – mad*
Yg camp yg kywlad, yg cad, yg cur;

Y mae Brân ap Llŷr wedi bod, rhwymwr da [ar] fyddin Mewn gwrhydri yng ngwlad y gelyn, ym mrwydr, yng nghaledi;

(b) Yr un yw bwriad Llywarch ap Llywelyn, 'Prydydd y Moch', *fl.* 1173–1220, ac yntau'n canmol dewrder ei noddwyr mewn dwy gerdd gan eu cymharu â Brân:

'Marwnad Gruffudd ap Cynan o Wynedd' (CBT V 11.25–28):

Mynud wrth uolud, wrth uilwyr
*   – bu gwrt,*
Bu gordwy ar allmyr,
Cadyr wrhyd bryd Bran uab Llyr,

Kedawl, arwynawl eryr.

Un cwrtais tuag at [feirdd] mawl, tuag at filwyr bu'n gadarn, Bu'n ormes ar estroniaid, [Un a chanddo] ddewrder gwych [yn tarddu o] feddwl [fel un] Brân fab Llŷr, Arwr rhoddgar, brawychus.

'Mawl Llywelyn ab Iorwerth o Wynedd' (CBT V 20.37–8):

Angut wu dy gyrch, angert Lyr–a Bran,

A briwgoch dy ongyr.

Amlwg fu dy ymosodiad, [un o] ffyrnigrwydd Llŷr a Brân A drylliedig a gwaedlyd dy waywffon.

(c) Yn ei gerdd 'Marwnad Llywelyn ap Gruffudd ap Llywelyn', cyffelyba Bleddyn Fardd, *fl.* 1268–1283, dranc Llywelyn i farwolaeth Bendigeidfran ac Arthur (CBT VII 51.5–8):

Llas Bendigeidran gydvryt—a chymri,
A chymraw oydd hevyt:

Lladdwyd Bendigeidfran unfryd â gofid, Ac arswyd oedd hefyd:

Llas Llywelyn llafngrevlyt,   Lladdwyd Llywelyn gwaedlyd ei lafn,
Llas Arthur, benadur byt.   Lladdwyd Arthur, pennaeth byd.

Cyfeiria Bleddyn Fardd at *meibyon Llyr* yn ei farwnad i dri mab Gruffudd ap Llywelyn (CBT VII, 54:36) ac mae'n bur bosibl mai Bendigeidfran a Manawydan a olygir ganddo.

Nid yw'r cyfeiriadau hyn o reidrwydd yn dwyn unrhyw berthynas bendant â digwyddiadau'r ail gainc er y gellid honni bod 'y waywffon waedlyd' yn galw i gof y ffordd y lleddir Bendigeidfran, sef trwy ei drywanu yn ei droed â gwaywffon wenwynig (359–60).

Un peth o ddiddordeb yng nghyswllt Beirdd y Tywysogion yw bod tri o'r beirdd hyn yn cyfeirio at ogledd-ddwyrain Powys gyda'r geiriau *Branfro* – Llywarch ap Llywelyn (CBT V 23:142) a Llygad Gŵr (CBT VII 25:60) – a *Brandir* – Gruffudd ap Maredudd (GGMD III 1:6). Mae hyn yn hynod o bwysig wrth geisio lleoli cwlt Brân ac mae'n cytuno â lleoliadau eraill sy'n gysylltiedig ag ef ac â Manawydan a Branwen yn y traddodiad Cymraeg; gw. *Nodiadau* 364 *Gwynuryn.*

(iii) Mae enw Bendigeidfran yn digwydd mewn un triawd yn unig, Triawd 37 (TYP 94-102). Yma adroddir am gladdu pen Bendigeidfran yn y Gwynfryn yn Llundain, gweithred a atseinir yn glir yn *Bendigeiduran* (425–8) ac y cyfeirir ati yn *Manawydan* (1–2).[65]

> Tri Chuddiad a Thri Datguddiad Ynys Prydain:
> Pen Bendigeidfran fab Llŷr, a gladdwyd yn y Gwynfryn yn Llundain. A thra byddai
> y pen yn y safle hwnnw, ni ddeuai gormes i'r ynys hon.
> Yr ail, Esgyrn Gwerthefyr Fendigaid a gladdwyd ym mhrif borthladdoedd yr ynys
> hon,
> Y trydydd, y dreigiau a gladdodd Lludd fab Beli yn Ninas Emrys yn Eryri.

Ceir ail fersiwn ar y triawd hwn yn y Llyfr Coch lle sonnir hefyd am ddatguddio'r cuddiadau a nodwyd uchod:

> Tri Chuddiad Ffodus Ynys Prydain:
> Pen Bendigeidfran fab Llŷr a guddiwyd yn y Gwynfryn yn Llundain â'i wyneb tua
> Ffrainc. A thra bu yn y safle lle y'i rhoddwyd, ni ddeuai Gormes y Saeson byth i'r
> ynys hon;
> Yr ail Guddiad Ffodus: y dreigiau yn Ninas Emrys, a guddiwyd gan Ludd fab Beli;
> A'r trydydd: Esgyrn Gwerthefyr Fendigaid, ym mhrif borthladdoedd yr ynys hon. A
> thra byddent yn y cuddiad hwnnw, ni ddeuai Gormes y Saeson byth i'r ynys hon.
>
> A dyma'r Tri Datguddiad Anffodus pan y'u datguddiwyd:
> A Gwrtheyrn Gwrthenau a ddatguddiodd Esgyrn Gwerthefyr Fendigaid oherwydd
> serch gwraig; sef oedd honno, Ronwen y baganes;

---

[65] Yn achos cyfeiriadau at y Trioedd, gwelir y gwreiddiol yn TYP. Y fersiwn y cyfeirir ato'n benodol yma yw'r trydydd argraffiad, Cardiff 2006.

Ac ef a ddatguddiodd y dreigiau;
Ac Arthur a ddatguddiodd Ben Bendigeidfran o'r Gwynfryn, gan nad oedd yn deg
ganddo fod yr ynys hon yn cael ei hamddiffyn trwy gadernid neb ond ei gadernid
ef ei hun.

(iv) Mae nifer fawr o'r Cywyddwyr yn enwi Brân neu Fendigeid(f)ran yn eu
gwaith:

(a) Ieuan Llwyd Brydydd, *fl.* ail hanner y 15fed ganrif, sy'n cyfeirio at *Brân
hengyff* yn ei gerdd 'Darogan' (GIapLlF 13.20)

(b) Siôn Ceri, *fl.*1520–40, sy'n dymuno i urddas ei noddwr gludo *[T]arian
Bendigeidran gynt* yn ei gerdd 'Moliant Mastr Rhisiart Herbert' (GSC 22.36).

(c) Hywel ab Einion Lygliw, *fl.* hanner cyntaf y bedwaredd ganrif ar ddeg, sy'n
cyfeirio yn ei gerdd 'Moliant Myfanwy Fychan o Gastell Dinas Brân' ar sawl
achlysur at wychder Castell Dinas Brân, ger Llangollen – castell a gysylltir yn
aml â Brân/Bendigeidfran (GGLl 1.24, 28, 32, 36).

(ch) Gruffudd Llwyd, *c.*1380–*c.*1420, yn ei gerdd 'I Owain Glyndŵr' sy'n nodi
tri ymherodr yr oedd eu llywodraeth yn ymestyn dros y môr ac yn eu plith y mae
Bendigeidfran, Custennin ac Arthur. Am y cyntaf ohonynt, dywed *Brenin
brwydr, Brân briodawr*, 'Brenin brwydr, Bendigeidfran [y] pennaeth
cyfreithlon' sy'n atseinio'r portread arwrol cyfiawn o Fendigeidfran a gafwyd
yng ngwaith Beirdd y Tywysogion ac yn *Bendigeiduran* (GGLl 12.29–34).

(d) Tudur Aled, *c.*1465–1525, yn ei gerdd 'Y Gŵn Llwyd' sy'n cyfeirio at y
ffaith na chafodd Bendigeidfran erioed ei gynnwys mewn tŷ gan mor dal ydoedd
'Bendigeidfran … Ni chai dŷ, gan uched oedd–' (GTA cxxi 41–2) ac yn ei
gerdd 'Tŷ am Ŵr fal Toi a Main, Moliant Syr Wiliam Gruffudd Siambrlen
Gwynedd ac i ofyn am Wisg Arfau ganddo', sy'n cyfeirio at *bondo gwydr
Bendigeidran* (GTA cxviii 58). Ceir cyfeiriad at *Meibion Llŷr* – Bendigeidfran a
Manawydan yn ôl pob tebyg – gan Tudur Aled yn ei gerdd *Mawl Marchog a'i
Wraig: I Syr Sion Pilstwn* (GTA xlii 73).

(dd) Dafydd Llwyd, *fl.* 1447–97, yn ei gerdd 'Cywydd Brud', sy'n rhestru'r tri
brenin mawr, *Brân hen*, … *Cystennin* … *Arthur* (GDLl 27.32–6).

(e) Tudur Penllyn, *c.*1420–*c.*1485, yn ei gerdd 'I Ifan ap Meredudd ap Tudur o
Lanfor ym Mhenllyn', sy'n cyfeirio at *gwydr Bendigeidran* (GTP 4.56).

(f) Deio ab Ieuan Du, *fl.* 1450–80, yn ei gerdd 'Cywydd Gofyn am Eleirch gan
Tomas o Drefdraeth dros Ieuan ap Siancyn Llwyd o Lwyndafydd' sy'n dweud
bod esgyll mawr yr elyrch yn debyg i *Ffustian Bendigeidran gynt* (GDabID
10.65).

(ff) Lewys Môn, *fl.* 1485–1527, yn ei gerdd 'Moliant Owain ap Meurig', sy'n
cymharu ei noddwr â Bendigeidfran y ciliai dynion bach o flaen ei faint
corfforol enfawr (GLM VIII 19–26):

Tarian Bendigeidran gynt
i'ch ysgwydd chwi a wisgynt:
fo welai ddewr fal ydd oedd
eich tremynt uwch y trumoedd:
milwr braisg mal ar y brig,
morddwydwr mawr urddedig.
Gŵr o gorff a gurai gant:
gwŷr bychain a grebychant.

a hefyd yn ei gerdd 'Moliant Owain ap Meurig ac yntau'n glaf', (GLM IX 23–4)

Doe bwriadem dŷ brodyr
obry'n bwll ywch, Brân ap Llŷr.

Yn ei gerdd 'Marwnad Siôn Grae', cyfeiria at ei noddwr fel Bendigeidfran yn ei rôl fel pont i'w wŷr (GLM LXXXIII 47–50):

Bendigeidran, amcanwn,
ap Llŷr, yn y pwll, yw hwn:
yn ben y'i cawn heb nacáu,
yn bont fal y bu yntau.

Yn ei gerdd 'moliant Syr Wiliam Gruffudd, sonia am ei noddwr fel *gem aur fry'n gymar y Frân* (GLM XXXVII 30). Yn y gerdd 'Moliant Syr Rhys ap Tomas', ceir pum cyfeiriad at Frân (LXXXVIII 1, 6, 10, 30, 50)

(g) Lewys Glyn Cothi, c.1420–89, yn ei gerdd 'Moliant Dafydd ap Tomas', cyfeiria yn glir at *Brân .... mab Llŷr* (GLGC 37:22-24); cyffelyba wrhydri ei noddwr i ymladdwyr *Bendigeidfran ... ap Llŷr* yn ei gerdd 'Moliant Gruffudd ab Ieuan Llwyd (GLGC 45:3-4); ceir yr un math o ganmoliaeth i noddwr arall yn y gerdd 'Moliant Nicolas ap Gruffudd a Sisli' (GLGC 210:21-24). Mewn cerdd arall, 'Moliant Ieuan ap Phylip', honna y gellir olrhain ach ei noddwr i Frân (GLGC 170:56), er ei bod yn bosibl mai Brân (< Brennius, HKB iii:1–10) a olygir yma yn hytrach na Bendigeidfran.

(ng) Dafydd ap Gwilym, *fl.*1320–70, yn ei gerdd 'I Hywel ap Goronwy, Deon Bangor', sy'n dweud y gellir olrhain ach ei noddwr i *hil Brân* (GDG 15.9).

(h) Lewys Morgannwg, *fl.* 1520–1565, yn ei gerdd 'Marwnad Syr Rhisiart Herbert, Trefaldwyn', sy'n cyffelybu dager ei noddwr marw i *gwydr Bendigeidran* (GLMorg II, 76.64).[66]

(i) Siôn Tudur, c.1522–1602, yn ei gerdd 'Cywydd Moliant i Syr Tomas Siôns', lle mae'n bosibl bod cyfeiriad at Fendigeidfran (GST 88.15n).

---

[66] Gw. hefyd 'Moliant Siôn Salbri, Dinbych' a drafodir yn yr adran ar yr enw Branwen isod.

Er hyn i gyd, nid cyfeiriadau at hanes Bendigeidfran fel y'i hadwaenom yn yr ail gainc a geir yma yng ngwaith y beirdd hyn ond cyfeiriadau at ei ddewrder, at wychder ei lys, ac at ei darian a'i wydr.

(v) Digwydd enw Brân mewn dau englyn ar ddiwedd darn byr o ryddiaith yn llawysgrif Peniarth 98B. Er bod y llawysgrif ei hun yn perthyn i'r ail ganrif ar bymtheg, gellir derbyn bod yr englynion yn rhagddyddio'r llawysgrif. Yn y testun hwn, cyfeirir at Gad Goddau[67] a dywedir i'r frwydr honno gael ei hachosi gan Amaethon fab Dôn a ddaliodd iwrch gwyn a chenau milgi a ddaethai o Annwfn. Ymladdodd Amaethon a Gwydion, dau o feibion Dôn, y frwydr ofer hon yn erbyn Arawn brenin Annwfn (cymh. Triawd 84 *Tri Ouergat Ynys Prydein*, TYP 217–222). Enw arall ar y frwydr hon oedd Cad Achren ac ymddengys ei bod yn fersiwn o'r frwydr a ymladdwyd gan Wydion yn erbyn ei elynion am anifeiliaid arallfydol o Annwfn. Dichon mai fersiwn arall o'r frwydr hon a gofnodwyd yn nhestun *Math* (MUM 31–44 a 122–148); yno, moch o Annwfn yw'r anifeiliaid yr ymleddir amdanynt a Phryderi yw prif elyn Gwydion. Noda Rachel Bromwich y posibilrwydd bod Gwydion yn y fersiwn gwreiddiol wedi ennill y moch, yr iwrch a'r milgi wedi ymgyrch yn Annwfn yn hytrach nac wedi ymweliad â Dyfed.[68] Dyma a geir yn Peniarth 98B, 81–2:[69]

Yma y dilyn yr englynion a ganwyd pan ddigwyddodd Cad Goddau, a elwir gan eraill yn Gad Achren. Digwyddodd y frwydr honno oherwydd iwrch gwyn a chenau milgi a ddaethai o Annwfn. Daliodd Amaethon fab Dôn hwy. Ac oherwydd hynny, ymladdodd Arawn brenin Annwfn ag Amaethon fab Dôn. Ac yr oedd gŵr [ar y naill ochr] yn y frwydr na threchid mohono oni wyddid ei enw. Ac yr oedd gwraig ar yr ochr arall, o'r enw Achren, na threchid mo'r fyddin [yr oedd hi ynddi] oni wyddid ei henw. Dyfalodd Gwydion fab Dôn enw'r gŵr – Brân – ac fe ganodd y ddau englyn canlynol:

Carngraff fy march rhag ottoyw	Mae fy march yn gadarn ei garnau dan yr ysbardun,
bann blaen gwern ar yasoyw	Brig uchel y wernen yn [d]y law chwith
Brân ith elwir briger loyw.	Brân y'th elwir, â'r gwallt gloyw.
Neu fal hyn	Neu fel hyn
Carngraff dy farch yn nydd cad	Mae dy farch yn gadarn ei garnau ar ddydd brwydr,
bann blaen gwern ar dy angad	Brig uchel y wernen yn dy law,
Brân lorgrig ai frig arnad	Brân llurugog a ? brigau arnat
Y gorfu Amathaon mad.	Amaethon da fu'n fuddugol.
Gwydion ap Don ai kant.	Gwydion ap Dôn a'i canodd.

---

[67] Cymh. hefyd BT 23:9–27:12, a LPBT 167-239.

[68] Gw. Rachel Bromwich, TYP, 218–19; ac W. J. Gruffydd, MVM, 331.

[69] Am y gwreiddiol, gw. RWM cyfr. 1, 613. Cyhoeddwyd y dernyn hwn gan Ifor Williams, CLlH, l–li; ceir fersiwn ychydig yn wahanol gan O. Jones, E. Williams a W. O. Pughe (gol.) yn Myv., 127; ceir cyfieithiad Saesneg gan W. F. Skene yn FAB, 205–6.

Fel y nododd Ifor Williams, ymgais i esbonio'r englynion yw'r darn rhyddiaith. Mae'n amlwg mai anghyflawn yw'r hanesyn.

Manawydan fab Llŷr — brawd llawn i Fendigeidfran a Branwen
Dywedir yn aml fod yr enw Manawydan fab Llŷr yn y traddodiad Cymraeg yn cyfateb i'r enw Manannán mac Lir yn y traddodiad Gwyddeleg. Mae'n wir bod yr enwau'n ymddangos yn bur debyg ond mae problemau yn achos cyfatebiaeth tarddiad yr enw ac yn achos cyfatebiaeth y gymeriadaeth. Ymddengys hefyd fod yr enw Manawydan yn dwyn rhyw fath o berthynas â'r enw lle Manaw. Mae dau le o'r enw hwn yn hysbys yn yr Oesoedd Canol cynnar: (i) ardal Manaw Gododdin a ymestynnai ar hyd glannau deheuol Afon Gweryd – 'River Forth' – yn nwyrain yr Alban i'r gorllewin o'r ardal lle lleolir Caer Edin bellach. Ceir yr enw hwn yn ei ffurf Wyddeleg – *Mana* (genidol *Manann*) – o hyd mewn dau enw yn yr ardal hon: Clackmannan < Clach/Cloch Manann, sef 'Carreg Manu', pentref saith milltir yn union i'r dwyrain o Stirling, a Slamannan < Sliabh Manann, sef 'Bryn Manu', pentref bach bedair milltir yn union i'r de o Falkirk. Mae'r ddau bentref hyn yn agos iawn i Afon Gweryd ychydig i'r gorllewin o Gaer Edin heddiw, sef yng ngwlad Manaw Gododdin gynt;[70] (ii) Ynys Manaw, neu *Inis Manann* (a sillefid weithiau fel *Manand*) yn Wyddeleg. Awgrymodd E. Windisch fod ffurfiau'r enw priod Manawydan / Manannán yn tarddu yn y pen draw o'r enw *Manaw* / *Mana* – enw'r ynys yn ôl pob tebyg – a chytunodd R. Bromwich â'r ddadl hon.[71] Y tebyg yw, meddai, mai'r terfyniad bachigol a geir yn yr -*an* Cymraeg ac yn yr -*án* Gwyddeleg ac mai'r ffurfiau gwreiddiol oedd *Manaw[yd]* yn y Gymraeg[72] a *Mana** yn yr Wyddeleg.[73] Os derbynnir hyn, rhaid derbyn bod Manawydan a Manannán ill dau yn tarddu o enw duw Celtaidd y gwyddai Celtiaid dwy lan Môr Iwerddon amdano.[74]

---

[70] Cymh. CA 2:35 *ar vreithel vanawyt* 'o flaen bro Manawyd'; gw. hefyd TYP 432–4. Am y drafodaeth ddiweddaraf ar leoliad y *Manaw* hwn, gw. T. M. Charles-Edwards, Wales and the Britons 350-1064 (Oxford, 2013), 4-6.

[71] Gw. Ernst Windisch, *Das Keltische Britannien* (Leipzig, 1912), 112–3; a TYP 433.

[72] Cymh. 'Pa Ŵr Yw'r Porthor', LlDC 31:19 lle ceir y ffurf *Manawidan* a LlDC 31:21 lle ceir y ffurf *manauid*; gw. hefyd John T. Koch, 'A Welsh Window on the Iron Age: Manawydan, Mandubracios' CMCS 14 (1987), 17-52, ar 19.

[73] Yr awgrym yw mai ffurf enidol y gair *Mana*, sef *Manann*, sydd yn sail i'r ffurf Wyddeleg bellach, *Manannán,* 'un o Ynys Manaw'. Noder y ceir y ffurf *Monand*, sef Manann heb y terfyniad –*án*, unwaith yn *Immram Brain* §51; mae -*nd*- yn gonfensiwn sillafu mewn Gwyddeleg cynnar am -*nn*-. O ran yr enw Cymraeg Manawydan, cydnabyddir yn gyffredinol fod problem o ran y tarddiad. Mae'n bosibl bod yr elfen -*wyd*- dan ddylanwad teclyn a adweinir fel *manawyd* ~ *mynawyd*, teclyn a ddefnyddir i wneud tyllau mewn lledr yn enwedig wrth wneud esgidiau; cymh. trydedd grefft Manawydan a Phryderi yn y drydedd gainc (MULl 111-22). Posibilrwydd arall yw mai *manaw* + *ŷd* sydd wedi dylanwadu ar ffurf Gymraeg ei enw, hefyd oherwydd ei gysylltiad â thyfu ŷd yn yr un testun (MULl 219-230). Mae'n rhaid cydnabod y posibilrwydd hefyd fod ffurf enidol ei enw yn yr Wyddeleg yn y sillafiad *Manand* wedi'i chamddeall gan ysgrifydd o Gymro fel *Manauid* fel a gadwyd mewn llinell o'r gerdd *Pa Ŵr yw y Porthori* a drafodir isod; gw. W. J. Gruffydd, *Rhiannon* (Cardiff, 1953), 81; gw. hefyd adolygiad A.O.H. Jarman o'r gyfrol hon yn LlCy III, yn enwedig 128.

[74] Gw. Proinsias Mac Cana, *Celtic Mythology* (Feltham, 1970), 66–71; gw. hefyd IIMWL, 11-13.

Amlygir y cysylltiad rhwng Manannán ac Ynys Manaw a'r môr mewn testun Gwyddeleg o ddechrau'r ddegfed ganrif a ddwg yr enw arferol *Sanas Chormaic*, 'Geirfa Cormac':[75]

> *Manannan mac lir. i. cennaige amra bói an inis Manand. ise luam as deach boi an iarthar Eorpa. nofindad tre nemgnacht (i. gnathugud nime) in oiret nobíd in soinind 7 in doinind 7 in tan nosclaechlóbad cechtar don dá résin. Inde Scoti et Brittones eum deum vocaverunt maris. et inde filium maris esse dixerunt. i. mac lir mac mara. et de nomine Manandán Inis Manand dictus est.*

'Manannán mac Lir: masnachwr o fri a oedd yn Ynys Manaw. Ef yw'r llywiwr gorau a fu yng ngorllewin Ewrop. Gwyddai trwy wylio'r wybren (h.y. [trwy] arfer yr wybren) pa mor hir y byddai hindda a drycin yn parhau, a phryd y byddai'r naill a'r llall yn ymgyfnewid. Oherwydd hynny, galwai'r Gwyddyl a'r Brythoniaid ef yn dduw'r môr a chan hynny dywedent mai ef oedd mab y môr, h.y. *mac lir* [yw] mab y môr. Ac o enw Manannán y daw enw Ynys Manaw.'

O graffu ar y dystiolaeth gynharaf yn Iwerddon, ymddengys mai duw'r môr oedd Manannán mac Lir a chwery ran yn y testun *Immram Brain* lle y'i portreedir fel arglwydd yn teithio dros y moroedd yn ei gerbyd a lle cyferfydd Bran ag ef ac yntau ar ei daith dros y môr i Ynys y Merched.[76]

(i) Digwydd yr enw Manawydan wedi'i gyplysu ag enw Pryderi mewn cerdd yn Llyfr Taliesin sy'n cychwyn â'r geiriau 'Golychaf-i Gulwyd', (BT 34:8–10, Haycock, LPBT 273-92, ar 277, ll. 45-7):[77]

Ys kyweir vyg kadeir yg Kaer Sidi:	Persain yw fy nghân yng Nghaer Siddi:
nys plawd heint a heneint a uo yndi,	Nid yw haint a henaint yn taro'r sawl a fo ynddi,
Ys gwyr Manawyt a Phryderi.	Fel y gŵyr Manawyd a Phryderi.

Gan i'r bardd, 'Taliesin', ddweud yn gynharach yn y gerdd iddo ganu cân *rac meibon llyr yn ebyr henuelen* 'o flaen meibion Llŷr yn Ebyr Henfelen' (BT 33: 3–4), gellir cymharu lleoliad arallfydol Caer Sid(d)i,[78] lle nad effeithir ar ei drigolion gan na haint na henaint, ag arhosiad dihangwyr o gyflafan Iwerddon yng Ngwales yn Aber Henfelen yn yr ail gainc (411–12). Noder i dri o'r

---

[75] Gw. John O'Donovan, Whitley Stokes (gol.), *Sanas Cormaic: Cormac's Glossary* (Calcutta, 1868), 114; a *Three Irish Glossaries*, 31; gw. hefyd *Cóir Anmann* wedi'i olygu gan W. Stokes ac E. Windisch yn *Irische Texte* III, 356 §156. Yn y darn hwn o *Sanas Chormaic* ceir ymgais i esbonio enw hen dduw Celtaidd mewn telerau dynol.

[76] Gw. *Bendigeidfran fab Llŷr* uchod.

[77] Gw. troednodyn 62 uchod.

[78] Gw. Marged Haycock, SC xviii–xix (1983–4), 65; gw. hefyd P. Sims-Williams, 'Some Celtic Otherworld Terms', *Celtic Language, Celtic Culture: a Festschrift for Eric P. Hamp*, (gol.) A. T. E. Matonis a Daniel F. Melia (California, 1990), 57–81, ar 61–7, P. Sims-Williams, 'Kaer Sidi and Other Celtic Otherworld Terms', yn IIMWL, 53-78, ar 66 ymlaen.

dihangwyr hyn – Pryderi, Manawydan a Thaliesin – gael eu henwi ychydig
ynghynt yn y testun (360-1).

(ii) Digwydd ei enw ddwywaith yn Llyfr Du Caerfyrddin yn y gerdd 'Pa Ŵr yw
y Porthor' (LlDC 31.19-21; gw. hefyd AH 296-309):

Manawidan ab Llyr	Manawydan fab Llŷr
oet duis y cusil.	A oedd yn ddwys ei gyngor.
Neus tuc Manauid	Dygodd Manawyd
Eis tull o trywruid.	Dariannau tyllog o Dryfrwyd.

Yma nodir ei fod yn 'ddwys ei gyngor', nodwedd yn ei gymeriad a ddaw'n
amlwg yn *Bendigeiduran* wrth iddo gynghori peidio ag agor y drws
tyngedfennol ar ôl i'r dihangwyr gyrraedd Gwales gyda phen Bendigeidfran pan
ddywed: *Weldy racco ... y drws ny dylywn ni y agori* (407-8) ac yn *Manawydan*
pan gynghora Bryderi i beidio â mynd i mewn i'r gaer ryfeddol trwy ddweud:
*Dioer, ... nyt da dy gynghor uynet y'r gaer. [Ny welsam ni y gaer] honn yma
eiryoet. Ac o gwney uyg kynghor i, nyt ey idi. A'r neb a dodes hut ar y wlat, a
beris bot y gaer yma.* (MULl 155-8). Yn yr ail gofnod o'i enw yn y gerdd
uchod, yn y ffurf Manawyd, awgrymir ei ddewrder wrth ymladd yn y darlun
ohono'n dwyn tariannau tyllog o Frwydr Tryfrwyd a'r ensyniad yw bod hyn yn
dilyn brwydro caled.[79] Rhaid cyfaddef nad yw'r nodwedd hon yn ei gymeriad yn
amlwg o destun *Manawydan* gan mai osgoi brwydro yw ei fwriad bob tro yn y
testun hwnnw (gw. MULl 91–4; 108–9; a 129–31).

(iii) Digwydd ei enw ddwywaith yn *Culhwch ac Olwen*, unwaith yn y rhestr
filwyr pan ddaw Culhwch i lys Arthur a gwneud ei gais i Arthur geisio Olwen
drosto (CO 215) ac unwaith yn yr helfa am y Twrch Trwyth lle dywedir i
Fanawydan yng nghwmni Osla, Cacamwra a Gwyngelli ymosod ar y Twrch ac
yntau'n nofio dros Afon Hafren ar ei ffordd i ymosod ar Gernyw ac yma, ceir
darlun mwy arwrol ohono eto (CO 1180-82).

(iv) Digwydd enw Manawydan ddwywaith yn y Trioedd:
(a) Triawd 8 (TYP 15–6):

> Tri Arglwydd Gwylaidd (Darostyngedig gan Anffawd) Ynys Prydain:
> Llywarch Hen fab Elidir Llydanwyn;
> A Manawydan fab Llŷr Llediaith;
> A Gwgon Gwron fab Peredur fab Eliffer Gosgorddfawr.
> (A dyna'r rheswm pam y gelwid y rheiny'n arglwyddi gwylaidd: am na
>   cheisient deyrnas na allai neb ei gwrthod iddynt.)[80]

---

[79] Mae'n bosibl y gellir uniaethu enw'r frwydr hon ag enw'r ddegfed frwydr y bu Arthur yn
llwyddiannus ynddi yn ôl *Historia Brittonum*, sef *Tribruit*; gw. John Morris (gol., cyf.), *Nennius:
British History and The Welsh Annals* (London and Chichester, 1980), §56: *in litore fluminis quod
vocatur Tribruit*; a David N. Dumville (gol.), *The Historia Brittonum* (Cambridge, 1985). 104:7–8:
in littore fluminis, quod nos uocamus Traht Treuroit; ond gw. hefyd AH 304 22n.
[80] Ychwanegwyd y geiriau rhwng y cromfachau gan gopïydd fersiwn LlGRh, gw. TYP lxxiii a 15-
16.

Yn y triawd gwreiddiol, y teitl a roddir ar y tri gŵr hyn yw 'Tri Lleddf Unben Ynys Prydain' a dyna a eilw Pryderi ar Fanawydan yn y drydedd gainc: *Trydyd lledyf unben wyt* (MULl 9). Gellir deall 'lleddf' yma fel ansoddair sy'n golygu 'gwylaidd; diymhongar' ac sy'n disgrifio natur Manawydan fel dyn nad yw'n sefyll ei dir a hawlio'r hyn sy'n ddyledus iddo, sef ei goron a'i diriogaeth a dducpwyd oddi wrtho gan rywun arall. Caswallon yw'r un a amddifadodd Fanawydan o'i etifeddiaeth. Cipiodd hwnnw goron Ynys Prydain trwy drais yn ôl adran olaf *Bendigeiduran* (384-92). Awgryma Rachel Bromwich mai fel hyn y deallodd awdur *Manawydan* yr ansoddair *lledyf* ac mai fel hyn y'i deallwyd gan bwy bynnag a fu'n gyfrifol am y pwt a ychwanegwyd at fersiwn LlGRh o driawd 8 – *Ac y sef achavs y gelwit (y) rei hynny yn (l)ledyf vnbyn: vrth na cheissint gyuoeth, ac na allei neb y ludyas vdunt* – sydd mor debyg i'r esboniad a awgrymir yn y testun – *ny buost hawlwr tir a dayar eiryoet* (MULl 8-9). Felly, mae'n bosibl dadlau bod testun *Manawydan* wedi dylanwadu ar fersiwn LlGRh o'r triawd. Fodd bynnag, dadleua Bromwich ymhellach na ddeallodd awdur *Manawydan* union rym y gair *lledyf* fel y'i defnyddid yn yr hen farddoniaeth, sef fel rhywun wedi'i drechu gan anffawd a thrallod (gw. TYP 16–17). Holl gyflafan Iwerddon a cholledion personol, ei chwaer a'i frawd a llawer o'i gydymdeithion, yw'r trallod a'r anffawd sydd wedi darostwng Manawydan.

(b) Triawd 67 (TYP 185–8):

> Tri Eurgrydd Ynys Prydain:
> Caswallon fab Beli, pan aeth i Rufain i geisio Fflur;
> A Manawydan fab Llŷr, pan fu hud ar Ddyfed;
> A Lleu Llaw Gyffes, pan fu ef a Gwydion yn ceisio enw ac arfau gan Ar(i)anrhod ei fam.

Mae'n ymddangos bod awdur terfynol y triawd hwn yn gwbl gyfarwydd â defnydd testun *Manawydan* ac â defnydd testun *Math*. Rhaid nodi bod y triawd hwn yn ymddangos gyntaf yn y Llyfr Gwyn a'i bod yn bur bosibl felly fod union eiriad y triawd o dan ddylanwad uniongyrchol testun *Manawydan* ac yn sgil hynny, ni ellir derbyn y triawd fel cofnod annibynnol o rôl Manawydan fel crydd.[81] Rhaid cofio ei bod yn bosibl bod a wnelo crefft Manawydan yma â'r ffaith bod *manawyd* yn enw cyffredin ar fath o declyn a ddefnyddid gan gryddion i wneud twll mewn lledr.

(iv) Ceir yr enw person Cul*fanawyd* Prydain yn Nhriawd 80 (TYP 210):

> Tair Gwraig Anffyddlon Ynys Prydain. Tair merch Culfanawyd Prydain:
> Esyllt Fyngwen, gordderch Trystan;
> A Phenarwan, gwraig Owain fab Urien;
> A Bun, gwraig Fflamddwyn.

---

[81] gw. TYP 185–8.

> Ac yr oedd un a oedd yn fwy anffyddlon na'r tair hyn: Gwenhwyfar gwraig Arthur, gan iddi beri cywilydd i well gŵr na'r un o'r lleill.

Cedwir yr enw hwn yn Culhwch ac Olwen – Kuluanawyt mab Goryon (CO 253) a gwyddai Cynddelw[82] a Gwgon Brydydd amdano.[83] Mae'n bosibl bod a wnelo'r enw hwn â Manawyd(an) a Manaw.[84]

Ni cheir cofnod o enw Manawydan yng ngwaith Beirdd y Tywysogion nac ychwaith yng ngwaith y Cywyddwyr nac yn 'Englynion y Beddau'.

Branwen ferch Lŷr — chwaer lawn i Fendigeidfran a Manawydan

Er na cheir cyfeiriad uniongyrchol at yr enw Branwen, yn Llyfr Taliesin, yn Llyfr Du Caerfyrddin, nac yng ngwaith Beirdd y Tywysogion, fe geir nifer o gyfeiriadau ati mewn sawl ffynhonnell ganoloesol ddiweddarach. Digwydd ei henw fel arfer fel Branwen er y ceir amrywiad arno – Bronwen – mewn ambell ffynhonnell. Un awgrym yw mai Bronwen oedd ffurf wreiddiol ei henw, gair disgrifiadol sy'n gyfuniad o ddisgrifiad corfforol a lliw canmoliaethus ac sy'n awgrymu disgleirdeb a phurdeb. Yna, dan ddylanwad enw ei brawd Brân – enw gwrywaidd arwrol – newidiwyd ei henw yn Branwen.[85]

(i) Digwydd enw Branwen mewn dau driawd:
(a) Triawd 53 (TYP, 150–2):

> Tair Bonclust Niweidiol Ynys Prydain:
> Trawodd Matholwch Wyddel un ohonynt ar Franwen ferch Lŷr;
> Trawodd Gwenhwyfach yr ail ar Wenhwyfar. Ac o achos hynny y digwyddodd
>   Brwydr Camlan wedyn;
> Trawodd Golydan Fardd y drydedd ar Gadwaladr Fendigaid.

Yma cyfeirir at ergyd a drawyd gan Fatholwch ar ei wraig Branwen. Mae'n amlwg bod hyn yn dwyn perthynas agos â digwyddiad yn yr ail gainc, sef bod Matholwch yn gorchymyn i'w gigydd daro ergyd ar Franwen bob dydd wedi iddo fod yn briwo cig (202-4). Cyfeirir at y triawd hwn yn uniongyrchol ar ddiwedd y gainc (445-6). Noder, fodd bynnag, fod dau amrywiad yn y manylion: yn ôl y triawd, Matholwch sy'n ei tharo hi a hynny dim ond unwaith – awgrymir hyn yn ffurf y ferf 'trawodd'. Fodd bynnag, yn ôl testun y gainc, cigydd Matholwch sy'n ei tharo a hynny'n feunyddiol. Fe all fod awgrym yma fod amrywiadau bychain ym manylion y stori hon ar un adeg, fel y disgwylid mewn chwedloniaeth a berthynai'n wreiddiol i'r traddodiad llafar.

(b) Triawd 95 (TYP 242):
> Tri pherson a dorrodd eu calonnau o dristwch:
> Branwen ferch Lŷr;
> A Charadog fab Brân;
> A Ffaraon Dandde.

---

[82] CBT III, 26:72n.

[83] CBT VI, 17:4.

[84] Gw. hefyd TYP 316.

[85] Gw. TYP 293-4. Am ddehongliad arall, gw. Patrick K. Ford, 'Branwen: A Study of the Celtic Affinities', SC 22/23 (1987/8), 29-41, ar 32-3.

Yma rhestrir Branwen ymhlith y rhai sy'n marw o dorcalon, manylyn a geir hefyd yn y gainc (378-80), lle adroddir iddi dorri ei chalon ar gyrraedd Môn wedi'r gyflafan yn Iwerddon – mae fel petai'n ei beio ei hunan am ddinistrio'r ddwy ynys, Prydain ac Iwerddon. Gwerth nodi na chyfeirir at y triawd yma yn y chwedl er y cyfeirir at driawd pan fanylir ar farwolaeth Caradog fab Brân ychydig o linellau yn ddiweddarach (392-3). Cadwyd y triawd hwn mewn llawysgrif a ddyddir i ddechrau'r ddeunawfed ganrif ac mae'n bur debyg iddo gael ei greu ar sail digwyddiadau *Bendigeiduran* a *Cyfranc Lludd a Llefelys* lle cyfeirir at y trydydd aelod o'r triawd, Ffaraon Dandde (CLlaLl 135-7). Am y posibilrwydd bod triawd o gymeriadau sy'n torri eu calonnau o fewn yr ail gainc ei hun, gw. *Nodiadau* 392-3.

(ii) Mae amryw o'r Cywyddwyr yn gyfarwydd ag enw Branwen; weithiau fe'i henwir fel Bronwen ganddynt.

(a) Mae'n debyg mai Dafydd ap Gwilym oedd y cywyddwr cynharaf i gyfeirio at Franwen wrth iddo ddisgrifio Morfudd yn ei gerdd 'Amnaid' fel a ganlyn (GDG 40:12-16):

> *Yr un fun orau yn fyw.*
> *Llathraid oedd lun bun benwyr,*
> *A'i lliw fal Branwen ferch Llŷr.*
> *Nid oedd liw dydd oleuni*
> *Na haul cyn loywed â hi*

(b) Yn y cywyddau ymryson rhwng Siôn Tudur a Siôn Phylip am Dŷ Esgob Llanelwy, ceir cyfeiriad eglur gan Siôn Phylip at Fronwen a hithau wedi'i charcharu yn Iwerddon gynt a phioden yn negesydd iddi hi – nid drudwen (cymh. 209-17). Y bioden sy'n canu'r adran hon (GST 128:11–14):

> *Bûm gennad, be mwy ganawr,*
> *Bronwen, merch y brenin mawr,*
> *Dros fôr, rhag diras fariaeth,*
> *Werddon gynt lle'r oedd yn gaeth.*

Mae'n bosibl bod cynnwys y llinellau hyn yn arddangos amrywiad ar y traddodiad a gadwyd yn yr ail gainc, gyda Bronwen yn ferch i'r brenin mawr sydd yn ôl pob tebyg yn gyfeiriad at Fendigeidfran ei hun. Yn y llinellau nesaf, cyfeirir at dŵr Bronwen yng nghornel dde-ddwyreiniol castell Harlech (GST 128:15-18):

> *Bid hawdd adnabod heddiw*
> *Ei thŵr rhwng y traeth a'r rhiw,*
> *Ar gongl castell, aur genglau,*
> *Harlech glaer, oleuwych, glau.*

Adweinir y tŵr hwn bellach fel Tŵr Ceiliog y Gwynt. Mae'r cysylltiad hwn rhwng Bronwen / Branwen a thŵr yng Nghastell Harlech yn hysbys i feirdd eraill. Mae'n werth nodi yn y fan hon nad oes cysylltiad uniongyrchol rhwng enw Branwen a Harlech yn yr ail gainc ei hun ac felly mae'n ddigon eglur bod gwybodaeth y beirdd am dŵr Branwen yn Harlech yn tarddu o'r traddodiad llafar. At hyn, mae'r wybodaeth yn hŷn na'r castell presennol a godwyd ar ddiwedd y drydedd ganrif ar ddeg.

(c) Cyfeiria Tudur Penllyn at y tŵr yn ei gerdd 'I'r Tŷ Gwyn yn Abermo' (GTP 16:47–8):

> *Tŵr Bronwen a orffennwyd*
> *Ferch Lŷr o fewn Harddlech lwyd.*

(ch) Geilw Tudur Aled 'Tŵr Llŷr' ar y tŵr hwn yn ei gerdd 'Camp y Saer: Cywydd i Dŵr Newydd Rhisiart Hanmer' (GTA XLIV:47).

(d) Cyfeiria Gwilym ab Ieuan Hen at dŵr Harddlech a'i gysylltiad â gwŷr Llŷr yn ei gerdd 'Cywydd Marwnad Siancyn Llwyd' (GDID XVI:57-60).

(dd) Geilw Dafydd Llwyd yntau 'caer Branwen' ar Gastell Harlech yn ei gerdd 'Cywydd i Ddafydd ab Ieuan ab Einion (GDLl 38:16).

(e) Canmola Maredudd ap Rhys wraig ddienw gan gyffelybu ei harddwch â Bronwen yn ei gywydd serch 'Mawl i wraig a gogan i'w gŵr' (GMRh 23:27):

> *Mwyn wyd, wen, Bronwen o bryd*

(f) Yn ei gywydd 'Moliant Tomas ap Phylib a Siân', cymhara Lewys Glyn Cothi Siân i gyfres o ferched chwedlonol a llenyddol ac yn eu plith 'Brân ferch Lŷr', sef Branwen (GLGC 91:33). Yn ei gerdd 'Moliant Tomas ap Rhys ap Dafydd', cymhara ef nerth ei noddwr â 'nai Branwen', sef Caradog fab Brân (GLGC 178:46).

(ff) Yn ei gerdd 'Awdl foliant i Domas Stradling, Sain Dunwyd', cymhara Lewys Morgannwg wraig ei noddwr, Catrin ferch Syr Tomas Gamais, â Bronwen ymhlith eraill (GLMorg I, 3:35-6):

> *Ail Elen Bronwen, nith Brenin—Harri,*
> *Hiroes, Meistres Catrin!*

Yn ei gerdd 'Cywydd i erchi iechyd i fron Arglwyddes y Coety', cyffelyba'r bardd fonedd yr arglwyddes i urddas brenhinol Bronwen (GLMorg I, 9:16):

> *Bonedd, ei hynedd i'w hau,*
> *Bronwen ais, breninesau.*

Yn 'Moliant Syr Tomas Morgan, Pen-coed', yr un yw diben y gymhariaeth a wneir rhwng gwraig yr un a anerchir yn y cywydd, Sysil, merch Syr Siors Herbert, a Bronwen (GLMorg I, 29:27-34):

> *Oes hir, arglwyddes a'i hil,*
> *Oesoesoedd, i Dâm Sysil!*
> *Merch, a gras, marchog, ar wen,*
> *Syr Siors,—hiroes i'r seren!*

Llwyddiant i nith iarll heddiw!
Lloer i'r iarll a'i orwyr yw;
Bronwen o winwydden nêr,
Braens hirbell hen bryns Herber.

Yn ei gywydd 'Moliant Siôn Salbri, Dinbych', cyfeiria'r bardd nid yn unig at Franwen, ond hefyd at ei chysylltiad ag Iwerddon, Eirlont hyd yn oed. At hyn, mae cyfeiriad eglur at y ddihareb a ddyfynnir yn yr ail gainc, 'a fo ben bid bont' (272) yn y geiriau 'pen wyd a phont' (GLMorg II, 78:39–48):[86]

Rhyw darw dewr daear a dŵr,
Rhyfelwych fal rhyw filwr,
Pan aud ffwrdd, pen wyd a phont,
Pan aerlew, 'nhop hen Eirlont,
Llŷr Llediaith, a'th dalaith dau,
Lle tiriaist drylliwyd tyrau.
Clywch, gyw Emrys, cloch Gymru,
Capten palff[f]re Franwen fry.
Cyweiriaist, byddinaist, baedd iôn,
Cywirddant, Ffrainc o 'Werddon.

(g) Yn ei gerdd 'Gair, Wedi'r Êl Gŵr, a Drig – Moliant Rheinallt ap Gruffudd ap Hywel ab Einion', cyffelyba Tudur Aled foneiddigrwydd gwraig ei noddwr i statws brenhinol Branwen (GTA I, XLV: 19-20):

Mor uchel yw â merch Lŷr,
Merch Forys ym mraich f'eryr

Ceir ganddo beth tebyg yn ei farwnad i Robert ap Sion ab Ithel, o Degeingl, 'Dy Ddiben yw Dydd heb Nos' wrth iddo gymharu unig ferch ei noddwr marw, Annes, i gyfres o ferched chwedlonol heirdd ac yn eu plith, Branwen (GTA I, LXXII, 20-28):

Ond d'un ferch a hwyntau'n fyw;
Annes ery'n oes wyrion,
Einioes hir i'r Annes hon;
Er gorwedd un o'r gwraidd îr,
O hon oll fe'i hynillir,—
Merch Lŷr,—i'r Marchwiail wen,
Eilwaith wawl o lwyth Elen;
Ail Esyllt, lwyth laeswallt, lân,
Fo'r âch gennym, ferch Gynan.

(ng) Ceir cyfeiriad eglur at wledd briodas neu *neithior* Branwen y manylir arni yn *Bendigeiduran* (48-52) mewn cerdd ddychanol gan Yr Ustus Llwyd am gybydd-dra rhyw glerigwr o'r enw Madog. Yn y gerdd mae'r bardd, a ganai yn ystod ail hanner y bedwaredd ganrif ar ddeg, yn hawlio swrcod Madog yn gwbl

---

[86] Yn wythfed linell y darn a ddyfynnir, *palfred* yw'r darlleniad yn y llawysgrif. Am y posibilrwydd y gellid cysylltu'r elfen gyntaf *palf* â'r fonclust a dderbynia Branwen bob dydd gan gigydd Matholwch (204), gw. y nodyn ar dudalen 600 gan olygydd y cyfrolau, A. Cynfael Lake.

ofer. Edrydd y bardd am hanes y swrcod hon – iddi berthyn i nifer o gymeriadau chwedlonol a hanesyddol, ac yn eu plith rhywun a fu'n westai yn neithior Branwen cyn i'r gôt gael ei hestyn ymlaen i rywun ei wisgo yn neithior Macsen ac Elen; dyna mor hen a threuliedig yw'r swrcod:[87]

> *Hi a doeth yn noeth o neithior Vranwen*
> *Hyt yn llys Vaxen, nyt lles vocsach.*

Er mai prin yw'r cyfeiriadau cynnar at Franwen, mae'n amlwg o'r dystiolaeth uchod fod fersiwn o'i hanes yn hysbys i nifer o feirdd y bedwaredd ganrif ar ddeg, y bymthegfed ganrif a'r unfed ganrif ar bymtheg. Mae hefyd yn bur bosibl bod amrywiad ar ei henw wedi'i gadw yn rhamant gyfandirol enwog Trystan ac Esyllt yn yr enw Brangain, morwyn Esyllt.[88]

Nysien ac **Efnysien** – hanner brodyr Branwen, Bendigeidfran a Manawydan
Ni cheir cyfeiriad at y brodyr Nysien ac Efnysien mewn unman arall yn y llenyddiaeth ganoloesol Gymraeg. Fodd bynnag, ymddengys bod cysylltiad posibil rhwng Nysien a'r enw lle Llanisien. Mae dau le yn dwyn yr enw hwn: (i) mae maestref i'r gogledd-orllewin o Gaerdydd ym Morgannwg; (ii) mae pentref bedair milltir i'r gogledd-orllewin o Abaty Tyndyrn a saith milltir i'r de-orllewin o Drefynwy yn Sir Fynwy; gw. Hywel Wyn Owen a Richard Morgan, *Dictionary of the Place-names of Wales* (Llandysul, 2007), 269.

Nodir gan Baring-Gould a Fisher yn *Lives of British Saints* cyfrol. III (London, 1907-13), 320–1, y tardda'r enw lle hwn o enw sant lleol, Isan. Ymddengys bod rhywfaint o gefnogaeth i'r dyb hon yn *The Book of Llan Dâv* (gol.) John Gwenogvryn Evans (Oxford, 1893), 241–2 and 321, lle ceir y ffurfiau *lann nissien* a *Lanyssan,* sy'n awgrymu llan, 'eglwys', wedi'i chysegru i naill ai *Yssan* neu *Nissien;* gall y ffurf olaf hon darddu o Llanisien trwy gamraniad, h.y. deall yr enw lle hwn fel Llan Nisien yn hytrach nag fel Llan Isien. Os cymerir bod cymeriad o'r enw Nisien/Nysien sy'n dda ac yn sanctaidd ei anian ac sy'n dod â thangnefedd a llonyddwch pan fo dau arall yn elyniaethus tuag at ei gilydd (8–10), yna gellid tybio bod awdur *Bendigeiduran* wedi creu'r cymeriad cyferbyniol Efnysien, enw sy'n golygu 'yr un anheddychlon / gelyniaethus' trwy ei seilio ar enw cyffredin, *efnys* 'gelyn[ion]', a'i ddeall fel yr enw Nysien gyda'r rhagddodiad negyddol *af-* ~ *ef-*.[89]

---

[87] Gw. Dafydd H. Evans, 'Yr Ustus Llwyd a'r Swrcod,' YB 17 (1990), 63–92, yn enwedig 72:67-8.

[88] Gw. Isaac Foulkes, *Y Mabinogion Cymreig: sef Chwedlau rhamantus yr hen Gymry* (Liverpool, 1880), 152; gw. hefyd Rachel Bromwich, 'First Transmission to England and France' yn *The Arthur of the Welsh,* (gol.) Rachel Bromwich, A.O.H. Jarman, Brynley Roberts (Cardiff, 1991), 273-98, ar 280, a TYP 294.

[89] Noder bod yr enw cyffredin *ewnis,* sef *efnys,* gyda'r ystyr o 'gelyn(ion)' yn digwydd yn y gerdd 'Pa Gur yv y Pothaur' yn LlDC; gw. Brynley F. Roberts, 'Rhai o Gerddi Ymddiddan Llyfr Du Caerfyrddin', AH 281-325, yn enwedig t. 302, llinell 67, pan ddywedir am y cymeriad Cai: *oet gur hir in ewnis,* 'yr oedd yn ŵr tal ymhlith y gelyn'.

Euroswydd — Tad Nysien ac Efnysien

Tad Nysien ac Efnysien yw Euroswyd yn ôl *Bendigeiduran* (5-8). Penarddun yw eu mam a hi hefyd yw mam Bendigeidfran, Branwen a Manawydan o'u tad hwythau Llŷr.

(i) Ceir cyfeiriad at Euroswydd mewn un triawd, Triawd 52 (TYP, 146–9):

Tri Charcharor Aruchel Ynys Prydain:
Llŷr Llediaith a garcharwyd gan Euroswydd,
A'r ail yw Mabon fab Modron,
A'r trydydd yw Gwair ap Gweirioedd.

Ac yr oedd un yn fwy aruchel na'r tri [hyn]; bu hwnnw dair noson yng ngharchar Caer Oeth ac Anoeth, a bu a dair noson wedi'i garcharu gan Wen Pendragon, a bu am dair noson yng ngharchar o dan Graig Echeifieint. Ac Arthur oedd y carcharor aruchel hwnnw. A'r un bachgen a'i rhyddhaodd o'r tri charchar hynny. A'r bachgen hwnnw oedd Gorau fab Custennin, ei gefnder.[90]

Gellir deall o gynnwys y triawd hwn fod Llŷr wedi'i garcharu gan Euroswydd o bosibl oherwydd cenfigen yn sgil cariad Llŷr at Benarddun. A oedd Penarddun yn wreiddiol yn wraig i Lŷr? Canlyniad yr uniad hwnnw fu Bendigeidfran, Manawydan a Branwen. Fodd bynnag, gan fod Euroswydd mewn cariad â Phenarddun hefyd, a garcharodd hwnnw Lŷr fel y gallai gysgu gyda hi? Canlyniad yr uniad hwnnw fu Nysien ac Efnysien.

(ii) Yr unig gyfeiriad arall at Euroswydd mewn ffynonellau canoloesodd yw'r gymhariaeth ffafriol a wneir rhyngddo a Goronwy Fychan ap Tudur mewn cerdd gan Gruffudd ap Maredudd (GGMD I, 4:35):

Cynnydd Euroswydd, cain ei rysedd,
'[Un a'i] ffyniant [megis] Euroswydd, cain ei ogoniant'.

Matholwch / Mallolwch — Brenin Iwerddon

Er mai Matholwch yw ffurf enw'r cymeriad hwn yn fersiwn y Llyfr Gwyn a fersiwn y Llyfr Coch o *Bendigeiduran,* mae'n werth nodi mai Mallolwch yw ei enw bob tro – saith achlysur i gyd – yn ôl y dernyn o'r gainc a gadwyd yn llawysgrif Peniarth 6 (5, 6, 8, 9, 12, 19, 22). Mae'n bur bosibl bod y ffurf Matholwch yn ddiweddarach. Ategir y pwynt hwn gan dystiolaeth y beirdd cynharaf sy'n cyfeirio ato; gw. (i) isod. Gellir awgrymu ymhellach ar y pwynt hwn i ffurfiau enwau eraill yn y ceinciau, e.e. Math a Mathonwy, ddylanwadu o bosibl ar ffurf wreiddiol yr enw Mallolwch a'i newid yn Matholwch trwy gydweddiad.

Gwerth yw nodi awgrym a wnaed gan Proinsias Mac Cana fod yr enw lle 'Caer Vallwch' yn Sir Fflint yn cynnwys, o bosibl, hen draddodiad yn yr ardal honno am stori *Bendigeiduran* gyda thywysog o'r enw Mallwch (< Mallolwch) yn ŵr gwreiddiol i Franwen cyn bod y stori hon wedi cael ei chysylltu ag

---

[90] Am leoliad posibl Craig Echefieint yn Harlech, gw. Saunders Lewis, 'Branwen', MC 14, a G. E. Jones, 'Llech Echemaint: Bro Echeifyeint,' LlCy 10 (1968-9), 243-4.

Iwerddon. Mae hyn yn arbennig o addas wrth inni gofio am rai lleoliadau eraill a enwir yn y gainc ac am rai cymeriadau pwysig ynddi a berthyn i chwedloniaeth gogledd-ddwyrain Cymru'n wreiddiol.[91] Ategir y ddamcaniaeth hon gan ysgolheigion eraill gan gynnwys Rachel Bromwich[92] ac Eurys I. Rowlands.[93]

(i) Cyfeirir yn uniongyrchol at y cymeriad hwn yn y ffurf Mallolwch gan ddau o Feirdd y Tywysogion:
(a) Yn ei gerdd 'Awdl Ddadolwch yr Arglwydd Rhys' (CBT IV 9:154),[94] cymhara Cynddelw (*fl.* 1155-1200) ddicter Rhys â dicter Matholwch, o bosibl ei ddicter wrth Franwen ynghyd â'i thylwyth a'i chenedl wedi'u triniaeth o frenin Iwerddon ym Mhrydain (197-208):

> *Ongyr urt angert Uallolwch*   '[Yr] un anrhydeddus ei waywffon o ddicllonedd Matholwch'

(b) Yr un gyffelybiaeth sydd gan Lywarch ap Llywelyn (*fl.* 1173-1120) yn ei gerdd 'Mawl Dafydd ab Owain o Wynedd' (CBT V 1:91),

> *Ef uawr llyw mawr llit Mallolwch*   'Y mae ef yn bennaeth mawr a chanddo lid mawr Matholwch'

(ii) Y ffurf Matholwch a geir yn yr unig driawd sy'n cyfeirio ato, Triawd 53. Digwydd y triawd hwn gyntaf yn y Llyfr Gwyn a'r Llyfr Coch a chan mai Matholwch yw ffurf ei enw ynddynt hwy, dyna'r ffurf a geir yn y triawd hwn; gw. Branwen (i) (a) uchod.

(iii) Y ffurf ddiweddarach ar ei enw, Matholwch, a geir hefyd yng ngwaith dau o'r cywyddwyr. Dengys hyn fod y ffurf ar ei enw yn y Llyfr Gwyn a'r Llyfr Coch bellach wedi dylanwadu ar y traddodiad ynghylch y cymeriad hwn.
(a) Yng nghywydd gofyn Tudur Aled am chwech o gesyg, 'Grewys o Liw Grisial Ynt' (GTA II, CV 33–4), cyfeiria'r bardd yn uniongyrchol at y ceffylau a roddwyd yn iawndal i Fatholwch ym Môn (131–4):

> *Gre wen o Fôn, gron, a fu*
> *I Fatholwch, a'i thalu*

(b) Defnyddia Iolo Goch y term *gwlad Fatholwch* i olygu Iwerddon yn ei gywydd 'Moliant Syr Rosier Mortimer (GIG XX:119-20):

> *Tegwch gwlad Fatholwch fu,*
> *Calon Iwerddon orddu.*

(iv) Digwydd yr enw yn y ffurf Mathylwch yn nhestun Buchedd Collen a gadwyd yn llawysgrif Havod 19, a ddyddir i'r flwyddyn 1536; gw. T. H. Parry-

---

[91] Gw. BDLl, 30 n2. Am leoliad y drefgordd Caerfallwch, gw. hefyd *Casgliadau* isod.
[92] Gw. TYP 441.
[93] Gw. LlCy 6 (1960-61), 244.
[94] Noder mai *matholwch* yw ffurf ei enw yn fersiwn Llawysgrif Hendregadredd (NLW 6680B) o'r gerdd o'i chymharu â *malloluch* yn Peniarth 3B a *vallol6ch* yn Llyfr Coch Hergest (J111).

Williams (gol.), *Rhyddiaith Gymraeg, Y Gyfrol Gyntaf* (Caerdydd 1954), 36-41, ar 36:

> *Mam Gollen Sant oedd eithinen Wyddeles, verch Vathylwch, Arglwydd yn y Werddon.*

(v) Yn ôl testun o'r enw 'Ceidwadigaeth Cerdd Dant' yn llawysgrif Peniarth 147 a berthyn i'r unfed ganrif ar bymtheg, Matholwch Wyddel oedd un o'r pedwar pencerdd a drefnodd bedwar mesur ar hugain Cerdd Dant a hynny yn ystod bywyd brenin Iwerddon o'r enw Mwrchan Wyddel:[95]

> *'Llyma lyfyr a elwir ceidwadigaeth cerdd dant nyd amgen tylynau a chrythau o vewn tair talaith Gymry yr hwn y dynwyd or mvsic drwy ddeyall a dychymic doctor or mvsic wrth ddamvniad pedwar pencerdd o delyn a chrwth a meddwl ag athrylith pob vn at i gilydd y wnythyr cerdd ad yw chadw ynghof ag yw chany yny lle ag yw dosbarthy; a henway y pedwar pencerdd hynny oedd Alon ap Cenau, Rydderch Voel, Matholwch Wyddel ag Oloff Gerddor.'*

Fodd bynnag, ni ddylid rhoi gormod o goel ar y manylyn hwn gan fod yr enw Matholwch erbyn yr unfed ganrif ar bymtheg wedi dod yn gyfystyr ag unrhyw frenin Gwyddeleg a hynny o bosibl dan ddylanwad testun *Bendigeiduran*.

Caradog fab Brân — mab Bendigeidfran
(i) Enwir Caradog fab Brân mewn dau driawd:

(a) Fe'i henwir yn Nhriawd 13 (TYP 25–7):

> Tri Phrif Swyddog Ynys Prydain:
> Caradog fab Brân,
> A Chawrdaf fab Caradog,
> Ac Owain fab Macsen Wledig.

Mae'n bur bosibl bod awdur *Bendigeiduran* yn gyfarwydd â'r triawd hwn ond iddo hepgor cyfeirio ato'n fwriadol oherwydd ei awydd i gynyddu nifer y swyddogion a adawyd gan Fendigeidfran i ofalu am Brydain i saith a hynny er mwyn gallu cyfeirio at stori onomastig ynghylch Bryn Saith Marchog a ddeallwyd ganddo fel 'Bryn y Saith Marchog' (223–26); gw. hefyd *Nodiadau*. Cyfeirir at y triawd hwn yn y gerdd 'Kadeir Teyrnon' yn Llyfr Taliesin er na cheir ateb i'r cwestiwn a ofynnir yno (BT34:24–5; LPBT 296: 23–4):

> | *Pwy y tri chynweissat* | Pwy [oedd] y tri rhaglaw |
> | *A werchetwis gwlat?* | A warchododd [y] wlad? |

Mae'n werth nodi y ceir yr enw Gwyddar ap Rhun ap Beli yn lle Caradog fab Brân yn fersiwn y Llyfr Gwyn a'r Llyfr Coch o'r triawd hwn.

(b) O ran presenoldeb enw Caradog yn Nhriawd 95, gw. Branwen (i) (b) uchod.

---

[95] Gw. T. Gwynn Jones, 'Cerdd Dant', B 1, 139-156, ar 143, a TYP 441.

(ii) Ceir cyfeiriad at Garadog heb enwi ei dad yn *Breudwyt Maxen Wledic* (BMW 217). Yma fe'i henwir fel tad Cynan ac Addaon a'u chwaer Elen Luyddog, gwraig Macsen ei hunan. O restr achau mewn llawysgrifau eraill, mae'n amlwg mai Caradog fab Brân sydd dan sylw yma.[96]

(iii) Enwir C[a]radog ap Brân fel cyndad teulu brenhinol Morgannwg mewn llawysgrif o'r unfed ganrif ar bymtheg.[97]

(iv) O'r ddeunawfed ganrif ymlaen, dechreuwyd uniaethu Caradog fab Brân â'r cymeriad hanesyddol enwog Caratacus fab Cunobelinus. Y tebyg yw mai Hugh Thomas oedd y cyntaf i awgrymu'r cysylltiad hwn tua'r flwyddyn 1700: 'Karadoc ap Bran ... this must certainly be the same whome the Romans call Caratacus'.[98] Derbyniwyd y syniad hwn gan lawer o hynafiaethwyr o Gymry wedyn ac yn eu plith Iolo Morgannwg (1747–1826).

Gwern fab Matholwch — mab Matholwch a Branwen
Ddwy filltir i'r de o Fryn Saith Marchog, mae lle o'r enw Gwyddelwern. Gwir darddiad yr enw lle hwn, yn ôl pob tebyg, yw *gwyddel* 'llwyn, prysglwyn' ynghyd â *gwern*, 'cors'.[99] Ond fel y gwelir yn *Buchedd Beuno*,[100] deellid yr elfen gyntaf fel 'Gwyddel'. A yw'n bosibl bod yr enw Gwern yn *Bendigeiduran* i'w olrhain yn ôl i'r enw lle hwn wedi'i ddeall fel 'Gwern y Gwyddel' gan ei fod yn hanner Gwyddel ar ochr ei dad a hanner Brython ar ochr ei fam? Os felly, gellid awgrymu bod fersiwn cynharach o stori *Bendigeiduran* yn cynnwys esboniad ar ddarddiad yr enw lle Gwyddelwern yn ogystal ag esboniad ar darddiad Bryn Saith Marchog. Yn sgil hyn, newidiwyd Mallolwch o gymeriad sy'n hanu o ogledd-ddwyrain Cymru i gymeriad o Iwerddon; gw. Matholwch uchod.[101]

Llasar Llaes Gyfnewid / Llayssar Llaesgygwyt — cawr
Digwydd yr enw hwn ddwywaith yn nhestun *Bendigeiduran*, un yn y ffurf Llassar Llaes Gyfnewit (138) a'r llall yn y ffurf Llayssar Llaesgygwyt (229), sef tad Llasar, un o'r saith marchog a adawodd Bendigeidfran i ofalu am lywodraeth Prydain yn ei absenoldeb. Digwydd yr enw yn y ffurf Llassar Llaes Gygnwyt ddwywaith yn *Manawydan* (MULl 80 ac 83) fel yr un a ddysgodd Fanawydan

---

[96] Gw. P. C. Bartrum (gol.) 'Bonedd yr Arwyr' §§27, 30b, 31, 33 yn EWGT 90, 93, 94.

[97] Gw. EWGT 122.

[98] Gw. Harleian MS.4181, t. 57; gw. hefyd Peter C. Bartrum, *A Welsh Classical Dictionary: People in history and Legend up to A.D. 1000* (Aberystwyth 1993), 101.

[99] Gw. Patrick Sims-Williams, 'Clas Beuno and the Four Branches of the Mabinogi', *150 Jahre "Mabinogion"*, 111–27, ar 113; gw. hefyd Melville Richards, *Enwau Tir a Gwlad* (Caernarfon, 1998), 246: 'Ni chredaf fod a fynno'r Gwyddyl â *Gwyddelwern*, o leiaf nid o anghenraid. Y gair gwyddel sy'n golygu "prysgwydd, llwyni" sydd yma, mae'n debyg.'

[100] Gw. A. W. Evans (gol.), *Vitae Sanctorum Britanniae et Genealogiae,* (Cardiff, 1944), 16–22; (cyf,), 'Beuno Sant', *Archaeologia Cambrensis, 85* (1930), 315–41.

[101] Am y cysylltiad rhwng Clynnog Fawr a *Buchedd Beuno*, gw. Patrick Sims-Williams, 'Clas Beuno and the Four Branches of the Mabinogi', *150 Jahre "Mabinogion"*, 111–27, ar 122–5; gw. hefyd yn y cyswllt hwn Proinsias Mac Cana, BDL, 165, n1.

sut mae lliwio cyfrwyau â chalch glas; dichon y gellir uniaethu'r enw yn y ddwy gainc.[102] Ni ddigwydd ei enw mewn ffynhonnell ganoloesol Gymraeg arall.

O ran tarddiad posibl yr enw cyntaf, awgrymwyd sawl esboniad:

(i) ei fod yn gysylltiedig â'r enw neu'r ansoddair *llasar*, 'lliw glas', trwy ei ddarddiad o'r iaith Bersieg *lāzhward* 'lapis azuli'; mae hyn yn arbennig o briodol yn achos y defnydd o'r gair yn *Manawydan*;[103]

(ii) ei fod yn gysylltiedig â'r enw cyffredin Gwyddeleg, *lassa(i)r* sy'n golygu 'fflam, tân'; mae hyn yn gwbl briodol wrth feddwl am y cysylltiad amlwg rhwng y cymeriad hwn â'r tŷ haearn yn *Bendigeiduran* (162-175). Mae hanes bywyd sant Gwyddeleg o'r enw Lasair yn werth ei nodi yn y cyswllt hwn hefyd; adroddir bod Sant Lasair yn astudio gyda sant arall o'r enw Mo Laisse yn Daiminis, 'Devenish', pan roddwyd y lle ar dân gan eu gelynion ac ar sail cysylltiadau eraill â'r lleoliad hwn yn Iwerddon yn *Bendigeiduran*, awgryma Patrick Sims-Williams y posibilrwydd cryf mai'r Lasair hwn fu y tu ôl i'r enw Llassar yn y chwedl.[104]

(iii) ei fod yn tarddu o'r gair Lladin canoloesol *lazarus*, sy'n golygu 'dyn gwahanglwyfus'; esboniai hyn pam y cafodd ei ochel yn llwyr gan wŷr Iwerddon yn ôl *Bendigeiduran*;[105]

(iv) ei fod yn tarddu o'r enw Lazarus yn y Testament Newydd, dyn a adalwyd o'r meirw i fywyd gan Iesu (*Ioan* 11:1-44). Fel y dengys Partick Sims-Williams, priodolir y ddawn o atgyfodi rhai o'r meirw i Feuno Sant, a nodir ganddo hefyd y posibilrwydd o gysylltu cyfansoddi'r Pedair Cainc â Llanfeuno yng Nghlynnog.[106]

Cymidei Cymeinfoll — cawres

Awgrymodd Patrick Ford fod yr enw cyntaf hwn yn tarddu o'r enw cyffredin *cymid* sy'n golygu 'brwydr. Mae'r ail enw'n gyfuniad o *kymeint*, 'cymaint', a *boll* sy'n golygu 'chwyddedig'. Os derbynnir hyn, ystyr ei henw yw 'un â'i bol yn chwyddedig gan frwydr / ymladdwyr', epithet sy'n gweddu i'r dim i'r gawres hon sy'n esgor ar blant sy'n filwyr llawn-arfog ar ôl dim ond pythefnos a mis o feichiogrwydd (151).[107] Ni ddigwydd ei henw mewn ffynhonnell ganoloesol arall.

---

[102] Gw MUM 34, n.81 *gwneuthur calch lassar racdaw.*

[103] Gw. IIMWL 251.

[104] Gw. IIMWL 255-57.

[105] Gw. IIMWL 253.

[106] Gw. IIMWL 250-4 a 'Clas Beuno and the Four Branches of the Mabinogi' *150 Jahre "Mabinogion"*, 111-27, ar 125; gw. hefyd Brynley Roberts, 'Where were the Four Branches of the Mabinogi written?', CSANA *Yearbook* 1 (Dublin, 2000), 61-73.

[107] Gw. Patrick K. Ford 'Branwen: A Study of the Celtic Affinities' yn SC 22/23 (1987-88), 29-41, ar 35; gw. hefyd Patrick Sims-Williams, IIMWL 245.

Caswallon fab Beli — brenin Prydain, ewythr/cefnder Manawydan a Bendigeidfran.[108]
Cyfetyb y ffurf Gymraeg Caswallawn/Caswallon i'r ffurf Frythoneg / Ladin Cassivellaunos, brenin llwyth y Catuvellauni a arweiniodd ei lwyth ei hun ynghyd â chynghrair o lwythau Celtaidd eraill ym Mhrydain yn erbyn Iŵl Cesar pan fu hwnnw ar ei ail ymgyrch yma yn 54 CC. Tystir i hyn yng ngwaith Cesar ei hun, *De Bello Gallico* V: §11 a §§18–22, ac yn Nhrioedd Ynys Prydain (TYP 305-6), er bod manylion yr olaf weithiau ychydig yn wahanol i waith Cesar.[109]

(i) Ceir cofnod o enw Caswallon mewn cerdd ddarogan ddi-deitl yn Llyfr Taliesin. Cychwyn y gerdd hon gyda'r un pedair llinell ag a geir ar ddechrau cerdd ddarogan lawer mwy enwog, *Armes Prydain* (BT 13.1–18.25). Yn y gerdd ddi-deitl, yn syth ar ôl y pedair llinell agoriadol, datgenir bod Caswallon yn un o saith mab Beli (BT 70.16–21; PBT 87–97);[110]

Dygogan awen dygobryssyn;	Darogana awen y brysiant;
maranhed a meuued a hed genhyn.	cyfoeth ac eiddo a heddwch (a fydd) gennym.
a phennaeth ehalaeth a ffraeth vnbyn;	a thiriogaeth helaeth ac arglwyddi parod;
a gwedy dyhed anhed ym pop mehyn.	ac wedi cynnwrf, sefydlogrwydd ym mhobman.
Seith meib o Veli dyrchafyssyn:	Saith mab Beli a oedd wedi codi:
Kaswallawn a Llud a chestudyn;	Caswallon a Lludd a achosai gystudd (?)

O'r bumed linell uchod, disgwylid y byddai'r bardd anhysbys hwn yn enwi holl feibion Beli ond nid dyna a geir. Fel y saif, nid enwir ond dau o'r saith, ac fe arwain hyn at y dyb bod llinell neu ddwy o'r gerdd wedi mynd ar goll.[111]

(ii) Digwydd ei enw unwaith yn *Cyfranc Lludd a Llefelys* lle dywedir amdano ei fod yn un o bedwar mab Beli Fawr fab Mynogan (CLlaLl 1–3):

> *Y Beli Uawr vab Manogan y bu tri meib, Llud a Chaswallawn a Nynhyaw. A herwyd y kyuarwydyt, petweryd mab idaw uu Lleuelis.*

(iii) Cofnodwyd enw Cassivellaunus (Caswallavn) ynghyd â Lud (Llud) a Nennius (Nynnyav) fel tri mab Heli (Beli Mavr) yn *Historia Regum Britanniae* (c.1138) gan Sieffre o Fynwy ac yno dywedir i Cassivellaunus olynu Lud ar

---

[108] Ewythr Manawydan yw Caswallon yn ôl yr achau a geir ar ddechrau *Bendigeiduran* gan fod Caswallon yn fab i Feli fab Mynogan (385) ac felly'n frawd i Benarddun, mam Bendigeidfran, Branwen, Manawydan, Nysien ac Efnysien (7–8). Fodd bynnag, ceir awgrym mai cefndryd ydynt yn 392; cefnder Manawydan yw Caswallon yn ôl *Manawydan*, gw. MULl 7; gw. hefyd awgrym R. Bromwich mai chwaer Beli oedd Penarddun yn wreiddiol ac nid ei ferch, 'The Character of the Early Welsh Tradition', SEBH (1954), 103 n.5.

[109] Am gymhariaeth stori Manawydan â stori Cassivellaunos, gw. J. Koch, 'A Welsh Window on the Iron Age: Manawydan, Mandubracios', CMCS 14 (1987), 17-52, ar 21 ymlaen.

[110] Gw. hefyd Ifor Williams (gol.), *Armes Prydein* (Caerdydd, 1955), xxxv-xxxviii, ynghyd â throsiad Saesneg gan Rachel Bromwich, *Armes Prydein* (Dublin, 1972), xl-xlv. Am y posibilrwydd bod y gerdd fel y saif yn cyfeirio at saith mab Beli fel Caswallon, Lludd, Cystuddyn, Iago, Llyminog, Gŵr o Gudd, ac Arall, gw. PBT 89–90.

[111] Gw. TYP 416, a CLlaLl xiii.

farwolaeth hwnnw (HKB iii, 20). Yna, adroddir am lwyddiant milwrol Cassivellaunus a'i wŷr yn erbyn Julius Caesar ar ddau achlysur (HKB iv, 2–7). Dethlir y fuddugoliaeth gan wledd fawr enwog yn Trinovantum (Llundein) (HKB iv, 8). Wedyn, cofnodir yr elyniaeth a dyfodd rhwng Cassivellaunus a'i nai Androgeus (Afarwy) a'r ffordd y ceisiodd Androgeus fradychu ei ewythr i Gesar. Sut bynnag, creir heddwch rhwng Cassivellaunus a Chesar ar yr amod y talai Cassivellaunus dynged o dair mil o bunnoedd y flwyddyn i Rufain ac yn y modd hwn, daeth heddwch rhwng Prydain a Rhufain (HKB iv, 8–10).[112]

(iv) Ceir enw Caswallon bedair gwaith gan Gynddelw, *fl.* 1155–1200:
(a) Yn ei gerdd 'Marwnad Iorwerth Goch ap Maredudd', cymherir dewrder Iorwerth â Chaswallon (CBT III 12.25–28):

Kaswallawn eisyor eissyeu – y diuod,	Fel eisiau [un o] natur Caswallon
	yw ei ddifodiad,
Balch aruod, bwlch arueu;	[Un a chanddo] ergyd gwych [ac] arfau
	tolciog;
O beleidr reeidyr rutgreu,	Am waywffyn [yn achosi] rhaeadrau o
	waed coch,
O beleidryad cad kigleu.	Am ergyd â gwaywffon mewn brwydr y
	clywais.

(b) Yn ei gerdd 'Canu Owain Cyfeiliog', nodir bod ei noddwr yn gadarn fel Caswallon (CBT III 16.40–43);

Lleithigawc Ywein, llwyth ogawn,	Owain orseddog, gwir ysbeiliwr,
Lleithgar llym, grym gryd,	[Un] lladdgar [a] mileinig, cadernid
lleityad kad kertglyd,	brwydr, lladdwr clodfawr byddin,
Kedernyd Kasswallawn,	[Ac iddo] gadernid Caswallon,

(c) Yn ei gerdd 'Marwnad Rhirid Flaidd ac Arthen ei Frawd', canmolir cadernid llys Caswallon a'i gymharu â llys Madog (CBT III 24.133–35);

O rotyon gwron gorun eigyaun – mor,	[A] thrwy roddion gwron [ac iddo]
	drwst dyfnderoedd y môr ,
Madauc mur tewdor cor Caswallaun,	Madog, amddiffynnwr cadernid llys
	Caswallon,
Gogyman cluduan, cludueirt wogaun,	Un ardderchog uchel ei glod,
	llawenydd beirdd mawl,

(ch) Yn ei gerdd 'Arwyrain Owain Gwynedd', lle cymhara'r bardd haelioni ei noddwr marw â haelioni Caswallon (CBT IV 3.21–24).

Ny cheissyaf drostaw metylyaw myned,	Ni cheisiaf fwriadu mynd yn ei erbyn,
Nyd keissyaw caled ked Casswallawn:	Nid ymofyn anodd yw [ymofyn am]
	rodd Caswallon:

---

[112] Gw. Henry Lewis (gol.), *Brut Dingestow* (Llandysul, 1942), 44–54, a Lewis Thorpe (cyf.), *The History of the Kings of Britain* (Harmondsworth, 1966), 106–118. Ceir ffurfiau Cymraeg *Brut Dingestow* ar yr enwau hyn rhwng y cromfachau.

Nys llut llu kygretyf detyf
Dyfynwallawn,
Dyfynwallaw anaw anewic dawn.

Nid yw [un a'i] natur o ddull
Dynfwallon yn gwrthod llu
[Wrth iddo] rannu'n arferol a chyson
olud [sydd yn] rhodd luosog.

Noder bod y cyfeiriadau a'r cymariaethau hyn i gyd yn rhai canmoliaethus ac yn gwbl wahanol i'r darlun o Gaswallon yn *Bendigeiduran*.

(v) Digwydd enw Caswallon mewn rhestr achau yn llawysgrif Jesus College 20, un o lawysgrifau Coleg yr Iesu Rhydychen, lle rhestrir achau Cadwg Sant: [113]

Cattwc m. Gwynlliw m. Gliws m. Filur m. Nor mab Owein mab Maxen ... Ewein oed vab y Vaxen o Keindrech verch Reiden. Reiden m. Eledi m. Mordu m. Meirchawn m. Kasswallawn. Yn amser y Kasswallawn hwnnw y kymellawd y Rufeinwyr treth o ynys Prydein. Kaswallawn m. Beli mawr m. Anna. Yr Anna honn oed verch y amherawdyr Rufein. Yr Anna honno a dywedei wyr yr Eifft y bot yn gyfynnithderw y Veir Vorwyn.

(vi) Digwydd enw Caswallon mewn tair llawysgrif lle cadwyd Achau Brenhinoedd a Thywysogion Cymru: Peniarth 182 (c. 1514), Cardiff 25 (1640), a Llansteffan 28 (c. 1475). Dibynna'r rhain i raddau helaeth ar drefn brenhinoedd Prydain a geir yn *Historia Regum Britanniae* gan Sieffre o Fynwy:

Eneas ysgwyddwyn, gwedy yntev Askanus, gwedy yntev Silius, gwedy yntev Brutus, gwedy yntev Locrinus, gwedy yntev ... Llyr, gwedy yntev Cordoylla gwedy honno Kunedda, gwedy yntev ...... Mynogan, gwedy yntev Beli Mawr, gwedy yntev Lludd, gwedy yntev Kaswallawn, gwedy yntev Tynevan, gwedy yntev Kynvelyn, gwedy yntev Gwydr, gwedy yntev Gweiryd adar wenidawc, gwedy yntev .... Eudaf, gwedy yntev Maxen, gwedy yntev Gracian, gwedy yntev Custenin, gwedy yntev Constans, gwedy yntev Gwrtheyrn gwrthenev, gwedy yntev Gwrtheuyr vendigaid, gwedy yntev Emreis, gwedy yntev Vthur bendragon, gwedy yntev Arthur, gwedy yntev ...... Kadwallawn, gwedy yntev Cadwaladr vendigaid. [114]

(vii) Mae enw Caswallon yn digwydd chwe gwaith yn y Trioedd:
(a) Triawd 35 (TYP 81–89):

Tri llu a aeth o'r ynys hon ac ni ddaeth yr un ohonynt yn ôl:
Aeth y cyntaf gydag Elen Luyddog a Chynan ei brawd;
Aeth yr ail gydag Yrp Lluyddog a ddaeth yma yn ystod oes Cadial fab Eryn i geisio cymorth ....
Aeth y trydydd llu gyda Chaswallon fab Beli a Gwenwynwyn a Gwanar, feibion Lliaws fab Nwyfre ac Arianrhod ferch Feli eu mam. A daeth y gwŷr

---

[113] Gw. EWGT 44, §4. Dyddir MS *Jesus College 20* i ddiwedd y14eg ganrif neu ddechrau'r 15fed ganrif yn ôl MWS, 60.

[114] Gw. EWGT 109 – ni restrir pob enw yma; cymh. hefyd HKB 286-8.

hynny o Arllechwedd. Ac aethant gyda Chaswallon eu hewythr dros y môr i
erlid gwŷr Cesar. Y lle y mae'r gwŷr hynny ynddo yw Gwasgwyn.

A'r nifer a aeth ym mhob un o'r lluoedd hynny oedd un fil ar hugain. A'r
rheiny oedd y Tri Llu Arian. Dyma'r paham y'u gelwid felly, oherwydd i aur
ac arian yr ynys fynd gyda hwy. A dewiswyd hwy o blith y gwŷr gorau.

Yma, cofnodir yr elyniaeth a fu rhwng Caswallon fab Beli ac Iŵl Cesar ond
yn wahanol i'r llyfrau hanes, dywedir i Gaswallon ymadael â'r ynys hon
gyda llu dethol i erlid Cesar ar draws Ffrainc. Ychwanegir na ddaeth neb o'r
llu hwnnw'n ôl.

(b) Triawd 36 (TYP 90–93):

> Tair gormes a ddaeth i'r ynys hon, ac nad aeth yr un ohonynt yn ôl:
> Un ohonynt [oedd] Cenedl y Coraniaid, a ddaeth yma yn ystod oes Caswallon
>   fab Beli ac nid aeth yr un ohonynt yn ôl. Ac o Arabia y daethant;
> Yr ail [oedd] gormes y Gwyddyl a'r Pictiaid. Ac nid aeth yr un ohonynt yn ôl;
> Y drydedd, gormes y Saeson, a Horsa a Hengist yn benaethiaid arnynt.

Mae perthynas go agos rhwng triawd 35 a'r triawd hwn ond bod triawd 35
yn sôn am luoedd a aeth o'r ynys hon i'r cyfandir gan amddifadu'r ynys o
nerth ei milwyr ieuainc tra bo triawd 36 yn sôn am y cenhedloedd gormesol
a ddaeth i'r ynys hon a'u bod heb fynd oddi yma'n ôl. Gan fod yr ail ormes
yn nhriawd 36 yn genedl ddaearol hanesyddol, sef y Gwyddyl a'r Pictiaid, a
chan fod y drydedd hefyd yn genedl ddaearol hanesyddol, sef y Saeson, teg
fyddai disgwyl i'r ormes gyntaf fod yn genedl ddaearol a ddaeth i'r ynys
hon a'i meddiannu. Dadleua Rachel Bromwich mai gwall yw'r Coraniaid
yma am y Cesariaid, sef y Rhufeiniaid, a hawdd yw gweld y cysylltiad
rhyngddynt hwy a'r sawl a geisiodd eu gwrthsefyll, sef Caswallon. Mae
dweud eu bod yn hanu o Arabia gyfystyr â dweud eu bod yn hanu o wlad
bell dros y môr.[115]

(c) Triawd 38 (TYP 103–04):[116]

> Tri Anrhegfarch Ynys Prydain:
> Meinlas, march Caswallon fab Beli;
> Melyngan Mangre, march Lleu Llaw Gyffes;
> A Lluagor, march Caradog Freichfras.

Yma nodir bod gan Gaswallon farch enwog o'r enw Meinlas (gw. (dd) isod).

(ch) Triawd 51 (TYP 138–45):

> Tri Gŵr Amharchedig a fu yn Ynys Prydain:
> Un ohonynt: Afarwy fab Lludd fab Beli. Ef a wahoddodd gyntaf Iŵl Cesar a gwŷr
>   Rhufain i'r ynys hon ac a barodd dalu tair mil o bunnoedd bob blwyddyn yn
>   deyrnged o'r ynys hon i wŷr Rhufain, yn sgil ffrae â Chaswallon ei ewythr.

---

[115] Gw. TYP 92-3; gw. hefyd CLlaLl xvi–xviii.
[116] Mae fersiwn arall o'r triawd hwn wedi'i gadw yn Llyfr Du Caerfyrddin, gw. LlDC 6:13–5.

A'r ail yw Gwrtheyrn Gwrthenau ...
Y trydydd a'r gwaethaf fu Medrawd ...

Mae'r triawd hwn yn seiliedig yn gyfan gwbl ar *Historia Regum Britanniae* (gw. (iii) uchod).

(d) Triawd 67 (TYP 185–8), gw. Manawydan fab Llŷr (iv) (b), uchod. Am ddehongliad o ran Caswallon yn y triawd hwn, gw. (dd) isod.

(dd) Triawd 71 (TYP 199–201):

> Tri Gŵr Serchog Ynys Prydain:
> Cynon fab Clydno am Forwyd ferch Urien;
> a Chaswallon fab Beli am Fflur ferch Fugnach Gorrach;
> a Drystan fab Tallwch am Esyllt gwraig March ei ewythr.

Mae'r triawd hwn ynghyd â thrioedd 67 a 59 (gw. isod) yn cyfeirio at stori goll a adroddai, mae'n debyg, am garwriaeth Caswallon â merch o'r enw Fflur na wyddys dim mwy amdani. Ceisiodd Ifor Williams ail-greu'r stori hon ar sail y cyfeiriadau yn y Trioedd a'r hyn a geir yn y farddoniaeth gynnar.[117] Ynddi, awgrymir i Gaswallon fynd i geisio ei gariad Fflur yn Rhufain ac ar y ffordd, bu'n rhaid iddo wneud esgidiau. Mae'n amlwg bod Cesar hefyd yn caru'r un ferch ac i hwnnw orfod dod i Brydain i'w cheisio (? yn ôl). Mae'n bosibl bod y stori hon yn ymgais i esbonio ymosodiad y Rhufeiniaid ar Brydain trwy ei briodoli i gais Cesar am Fflur yno.[118] Awgryma Ifor Williams i Gaswallon roi caniatâd i Gesar roi carnau blaen ei feirch ar dir Prydain yn dâl am rodd o farch arbennig i Gaswallon ei hun – enw'r march hwnnw oedd Meinlas. Yn anffodus, wedi i'r Rhufeiniaid osod carnau blaen eu meirch ym Mhrydain, dilynodd yn fuan garnau ôl eu meirch hefyd a dyfodiad holl fyddin Rhufain i Brydain. Dyma, o leiaf, yw'r awgrym a ddeellir yn nheitl triawd arall (Triawd 59: TYP 166–170):

> Tri Chyngor Anffodus Ynys Prydain:
> Rhoi i Iŵl Cesar a gwŷr Rhufain le ar gyfer carnau blaen eu meirch ar y tir yn gyfnewid am Meinlas; (gw. (c) uchod)
> A'r ail: gadael i Horsa a Hengist a Rhonwen ddod i'r Ynys;
> A'r trydydd: bod Arthur wedi rhannu ei wŷr dair gwaith â Medrawd yng Nghamlan.

Mae'n amlwg y gwyddai Cynddelw yntau am y traddodiad hwn gan iddo gyfeirio at Fflur, Iŵl Cesar ac Udd Prydain, sef 'Arglwydd Prydain', Caswallon mae'n debyg, yn ei gerdd 'Canu i Dduw' (CBT IV 17:69–70):

| *Rybu Ull Kessar, keissyassei Flur* | Y mae Iŵl Cesar wedi bod, ceisiasai [ef] Fflur |

---

[117] Gw. Ifor Williams, 'Hen Chwedlau', THSC (1946), 41–3.

[118] Gw. TYP 305-6. Mewn ffordd, nid yw'r esboniad hwn am ddyfodiad y Rhufeiniaid dan eu hymherawdr i Brydain yn gwbl annhebyg i'r stori a adroddir am Facsen Wledig yn dod i geisio'r ferch a gâr hwnnw fwyaf ym Mhrydain gan briodi Elen a chan goncro Prydain.

Y gan ut Prydein, prid y hesgur.   Gan arglwydd Prydain, costus [fu] ei
                                            hawlio [hi].

(viii) Ymddengys enw Caswallon yng ngwaith rhai o'r cywyddwyr:

(a) Dafydd Epynt, *c.*1456–*c.*1515, yn ei gerdd 'Awdl Foliant Siôn Fychan o
Dretŵr', sy'n cyfeirio at enw Caswallon, er ei bod yn bosibl mai Caswallon
Lawhir a olygir yma (GDE 14:36).

(b) Iorwerth Fynglwyd, *fl.* 1485–1527, yn ei gerdd 'Llyma osteg a wnaeth
Iorwerth i haeru i'r hwâl lyncu Ieuan Brechfa, pan oedd briodas merch Syr Rhys
ap Tomas yng Nghaeryw', sy'n cyfeirio at wledd fawr Caswallon (GIF 37:5-6).
Ceir cyfeiriadau tebyg yng ngherdd Guto'r Glyn, *c.*1435–*c.*1493, 'I Wledd'
(GGG L:3), yng ngherdd Dafydd Nanmor, *fl.*1450–80, 'I Rys ap Meredudd o'r
Tywyn' (PWDN I.17–20), ac yng ngherdd Lewys Môn, *fl.*1485–1527,
'Marwnad Siân Stradling (GLM XL:57).[119] Ceir ail gyfeiriad at Gaswallon gan
Lewys Môn yn ei gerdd 'Marwnad Siôn Gruffudd Hynaf' (GLM VII:41).

(c) Mae'n bosibl mai at Caswallon fab Beli y cyfeiria Lewys Morgannwg,
*fl.*1520–65, yn ei gerdd 'Moliant Wiliam ap Siôn ap Tomas, Treowain'
(GLMorg. I, 27:64).

Mae'r cyfeiriadau hyn i gyd yn amlygu gwybodaeth dda gan y beirdd un ai o
waith Sieffre o Fynwy ei hun (gw. (iii) uchod), neu o leiaf o'r traddodiadau sy'n
gysylltiedig â *Historia Regum Britanniae*. Gwerth nodi yn y cyswllt hwn nad
oes yr un cyfeiriad at Gaswallon fel trawsfeddiannwr Coron Prydain ac eithrio
yn nhestunau *Bendigeiduran* a *Manawydan*. Ni cheir ychwaith ddim un
cyfeiriad at unrhyw berthynas rhyngddo a Manawydan na Phryderi nac o ran
hynny ag unrhyw ran o naratif y ddwy gainc hyn. Yn wir, ymddengys bod pob
cyfeiriad at Gaswallon yn ei ddelweddu fel cymeriad hanesyddol cadarnhaol a
oedd i'w ganmol a'i efelychu ac nid i'w feio fel cymeriad cas a gormesol.

Pryderi — mab Pwyll a Rhiannon, a llysfab Manawydan.
Dyma'r enw a roddwyd gan Riannon i'w mab pan ddychwelwyd ef i'w rieni
gan Deyrnon a'i wraig ar ddiwedd *Pwyll* (PPD 615–7). Sut bynnag, nid dyna
oedd yr enw cyntaf a roddwyd iddo gan mai Gwri Wallt Euryn y'i galwyd gan
Deyrnon a'i wraig wedi iddynt ei ddarganfod yn eu stabl yng Ngwent Is Coed
(PPD 546). Digwydd yr enw Gwar(a)e Gwallt Eurin/Euryn ddwywaith yn
Culhwch ac Olwen (CO 315 a 1008) er na ddywedir fawr ddim rhagor amdano
yno, ac eithrio ei fod ef a chymeriad o'r enw Mabon fab Mellt wedi cynorthwyo
yn yr ymchwil am ddau gi Glythmyr Lydewig. Awgrymodd W. J. Gruffydd y
dylid uniaethu'r ddau gymeriad Gwri a Gware.[120]

(i) Ceir enw Pryderi ddwywaith yn Llyfr Taliesin.

(a) Mae'n debyg mai'r gerdd 'Preideu Annwvyn' o Lyfr Taliesin (BT 54:16–
56:13) sy'n cynnwys un o'r cofnodion cynharaf o'r enw Pryderi. Golygwyd y

---

[119] Am wledd Caswallon, gw. HKB 49, IV:8.
[120] Gw. W. J. Gruffydd, *Rhiannon* (Cardiff, 1953), 91–2.

gerdd hon gan Marged Haycock yn SC xviii–xix (1983–4), 52–78 (gw. t. 60:3–4, t. 62:3–4, a tt. 65–66) ac yn LPBT 433-51, ar 435, 3-4:

Bu kyweir karchar Gweir yg Kaer Sidi,	Trefnus fu carchar Gwair yng Nhgaer Siddi,
Trwy ebostol Pwyll a Phryderi.	trwy gydol chwedl Pwyll a Phryderi.

Yma, fel yng nghainc *Pwyll*, mae cysylltiad amlwg rhwng Pryderi a Phwyll.[121] Am garchariad Gweir, gw. Triawd 52, TYP 146–9.

(b) Digwydd ei enw wedi'i gyplysu ag enw Manawyd(an) mewn cerdd a adweinir fel 'Golychaf-i Gulwyd', (gw. Manawydan fab Llŷr (i), uchod).

(ii) Yn Englynion y Beddau, dywedir mai yn Aber Gwenoli y mae bedd Pryderi (LlDC, 18:20–1). O ran lleoliad Aber Gwenoli, sylwodd R. J. Thomas fod Gwenoli yn 'nant fechan yn codi ger Llyn Tecwyn, Llandecwyn, ac yn rhedeg i Afon-y-Felenrhyd; noda'i haber fan claddu Pryderi.' Fodd bynnag, dichon i'r sylw hwn gael ei seilio ar fanylion y testun ei hun.[122]

(iii) Mae enw Pryderi'n digwydd mewn un triawd yn unig, Triawd 26 (TYP 50–51):

> Tri Meichiad Grymus Ynys Prydain:
> Drystan fab Tallwch ...;
> A Phryderi fab Pwyll Pen Annwfn, a gadwodd foch Pendaran Dyfed yng Nglyn Cuch yn Emlyn;
> A Choll fab Collfrewy ...

Mae'r fersiwn hwn o'r triawd yn awgrymu mai Pendaran Dyfed oedd biau'r moch ac mai swydd Pryderi oedd gofalu amdanynt. Enwir Pendaran Dyfed yn *Pwyll* lle dywedir amdano mai un o dadau maeth Pryderi ydoedd. Y llall oedd Teyrnon Twrf Liant (PPD 633–4).

Mae ail fersiwn o'r un triawd, Triawd 26W, yn digwydd yn Llyfr Gwyn Rhydderch (TYP 51–53):

> Tri Meichiad Grymus Ynys Prydain:
> Pryderi fab Pwyll Pen Annwfn, yn cadw moch Pendaran Dyfed ei dad maeth.
> A'r rhain oedd y moch: y saith mochyn y daeth Pwyll Pen Annwfn â hwy; ac fe'u rhoddodd i Bendaran Dyfed ei dad maeth. A dyna'r lle y'u cadwai, yng Nglyn Cuch yn Emlyn. A dyna'r pam y gelwid hwnnw yn feichiad grymus: am na allai neb ei dwyllo na'i orfodi;
> A'r ail, Drystan fab Tallwch ...;
> A'r trydydd, Coll fab Collfrewy ...

Mae'r ail fersiwn hwn rywfaint yn nes at y manylion a geir yn y Pedair Cainc. Awgrymodd Rachel Bromwich fod y fersiwn hwn yn ymgais i led-gysoni'r triawd â *Pwyll* (TYP, 54–5). Eto i gyd, ceir nifer o anghysonderau rhwng y

---

[121] Ond gw. LPBT 538: 3.
[122] Gw. R. J. Thomas, *Enwau Afonydd a Nentydd Cymru* (Cardiff, 1938) 146.

triawd a'r chwedl yn ei ffurf bresennol: nodir yn y triawd mai Pwyll a ddaeth â'r moch (o Annwfn, mae'n debyg) a'u rhoi i arglwydd Dyfed, Pendaran Dyfed. Cadwodd hwnnw'r moch yng Nglyn Cuch; nodir yn y triawd hefyd mai saith oedd nifer y moch er na phennir eu nifer yn y Pedair Cainc fel y cyfryw; awgrymir nad hawdd oedd twyllo na gorfodi Pryderi er mai dyna'n union a wneir iddo gan Wydion yn ôl testun *Math*.

(iv) Digwydd yr enw Pryderi yng gwaith tri o Feirdd y Tywysogion:
(a) Yn y gerdd 'Marwnad Nest ferch Hywel' gan Einion ap Gwalchmai, *fl.*1203–23 (CBT I, 26:38):

> *Yt wyf pryderus ual Pryderi.*   Yr wyf yn ofidus fy meddwl fel Pryderi.

Yma chwaraeir ar yr elfen *pryder* yn yr ansoddair *pryderus* a'r enw priod *Pryderi*;
(b) Yn y gerdd 'Marwnad Cadwallon ap Madog ab Idnerth' gan Gynddelw, *fl.*1155–1200 (CBT III, 21:67):

> *Am Ywein Prydein, Pryderi – haual*   Am Owain Prydain, hefelydd Pryderi

Yma cymherir gwrhydri Owain Gwynedd â gwrhydri Pryderi;
(c) Yn y gerdd 'Gofyn am Ryddid i Owain ap Gruffudd' gan Hywel Foel ap Griffri, *c.*1240–1300 (CBT VII, 23:18):

> *Gwr diletyf, prifddeddyf Pryderi*   Gwron grymus, [o] brif fraint Pryderi.

Yma eto, cymherir Owain Gwynedd â Phryderi.
     Yn y cyfeiriadau moel hyn at Bryderi, ceir digon o dystiolaeth i awgrymu ei fod yn gymeriad arwrol chwedlonol adnabyddus ddigon yng Nghymru'r ddeuddegfed ganrif a'r drydedd ganrif ar ddeg.

(v) Ceir dau gyfeiriad at Bryderi yng ngwaith Dafydd ap Gwilym:
(a) Yn y gerdd 'Mawl Llywelyn ap Gwilym' (GDG, 12:40), dywedir bod Llywelyn yn debyg i Bryderi, *ail Bryderi*, oherwydd y cysylltiad rhwng Llywelyn a Glyn Cuch gan ei fod yn byw yng Nghastell Newydd Emlyn.
(b) Yn y gerdd 'Ymryson Dafydd ap Gwilym a Gruffudd Gryg' (ail gywydd Dafydd) (GDG, 150:29–32), sonnir am ynfydrwydd anfon anrhegion o naill ben y wlad i'r llall, *o Fôn ... hyd Bryderi dir*, h.y. Dyfed.

(vi) Ceir dau gyfeiriad at Bryderi yng ngwaith Lewys Glyn Cothi:
(a) Yn y gerdd 'Moliant Gruffudd ap Nicolas' cyfeiria'r bardd at ardal Arberth yn Sir Benfro gyda'r geiriau *gwlad Bryderi* (GLGC 16:120).
(b) Yr un yw grym y geiriau *[b]ro Bryderi* yn y gerdd 'Moliant Wiliam Gruffudd' (GLGC 223:75).

(vii) Yn y gerdd 'Awdl Foliant i Siôn Wgon, Cas-wis', defnyddia Lewys Morgannwg, *fl.* 1520–65, yr ymadrodd *siroedd Pryderi* wrth gyfeirio at Sir Benfro (GLMorg. II, 68:12).

(viii) Cyfeirir at enwogrwydd Dafydd ap Tomas ap Dafydd a ymestynnai, medd Guto'r Glyn, c.1435–93, o Gaerdydd, hyd Deifi, i *wlad Bryderi* (h.y. Dyfed), i Fôn a'r Fenni (GGl XIII:9–11).

12. CASGLIADAU

Mae cymeriadau *Bendigeiduran* yn sicr yn hysbys i nifer o feirdd yr Oesoedd Canol o gyfnod Beirdd y Tywysogion ymlaen, ac mae tystiolaeth bod rhai beirdd anhysbys o'r nawfed, y ddegfed a'r unfed ganrif ar ddeg yn gwybod am Fendigeidfran a Manawydan fel cymeriadau a chanddynt gysylltiad ag Aber Henfelen. Mae rhai o'r cymeriadau ynghyd â rhai o'r lleoedd y cyfeirir atynt yn benodol yn y gainc hefyd yn dwyn perthynas agos â lleoliadau yng ngogledd-ddwyrain Cymru:

Bendigeidfran – Castell Dinas Brân ychydig i'r gogledd-ddwyrain o Langollen, Llyn Brân i'r gogledd o Gerrigydrudion, yn ymyl yr A543 rhwng Pentrefoelas a Dinbych, a bryn o'r enw Gorsedd Brân gerllaw;

Branwen – mynydd uchaf y Berwyn o'r enw Cadair Bronwen i'r de o Gorwen;

Manawydan – o bosibl Nant Myniawyd (bellach Nant Dyniewyd), ychydig i'r dwyrain o Gadair Bronwen;[123]

Gwern – pentref Gwyddelwern ychydig i'r gogledd o Gorwen ar yr A494;

Matholwch – trefgordd Caerfallwch, sef hen blas ger Rosesmor, ar y B5123 rhwng Rhyd-y-mwyn a Helygain, ychydig i'r gorllewin o Lan-eurgain (Northop);[124]

Caradog – bryn o'r enw Bryn Saith Marchog i'r gogledd o Wyddelwern yn ymyl yr A494.

Mae'r cysylltiadau hyn o bosibl yn arwain i'r dyb mai cymeriadau chwedlonol o'r rhan honno o Gymru oeddynt yn y bôn ond iddynt ledu i draddodiadau gogledd Cymru yn gyffredinol wedyn: Harlech, Aberffraw, Aber Alaw, a.y.b. a hyd yn oed i gynnwys traddodiad yr ynys arallfydol a'i lleoliad nepell i'r gorllewin o lannau Sir Benfro. Mae safle coron Llundain a'r syniad am undod gwreiddiol yr ynys dan y goron honno'n amlwg yn bresennol yn y gainc, syniad a adlewyrchir yn y farddoniaeth ddaroganol gynnar ac mewn testunau Lladin o'r cyfnod cynnar hyd at waith Sieffre o Fynwy *Historia Regum Britanniae* (c. 1138).

Mae hefyd yn eglur o destun *Bendigeiduran* fod cysylltiadau go gryf rhyngddo â thraddodiadau Gwyddeleg: Llyn y Pair, Llasar a'i feibion, Afon Llifon, Pair Dadeni, rhanbarthau Iwerddon, anian y Gwyddyl eu hunain.

Mae'r gainc hon yn sicr yn arddangos teithi arwrol gyda dwy wlad ddaearol yn mynd i ryfel yn erbyn ei gilydd ac mae analogau â thraddodiadau Groegaidd y seiliodd Homer ei waith arnynt yn glir hefyd. Diwedda'r naratif â buddugoliaeth byrrhig ar ran gwŷr Prydain yn erbyn gwŷr Iwerddon yn union

---

[123] Am y posiblirwydd hwn, gw. Mac Cana BDLl 135; gw. hefyd T. Gwynn Jones, 'Some Arthurian Material in Keltic' yn *Aberystwyth Studies,* cyfr. 8 (1926), 37-93, ar 71, N.1.

[124] Gw. hefyd Melville Richards, 'Onomastica (II): Caerfallwch', B 25 (1974), 417-8.

fel buddugoliaeth byrrhig y Groegiaid yn erbyn gwŷr Caer Droea. Mae brad a chyfrwystra, dichelledd a thwyll yn bresennol yn y naratif ac ar wahân i'r Pair Dadeni ei hun a'r diweddglo arallfydol, mae'r gweithredoedd at ei gilydd yn ymddangos yn bur real a chredadwy.

Yr unig beth y gellir ei ddweud am leoliad *Bendigeiduran* yn y gyfres o geinciau a adwaenom bellach fel Pedair Cainc y Mabinogi yw bod y cysylltiad rhyngddi a *Manawydan* yn glir o ystyried geiriau cychwynnol y gainc honno. Ar wahân i hynny, fodd bynnag, prin y gellid dweud bod unrhyw ddilyniant storïol naturiol rhwng y tair cainc gyntaf, heb sôn am berthynas rhwng *Bendigeiduran* a *Math*. Mae'r cymeriadau yn *Bendigeiduran* yn set gwbl newydd a gwahanol i rai'r ceinciau eraill, ar wahân, wrth gwrs, i bresenoldeb Manawydan yn yr ail a'r drydedd a phresenoldeb enw Pryderi ym mhob un – prin hefyd y gellid dweud bod hwnnw'n gymeriad canolog i'r gyfres fel y saif. Serch hynny, mae'r cyfochri thematig yn sicr yn creu llinyn cysylltiol rhyngddynt oll – themâu megis ffyddlondeb, ymddygiad cyfiawn, sarhad a'i effeithiau, maddeuant; cyfochri cymeriadau megis Bendigeidfran a Matholwch, Rhiannon a Branwen; cyfochri natur cariad a phriodas, megis yn achos Rhiannon a Branwen, a Branwen a Blodeuwedd; cyfochri gweithredu ar ôl ystyried y sefyllfa'n ddwys a gweithredu'n fyrbwyll ac yn hunanol ac effaith y fath ymddygiad megis yn achos Manawydan a Phwyll ar y naill law a Matholwch, Efnysien a Gwydion ar y llall.

13. ORGRAFF A SEINEG *BENDIGEIDURAN UAB LLYR*

Mae cryn dipyn o amrywiaeth yn orgraff y tair llawysgrif sy'n cynnwys testun *Bendigeiduran Uab Llyr*. Sut bynnag, gan fod y golygiad presennol yn seiliedig yn bennaf ar y testun a gadwyd yn Llyfr Gwyn Rhydderch, dyma'r testun y canolbwyntir arno ar gyfer y drafodaeth ganlynol. Rhaid pwysleisio bod orgraff, morffoleg, a chystrawen *Bendigeiduran* yn debyg iawn i orgraff y testunau rhyddiaith canoloesol eraill a feddwn ac ymdrinir â'r pwyntiau hyn oll yn fanwl iawn yn *A Grammar of Middle Welsh*, Dublin 1964, gan D. Simon Evans.

Dynodir y llafariaid /a/, /e/, /o/, /i/ yn rheolaidd gan y llythrennau *a, e, o, i*: *uab* 1, *ar* 1, *Hardlech* 2; *penn* 4, *ef* 5, *uerch* 7; *goron* 2, *uroder* 6, *o* 2; *6eilgi* 4, *Ueli* 7, *tir* 16. Ni wahaniaethir yn orgraffyddol rhwng y seiniau /ï/, /ə/ a dynodir y rhain gan mwyaf gan naill ai *y* neu *e* yn ddiarwahân er mai'r llythyren gyntaf yw'r un a ddefnyddir fynychaf o bell ffordd: *myn* 31, *llyn* 144, *llys* 3, *ynys* 1, *hynny* 6, *mynnu* 34, *yno* 137 ond *reueda6t* 85, *[k]edymdeith* 423. Ceir sawl enghraifft o *e* yn dynodi'r fannod bendant neu'r geiryn rhagferfol, yn enwedig ar ddechrau brawddeg: *E brenhin* … 26, *E dodeis inheu* … 160. Dynodir y sain /ü/, a yngenid mewn Cymraeg Canol â gwefusgrynder, gan y llythyren *u* ond ar un achlysur gan *v*: *uch* 4, *lu* 9, *un* 5, ond *vn* 306.

Dynodir y llafariad a'r gytsain /u/ gan 6 ac mae'n werth nodi na ddefnyddir y llythyren *w* yn fersiwn y Llyfr Gwyn o'r gainc hon o gwbl:[125] *h6nn6* 9, *ued6l* 17, *erch6ch* 16, *ar6reid* 20, *6rthy6ch* 28, *e6yllus* 296, *6edy* 169, *cad6edic* 190, *ch6edleu* 384. Trawsysgrifennwyd y llythyren 6 yn gyson yn y testun printiedig yma gan *w*.[126] Ceir un enghraifft o *u* yn *ymaruar* 57.

Dynodir y deuseiniaid 'w' fel arfer fel a ganlyn: /au/ fel *a6* er y ceir *au* yn achlysurol: *corona6c* 1, *ardyrcha6c* 2 ond *lluossauc* 179, *ida6* 3, *ga6ssei* 122 ond *causant* 163, *Ala6* 380 ond *Alau* 375, *Ysbyda6t* 417 ond *Yspydaut* 449, *Urdaul* 417, *lau* 439; /eu/ fel *e6*: *e6ch* 101, *6ele6ch* 245, *ge6ssynt* 410; /iu/ fel *i6*: *godi6a6d* 82, *hedi6* 128, *lli6a6* 200; /ïu/ fel *y6*: *y6ch* 28, *y6* 32, *ry6* 33, *gly6* 311; /əu/ fel *y6*: *ymgly6ynt* 25, *cly6ei* 27, *gly6ssynt* 399, ond *di6edyssei* 97. Noder yr ysgrifennir *Duw* yn gyson fel *du6*: 27, 126, 242, 335, 352, 377.

Dynodir y deuseiniaid /aï/, /oï/ ac /uï/ fel arfer fel *ae* neu'n achlysurol fel *ay*, *oe* hefyd fel *oy*, ac *6y* yn y drefn honno: *mae* 30, *dyrchauael* 23, *aeth* 38, *ch6aer* 65, ond *6ayret* 18, *grayssa6* 28, *hayarn* 140, *gayat* 406; *oed* 1, *oedynt* 3, *doeth* 35, *trannoeth* 42, ond *oydynt* 51, *amseroyd* 194, *croyn* 306; *Ardud6y* 3, *6ynt* 12, *ebr6yd* 14, *argl6yd* 29, *ymr6yma6* 36. Fodd bynnag yn 241 ceir *vy*.

Dynodir y ddeusain /ei/ fel arfer fel *ei* ac yn bur achlysurol fel *ey*: *Bendigeiduran* 1, *Lundein* 2, *eisted* 3, *g6edei* 6, *Kedeirn* 36 ond *Kedeyrn* 88 a *doey* 188; dynodir y ddeusain /eü/ fel *eu* neu ar un achlysur fel *e6*: *deu* 5, *ynteu* 7, *longeu* 19, *eu* 20 ond *dechre6is* 348.

Cynrychiolir y lled-lafariad /j/ gan *y* neu'n bur achlysurol fel *e*: *Nissyen* 5, *bolyeu* 309, *Talyessin* 361, *taryan* 23 ond *tarean* 342, *rannyat* 57, *ebolyon* 133, *dy6yssogyon* 224. Fodd bynnag, fe'i hepgorir yn bur aml: *meibon* 7, *gueisson* 8, *ar6ydon* 20, *ky6eirach* 20, *keimeit* 322, *meicheit* 239, *cheissaf* 354. Mae hon yn nodwedd gyffredin mewn llawysgrifau a gyfansoddwyd neu a gopïwyd yn Ne Cymru.[127]

Cofnodir y geiryn negyddol yn amlach o dipyn fel *ny* 52, *nyt* 51, *nys* 99 nag fel *ni* 95 a *nit* 123. Ysgrifennir yr arddodiad *i* fel arfer fel *y*: 7, 17, 18, er bod ambell enghraifft o'r sillafiad *e* 189, 420 ac *i*, yn enwedig pan gaiff ei ddefnyddio fel ffurf bersonol: *im* 136 ond *ym* 76; *it* 77 ond *yt* 92; *ida6* 97 ond *yda6* 105; *idi* 151; *y6ch* 28. Arddengys ffurf y 3ydd lluosog gymathiad cyson â'r llafariad yn y terfyniad: *udunt* 54. Ysgrifennir y rhagenw blaen 3ydd unigol fel arfer fel *y* 4, ac yn achlysurol fel *e* 40. Ymddengys y rhagenw cilyddol unwaith fel *gilyd* 413 ac unwaith fel *gilid* 439 trwy gymathiad â'r -*i*- yn y sillaf gyntaf. Dichon mai math o gymathiad orgraffyddol sy'n gyfrifol hefyd am ffurf y gair am 'cigydd' fel *kygyd* yn 203.

---

[125] Ymddengys bod y defnydd o'r symbolau 6 ac *w* mewn llawysgrifau eraill o oddeutu'r un cyfnod ychydig yn wahanol; gw. T. M. Charles-Edwards a Paul Russell, 'The Hendregadredd Manuscript and the Orthography and Phonology of Welsh in the Early Fourteenth Century', NLWJ 28 (1994), 419–62, ar 423; a Graham R. Isaac, '*Trawsganu Kynan Garwyn mab Brochuael:* a Tenth-Century Political Poem', ZCP 51 (1999), 173–85, ar 178.

[126] Ni ddefnyddir y symbol 6 ond yn yr adran hon er mwyn adlewyrchu'r union ffurf a gofnodwyd yn y Llyfr Gwyn. Wrth drafod morffoleg a chystrawen, defnyddir y llythyren *w* drwyddi draw.

[127] Gw. GMW §8 N.

Ysgrifennir llafariad lusg yn bur reolaidd fel *y* rhwng cytsain ac *l, r, n:*
[c]6byl 84, 133, *ch6edyl* 71, 79, *chenedyl* 76, *rugyl* 14, *dil6gyr* 371, *sugyn* 265,
eithyr 129, 315, 350, 359, *meuyl* 354, 419, *[k]euyn* 68, 146, 237, *geuynder6* 392,
trachefyn 207, *colouyn* 305. Fe'i ceir yn achlysurol rhwng *r* ac *f: anfuryf* 69
(cymh. *anfurua6* 72), *maryf* 419; rhwng *r* ac *ch: meirych* 57,132 ond *meirch* 60,
61, 125, 199; rhwng *d /ð/* ac *f: [k]ynnedyf* 127, 270. Mae'n bosibl mai llafariad
lusg wedi'i hysgrifennu fel *e* rhwng *m* a *d* a geir yn y ffurf *ymedyrrya6* 355.[128]

Ceir llafariad brosthetig wedi'i hysgrifennu fel *y-* cyn *st: ystauell* 163-172,
202; *ystlys* 256 (ond P6 *stlys* 25); *ystry6* 304 (ond P6 *stry6* 33); ac weithiau cyn
n gychwynnol, yn enwedig yn achos ambell enw cyffredin: *yneuad* 117, 405;
yniuer(oed) 40, 46, 233, 343 446 ond *niuer(oed)* 47, 56, 324.

Cynrychiolir y ffrwydrolion di-lais cychwynnol /p/, /t/, /k/ fel arfer fel *p, t,
c,* er y ceir *k-* yn rheolaidd yn lle *c-* cyn *e, i* ac *y* fel sy'n gyffredin mewn nifer o
destunau Cymraeg Canol eraill: [129] *parth* 16, *penneu* 68, *tec* 20, *tir* 16, *corona6c*
1, *cly6ei* 27, *Kedeirn* 36, *keuyn* 68, *kic* 203, *kilya6* 263, *kyrchu* 13, *kynghor* 42.
Yng nghanol gair, ceir *-tt-* neu *-t-, -cc-, -p-: atteb* 38, *attunt* 13, ond *ataf* 148,
u6yta 117; *racco* 15, *teccaf* 44; *g6ypwn* 84, *6ypo* 249. Yn dilyn *s-* ceir *-p-* (neu'n
achlysurol *-b-*): *yspeit* 412, *hyspysset* 422, *Yspydaut* 449 ond *Ysbyda6t* 417; *-t-:*
eisted 3, *kystal* 65; *-c-* (~ *-k-*) ac yn achlysurol *-g-: 6isca6* 16, *gyscu* 45,
diskynyssant 208, *eskyll* 213, *disgynnu* 114, *goresgyn* 384. Ar ddiwedd gair ceir
ambell enghraifft o *-t,* yn enwedig yn nherfyniadau 2ail unigol a 3ydd lluosog
berf neu arddodiad personol: *6rthyt ti* 32, *genhyt ti* 35, *yt* 127, *y rot* 264; *arnunt*
29, *guelynt* 23. Ceir *-t* ar ddiwedd yr arddodiad syml *at* 71.[130]

Cynrychiolir y ffrwydrolion lleisiol /b/, /d/, /g/ ar ddechrau gair ac yng
nghanol gair gan *b, d, g: brenhin* 6, *b6r6* 25, *meibon* 7, *g6ybot* 208; *da* 35,
dy6edut 71, *uroder* 6, *edrych* 17, *g6edy* 18; *ganthunt* 14, *gar6hau* 216, *agos* 19,
orugant 56. Fodd bynnag ar ddiwedd gair, ceir peth amrywiaeth: *-b* (*-p* ambell
waith), *-t* (*-d* ambell waith), ac *–c* (gydag un enghraifft o *-g*): *uab* 1, *heb* 28,
atteb 38 ond *attep* 290 a 291, *pop parth* 248, 260 o bosibl oherwydd y *-p-* ddi-
lais sy'n ei dilyn; *y gyt* 4, *dyuot* 13, *mynet* 17 ond *hyd* 70 a *cad* 323; *corona6c* 1,
ac 5, *6reic* 150 ond *teg* 404.

Dynodir y sain wefusdaflodol /g^w/ gan naill ai *gu* (a ddilynir bob tro gan
lafariad) neu *g6* (a ddilynir weithiau gan lafariad ond a ddefnyddir bob tro pan
y'i dilynir gan gytsain). Trowyd y rhain oll yn *6* yn sgil y treiglad meddal:
guelet 18 ond *6elsant* 54 a *g6elem* 246; *guell* 26 ond *6ell* 54 a *g6ell* 290; *guedy*
274 ond *6edy* 169 a *g6edy* 18; *guassanaethu* 166 ond *6as* 230 a *g6as* 8; *guyr* 82
ond *6yr* 16 a *gwyr* 17; *guydyl* 310 ond *g6ydyl* 304; *g6reic* 147, *g6lat* 160;
g6neuthur 44.

Dynodir y sain ffrithiol ddeintiol /ð/ fel arfer gan *d* ym mhob achos er y ceir
t yn achlysurol: *oedynt* 3, *g6edei* 6, *rodyssant* 76; *oed* 2, *ymlad* 10, *danned* 67,

---

[128] Gw. *Nodiadau.*
[129] Am drafodaeth ar y defnydd o *k-* mewn Cymraeg Canol, gw. Simon Rodway, 'Cymraeg vs.
Kymraeg: Dylanwad Ffrangeg ar Orgraff Cymraeg Canol?' SC 43 (2009), 123–33.
[130] Gw. GMW §207 N.

ly6enyd 130 ond *ly6enyt* 121. Dynodir y seiniau ffrithiol eraill /χ/ ac /θ/ fel arfer gan *ch* a *th*: *Hardlech* 2, *uch* 4, *ynghylch* 6; *parth* 13, *6rthyt* 32, *doeth* 35.

Dynodir y sain dawdd ddi-lais /ʎ/ gan *ll*, a'r sain leisiol /l/ gan *l*: *llys* 3, *neill* 8, *llall* 10, *yuelly* 12; *mal* 6, *lu* 9, *6elaf* 15, *ued6l* 17. Noder y sillafiad canlynol: *[c]alon* 357, 379, 389 ond *[c]allon* ['calon'] 393 lle dynoda'r *ll* fod y llafariad o'i blaen yn fer a bod yr /l/ yn hir.[131]

Gan na cheir gwahaniaeth mewn Cymraeg Canol rhwng /ρ/ ac /r/, ceir *r* trwy gydol y testun: *rannyat* 57, *rei* 62, *rodi* 65, *arall* 50, *ymaruar* 57, *s6yd6yr* 57.

Dynodir y sain drwynol /m/ yn rheolaidd gan *m*: *mynet* 17, *Mana6ydan* 4, *gymryt* 115, *namyn* 51, *uam* 7, *am* 38. Dynodir /n/ gan *n*: *neill* 8, *Nissyen* 10, *amdanunt* 17; *goron* 2, *ar6ydon* 20. Fel arfer ceir naill ai *nn* neu *nh* rhwng llafariaid, yn enwedig pan fo'r llafariad gyntaf yn fer: *pennaf* 29 ond *benhaf* 232, *mynnu* 34, *brenhin* 31, *minheu* 38. Ceir *nn* yn aml ar ddiwedd gair unsill pan fo'r llafariad o'i blaen yn fer: *penn* 4, *wnn* 143, *uann* 180, *honn* 220, *llynn* 247, *glann* 269, *hwnn* 321, *pann* 430, *hynn* 29 ond *hon* 44, *ban* 9, *hyn* 285. O ran y sain felar drwynol /ŋ/, ceir naill ai *ng(h)* neu *g(h)*: *tangneued* 9, *longeu* 15, *enghis* 293 ond *eigha6* 157, *dienghis* 360 ond *dieghis* 174, *gynghor* 292, *y rwg* 9 ond *y rwng* 10, *llong* 12.

Dynodir y sain sisiol /s/ gan *s* ym mhob safle ac eithrio pan fo rhwng dwy lafariad lle ceir *ss*: *sef* 42, *sarahedeu* 157, *gystal* 123, *eisted* 12, *nessau* 14, *grayssa6* 28, *nessayssant* 18, ond *ca6sant* 163, *ynys* 1, *llys* 3.

Dynodir y sain wefus-ddeintiol leisiol /v/[132] fel arfer gan *u* ar ddechrau gair ac yng nghanol gair, a chan *f* ar ddiwedd gair: *uab* 1, *ura6t* 4, *uydynt* 9; *ymgyuathrachu* 34, *keuyn* 68 ond *trachefyn* 207, *Bendigeiduran* 1; *ef* 5, *6elaf* 15, *teccaf* 44. Noder fodd bynnag y ceir *f* cyn *l* ac *n* yn y geiriau canlynol: *Efnyssyen* 5, *kyfnot* 436, *guefleu* 67, *kyflet* 104, *gyflym* 262, *gyflauan* 336. Ceir hefyd un enghraifft o *v* ar ddechrau gair: *val* 382 a dwy enghraifft o *6*: *a 6ei* 183, *Uendigeid6ran* 290. Mae'n werth nodi'r sillafiad canlynol *pethe6nos* 151 a 152 a all ddynodi ynganiad fel /pə'θeunos/ yn hytrach na /pə'θevnos/. Ceir un enghraifft o *u* yn *ymaruar* 57.

Dynodir y sain ddi-lais gyfatebol fel arfer gan *f* ar ddechrau gair, hyd yn oed pan gynrychiola dreiglad llaes /p/: *Freinc* 365, *ford* 427, 442, *A frynha6ngueith* 2, *A fan* 339, *A fell* 400, *no fan* 414. Yng nghanol gair ac ar ddiwedd gair, fe'i dynodir fel arfer gan *ff* neu *f*: *caffo* 137, *yscraffeu* 206, *cheff6ch* 285, *gaffom* 286, *kyffes* 335 ond *anfuryf* ('anffurf') 69, *Aberfra6* 44, 46, 48, *geif* 33, *cafael* 438, *[g]orfo6ys* 426, 376.

Dynodir y Treiglad Llaes yn rheolaidd fel a ganlyn: /p/ > /f/ fel yn *p6y* > *a ph6y* 29, *pan* > *A phan* 54; *pa acha6s* > *a pha acha6s* 83, *prynha6ngueith* > *A frynha6ngueith* 2, *poen* > *y foen* 205, *pa6b* > *a fa6b* 314 ond *a pob* 169; /k/ > /χ/ fel yn *kerdet* > *a cherdet* 13/14, *kynghor* > *a chynghor* 37, *kenedyl* > *y chenedyl*

---

[131] Cymh. *callon* yn CO 109, 166, 995, 996 ond *calon* 266, a CLlaLl *[g]allonneu* 37 a *[g]allon* 137; gw. hefyd GMW § 9.

[132] O bosibl, sain ddwywefusol; cymh. GMW §10.

76; /t/ > /θ/ fel yn *tidy* > *a thidy* 34, *trannoeth* > *A thrannoeth* 56, *torri* > *a thorri* 67.

Dynodir y Treiglad Meddal yn gyson yn unol â'r rheolau orgraffyddol a amlinellwyd uchod, h.y. ni ddangosir /d/ > /δ/ gan mai *d-* a ddefnyddir i gynrychioli'r ddwy sain. Fodd bynnag, yn achos y cytseiniaid eraill, fe'i dynodir yn y sillafu fel y dengys yr enghreifftiau canlynol: /p/ > /b/ *parei* > *a barei* 8, *pali* > *o bali* 20/21 ond *am pob un* 102, *o perchen* 164; /t/ > /d/ *trist* > *yn drist* 120, *talo* > *a dalo* 126 ond *ar tir* 47, *mi a tebygaf* 94; /k/ > /g/ *coron* > *o goron* 2, *keif* > *a geif* 103 ond *o cant* 305, *o'e kynghor* 91/92; collir /g/ *g6elynt* > *a 6elynt* 12, *g6isca6d* > *a wisca6d* 17/18; /b/ > /v/ *broder* > *y deu uroder* 6, *bydynt* > *ban uydynt* 9; /m/ > /v/ *mam* > *o'e uam* 7, *med6l* > *pa ued6l* 17; /λ/ > /l/ *llu* > *y deu lu* 9, *llongeu* > *dy longeu* 78.

Dynodir y Treiglad Trwynol fel a ganlyn: /p/ > /mh/ *pob* > *ym pob* 58, *perued* > *y[m] mherued* 171, *poen* > *uym poen* 253; [t] > [nh] *Talebolyon* > *yn Talebolyon* 375, *trin* > *yn trin* 322; /k/ > / ŋh/ *Kymry* > *yg Kymry* 198, *kyuoeth* > *uyg kyuoeth* 160, *kyffes* > *uyg kyffes* 335; /b/ > /m/ *bra6t* > *uym bra6t* 256, *bot* > *uy mot* 353, *blyned* > *seith mlyned* 366, *baryf* > *uy maryf* 419; /d/ > /n/ *dadleu* > *yn dadleu* 215, *diffeith6ch* > *yn diffeith6ch* 435, *di6arad6yda6* > *uy ni6arad6yda6* 95; /g/ > /ŋ/ *Guales* > *y[g] Guales* 368, *g6lat* > *uy g6lat* 160, *g6arad6yda6* > *uy g6arad6yda6* 75.

Ychwanegir /h/ ar ddechrau gair cyn llafariad yn dilyn rhagenw blaen 3ydd lluosog *eu: eu hol* 14, *eu hatcassu* 156, *eu hanuod* 162. Noder absenoldeb *h-* yn dilyn y rhagenw mewnol 1af unigol yn y testun hwn: *a'm amharch* 253/4, *o'm acha6s* 378; cymharer hyn â dwy enghraifft yn y gainc gyntaf lle mae'n bresennol: *o'm hanwod/hanuod* (PPD 285/326). Nid oes enghreifftiau o'r rhagenw blaen 3ydd unigol benywaidd o flaen llafariad yn y testun nac o'r rhagenw mewnol gwrthrychol 3ydd unigol na lluosog o flaen llafariad.

Ceir enghreifftiau o gymathu llafariaid fel a ganlynol: *gilyd* 413 ond *gilid* 439; *trowyd ydunt* ('iddynt') yn *udunt* trwy gydol y testun 54, 67, 116 ynghyd â naw enghraifft arall. Ceir cywasgu llafariaid yn y terfyniadau berfol canlynol: *[g]6naei* ('gwnâi') > *[g]6nai* 314, *doy* 410 ('deuai') ond *doey* 188, 430.

14. MORFFOLEG *BENDIGEIDURAN UAB LLYR*

Ni thrafodir yn yr adran hon ond rhai agweddau arbennig ar forffoleg *Bendigeiduran Uab Llyr* fel y'i ceir yn Llyfr Gwyn Rhydderch gan fod trafodaeth fanwl ar bob agwedd ar Gymraeg Canol ar gael yn GMW.[133]

Cyfetyb ffurfiau lluosog y rhan fwyaf o'r enwau i'r ffurfiau mewn Cymraeg Diweddar ond dylid nodi'r canlynol: ceir y ffurf *meib* yn dilyn y rhifolyn *pum / pym* yn 436 yn ogystal â'r ffurf *mab* yn yr unigol yn 151, 194, 195, a'r ffurf *meibon* yn y lluosog yn 7. Defnyddir y ffurf luosog *(g)wraged* yn dilyn yr un rhifolyn yn 434, 435. Ceir y ffurf *blyned* yn dilyn rhifolion 366, 369, 402, 411, 417, 448, 449 tra ceir *blwydyn* yn yr unigol yn 154, 191, 197 a *blwynyded* (< *blwydyned* trwy drawsosod) yn y lluosog 209.

---

[133] Ffurfiau heb eu treiglo a ddyfynnir yn yr adran hon ac eithrio pan nodir yn wahanol.

Ceir ambell enghraifft o ffurf luosog yr ansoddair yn y testun: *ereill* 22 o'r unigol *arall* 50; *kedeirn* 36, 49, neu *kedeyrn* 88, neu *kedyrn* 253, 283, 295 o'r unigol *cadarn; hynn* 29, 62, 64 o'r unigol *hwn* (g.) 309, 321, 432, ~ *hon* (b.) 1, 44, 87, a *hynny* 8, 46, 82 o'r unigol *hwnnw* (g.) 38, 92, 94 ~ *honno* (b.) 40, 55, 181. Ceir dwy enghraifft o'r ffurf fenywaidd unigol *gwenn* 140, 172 sy'n cyfateb i'r ffurf wrywaidd unigol *gwynn*.[134] Ceir dwy enghraifft o dreiglo ansoddair yn feddal yn dilyn enw yn y rhif deuol: *deu Wydel uonllwm* 355, *golygon orwyllt* 308; gw. *Nodiadau*.

Ffurfir graddau cymhariaeth rheolaidd trwy ychwanegu'r terfyniadau canlynol: gradd gyfartal *-(h)et* ynghyd â chaledi unrhyw ffrwydolyn lleisiol o'i flaen: *amlyket* 401, *anwylet* 76, *bychanet* 122, 124, *ebrwydet* 326, *hyspysset* 422; gradd gymharol *-ach* heb galedi: *anesmwythach* 413, 415, *cadarnach* 37, *kyweirach* 20, *digriuach* 412, *hyurydach* 412, *llessach* 182 *tebygach* 113; gradd eithaf *-(h)af* ynghyd â chaledi: *llidyawcaf* 9, *teccaf* 44.

Digwydd y ffurfiau afreolaidd canlynol: gradd gyfartal: *kyflet* 104, *kyuref* 104, *kyuuch* 165, *kyuurd* 75, *kyhyt* 104, *kymeint* 142, *kyniuer* 423, 424, *kystal* 65, 75, 89; gradd gymharol: *llei* 209, *gwell* 54, 290; *gwaeth* 85, *hwy* 183, *mwy* 66, 93, 114, *uch* 23; gradd eithaf: *goreu* 129, 180, 196, *mwy(h)af* 10, 343.

Rhagflaenir y radd gyfartal yn aml gan y geiryn *kyn* (neu *ky* yn achos nifer o'r rhai afreolaidd) ac fe'i dilynir gan y cysylltair *a(c): yn gyn ebrwydet ac yd eistedyssant* 326, *yn gyn hyspysset ganthunt y gyniuer collet ... a chyt bei yno ... 422-4, kyuref [a'e uys bychan] a chyhyt ac ef e hun, a chlawr eur kyflet a'y wyneb* 104-5, *yn gystal ac y bu oreu* 129. Ceir ambell enghraifft o'r radd gyfartal wedi'i defnyddio'n briodoleddol yn dilyn enw: *morwyn gystal, kyuurd* 75, *gystal ymdidanwr* 123-4. Gellir ei defnyddio hefyd gyda grym enw: *bot yn athrist gan yr unben uychanet a gawssei o iawn am y gam* 122-3, *y gyniuer collet* 422-3, *a'r gyniuer drwc* 424, yn enwedig yn dilyn yr arddodiad *yr*, 'er gwaethaf': *yr bychanet*, 'er mor fychan' 124 (gw. GMW § 45). Defnyddir y radd gymharol fynychaf yn draethiadol wedi'i dilyn gan y cysylltair *no(c): yn llessach udunt uynet y gyscu noc eisted* 182-3, *yn well udunt kymryt hun no dilyt kyuedach* 54-5, *yn uch no bwrd y llong* 23. Ceir ambell enghraifft heb yr *yn* traethiadol er y cedwir y treiglad: *ual y bydynt gadarnach* 36-7, *Nit oed anesmwythach ganthunt wynte* 414-5. Fe'i rhagflaenir yn aml gan ffurf berthynol y cyplad *yssyd / a uo / a uei* sy'n treiglo'r ffurf ansoddeiriol yn feddal: *kyweira attep a uo gwell* 290, *kywilid a uei uwy* 114; gw. GMW §22 a §46. Mewn cymalau negyddol neu ofynnol, hepgorir y cyplad yn aml ond erys y treiglad a achosodd: *na welsynt eiryoet llongeu gyweirach eu hansawd noc wy* 19-20, *Ny ellynt wy tremic uwy arnaf i* 66, *ny duc neb kyrch waeth no'r dugum ymma* 85. Gellir defnyddio'r radd gymharol hefyd yn adferfol: *eisted a wei hwy* 183. Defnyddir y radd eithaf fel arfer yn briodoleddol, yn ai o flaen yr enw a ddisgrifir gan yr ansoddair neu ar ei ôl: *teccaf morwyn* 44, *arueu goreu* 180,

---

[134] Gw. *Nodiadau*, 140/41 *pan wnaethpwyt yn wenn yn eu kylch*.

y godwrw mwyhaf 343. Gellir ei defnyddio hefyd yn draethiadol: *y bu oreu* 129, *ban uydynt lidyawcaf* 9, neu yn adferfol: *ban uei uwyaf yd ymgerynt* 10-11.

Ceir y rhagenwau personol canlynol yn y drefn ganlynol: syml / dwbl / cysylltiol: 1 un. *mi* 15, *ui* 353 / – / *minheu* 38; 2 un. *ti* 32 / *tidy* 34 / *titheu* 295; 3 un. g. *ef* 5 / – / *ynteu* 7; 3 un. b. *hi* 189 / – / *hitheu* 210; 1 llu. *ni* 112 / – / *ninheu* 38; 2 llu. *chwi* 149 / – / – ; 3 llu. *wy* 20, *hwy* 171, *wynt* 12 / *wyntwy* 153 / *wynteu* 25, *wynte* 415. Ceir ffurfiau dibynnol arbennig yn y 1 un. a'r 2 un: *i* 65, *inheu* 106; a *di* 251, *ditheu* 280. Ni ddigwydd ond tair enghraifft o'r rhagenw meddiannol pwysleisiol: 3 un. g. *eidaw* 33 a 83; 3 llu. *eidunt* 17.

O ran y rhagenwau blaen, digwydd y ffurfiau canlynol yn y testun: 1 un. *uy* 75, *ue* 284; ceir *uym* 253, *'ym* 159 o flaen *p* a *uyg* o flaen *c* a *k* 158; 2 un. *dy* 63; 3 un. g. *y* 4, *e* 40; 3 un. b. *y* 65; 1 llu. *yn* 287; 2 llu. *ych* 285; 3 llu. *eu* 14, *y* 67.

O ran y rhagenw mewnol genidol, digwydd y canlynol: 1 un. *'m* 106; 2 un. *'th* 137; 3 un. g. *'y* 46, *'e* 7; 3 un. b. *'y* 167; 3 llu. *'y* 161; noder hefyd *y'u* am 'i'w' 3 llu. 153, ac *y* am 'i'w' 3 un. g. 260. O ran y rhagenw mewnol gwrthrychol, digwydd y ffurfiau canlynol: 3 un. g. *'y* 82, *'e* 143, *s* fel yn *pei ys* 84 (ffurf lafarog; gw. *Nodiadau*), *nys* 99, *onys* 250; 3 llu. *'e* 26. Fodd bynnag, nid ysgrifennir ffurfiau'r 3ydd unigol na'r 3ydd lluosog, yn enwedig yn dilyn y geiryn rhagferfol *y*. Cynnwys yr enghreifftiau canlynol ragenw mewnol gwrthrychol 3 un. g: *ac ni wn na bo yno y caffo* 137, *a Llyn y Peir y gelwit* 144-5, *Nyt oed long y kynghanei ef yndi* 257, *'Gwna ty .... y ganho ef a gwyr Ynys y Kedyrn yn y neillparth y'r ty'* 294/5, *ty y ganhei yndaw* 297/8. Cynnwys y rhain ragenw mewnol gwrthrychol 3 un. b: *Ac o achaws y pedwar ugeint mlyned hynny y gelwit Ysbydawt Urdaul Benn* 416-7. Yn olaf, cynnwys y rhain ragenw mewnol gwrthrychol 3 llu: *Y kymereis inheu wyntwy arnaf* 153, *Yn y ulwydyn y keueis yn diwarauun wynt* 154/5, *o hynny allann y guarauunwyt im* 155, *Lli ac Archan y gelwit* 235.

Am ffurfiau personol yr arddodiad a'r ferf reolaidd ac afreolaidd, gweler yr arddodiaid neu'r berfenwau a restrir yn yr *Eirfa* ar ddiwedd y golygiad. Mae'n werth tynnu sylw at ffurfiau'r 3ydd unigol gorffennol a ddigwydd yn y testun: (1) -*wys*: *nessawys* 24, *kyscwys* 55 a 63, *ymchwelwys* 96, *kyrchwys* 173, *kychwynnwys* 185 a 432, *damweinwys* 193, *trigwys* 230, *amlawys* 236, *goreskynwys* 236, *kerdwys* 237, *kysynwys* 340, *edrychwys* 422; (2) -*es*: *dygyuores* 158, *arhoes* 172, *roes* 177, *kyuodes* 276, *torres* 393; (3) -*as*: *cauas* 214, 297, 300, 311, 317, *gwelas* 180, 339, 351 (4) -*is*: *guerendewis* 111, *dieghis* 174, *peris* 220, *genghis* 293, *edewis* 315, *ymedewis* 319, *dechrewis* 348, *dienghis* 360 a 394, *kynhelis* 346; (5) -*awd*: *gwiscawd* 18, *parhawd* 131, *lladawd* 320, *kyrchawd* 329; (6) *t*/*th*: *kymerth* 130 a 300, *gwant* 338; (7) newid llafariad neu Ablawd: *duc* 85, 191 a 192 (o'r bôn *dyg-*); cymh. hefyd ffurf 1 un. *dugum* 85; *godiwawd* 82 (o'r bôn *godiwed-*), *dywot* 344 a 352 (o'r bôn *dywet-*). Noder nad oes enghraifft o'r gorffennol trwy ddyddybliad, sef *kigleu* (o'r bôn *cleu-* ~ *clyw-*) yn y testun hwn. Mae'n werth nodi un enghraifft o ffurf amhersonol gorffennol y ferf *llad*, sef *llas* yn 373.

Weithiau defnyddir amser presennol y ferf (presennol arferiadol yn achos y ferf *bot*) i greu effaith ddramatig yn y naratif: *yny uyd y ty yn burwen* 170, *yny glyw* 311; *yny dyrr y peir* 357, *Val y bydant y kerdet* 382.

Ceir un enghraifft o ffurf amherffaith y ferf *bot* yn dwyn grym yr amodol 'byddai': *da oed genhyf i* 333; gw. GMW §120 (f).

15. CYSTRAWEN *BENDIGEIDURAN UAB LLYR*

Mae'n bosibl gwahaniaethu rhwng pum math o frawddeg yn fersiwn y Llyfr Gwyn o *Bendigeiduran Uab Llyr*: 1 – brawddegau cadarnhaol, 2 – brawddegau heb ferf rededig, 3 – brawddegau negyddol, 4 – brawddegau gofynnol, 5 – brawddegau gorchmynnol.

1. Gellir dosbarthu brawddegau cadarnhaol yn saith math gwahanol:

(i) Berf yn gyntaf. Nid yw'r math hwn o frawddeg yn gyffredin iawn yn nhestunau rhyddiaith storïol Cymraeg Canol ac mae'n anghyffredin iawn yn *Bendigeiduran* er bod ambell enghraifft yn achos y ferf 'bod': ... *mae ymma Matholwch brenhin Iwerdon* 30; ... *mae genhym ni chwedleu ryued* 243-4; *'Ac y mae Matholwch yn rodi ...'* 279. Ceir ambell enghraifft o *y mae(nt)* hefyd: *ac y maent yn lluossauc* 178-9. Digwydd y tair enghraifft nesaf fel atebion i gwestiynau uniongyrchol neu i orchymyn: *'Gwn, Arglwyd'* 142; *'Gwelem, Arglwyd, ... mynyd mawr ...'* 246; *'Arhoaf,'* heb ef 288. Ceir ambell enghraifft o'r geiryn rhagferfol cadarnhaol (*Ac*) *y* neu (*Ac*) *yd* ar ddechrau brawddeg neu brif gymal: *Ac y nessawys y gwyr attunt* 24; *Ac y kychwynassant yr yniueroed hynny* ... 45-6 – noder y ferf luosog yma gydag enw lluosog yn oddrych iddi; *Y kymereis inheu wyntwy arnaf* 153; *E dodeis inheu* ... 160; *'E doeth im,'* heb ef, *'y gan wr ...'* 136; *ac yd arhoes ef* ... 172. Noder yr enghraifft ganlynol lle ceir y geiryn *yr* sy'n amrywiad ar y geiryn perffeithiol *ry* o flaen y ferf gryno: *ac yr gyscwys gan Uranwen* 63. Nid oes dim enghraifft o'r geiryn rhagferfol cadarnhaol *neu / neur* nac *ef a* ... yn *Bendigeiduran*. Gellir deall enghreifftiau o *ef a* ... yn y gainc fel 'Goddrych + a + Berf' (gw. (ii) isod).

(ii) Goddrych + *a* + Berf, lle gall y goddrych fod yn enw neu'n rhagenw: *Mi a welaf longeu* 15; *E brenhin a'e clywei wynteu* 26-7; *Ef a doeth i'r tir* 39; *Y seith hynny a drigwys yn seith kynueissat* 230-1; *ef a'e guerendewis* 111; *ti a gehy* 124-5. Noder mai *yssyd*, ffurf bresennol berthynol y ferf *bot*, a ddefnyddir yn yr enghraifft ganlynol: *A mein sugyn yssyd y[g] gwaelawt yr auon* 265-6. Yn y ddwy enghraifft nesaf, saif y goddrych yn annibynnol ar ddechrau'r prif gymal ac fe gyfeirir yn ôl ato yn y ddwy enghraifft trwy ddefnyddio ffurf bersonol ar yr arddodiad *y*: *y wreic honn ... ym penn pethewnos a mis y byd beichogi idi* 150-1; *A'r pump wraged hynny, yn yr un kyfnot, a anet udunt pum meib* 435-6. Nid annhebyg yw'r gystrawen ganlynol lle defnyddir y ferf gynorthwyol *daruot*: *Caswallawn a daroed idaw wiscaw llen hut amdanaw* 390-1. Noder yr enghraifft ganlynol lle ceir y geiryn perffeithiol *ry* o flaen y ferf yn lle *a*: *A reuedawt ry gyueryw a mi* 85-6. Pan fo'r goddrych yn lluosog, gall y ferf fod yn unigol: *E gwyr hynny a ymchwelwys* 96, neu'n lluosog: *a'r swydwyr a dechreusant ymaruar* 57; *A meicheit Matholwch a oedynt ar lan y weilgi* 239.

Noder mai'r ferf unigol a geir yn y Llyfr Coch yma: *a meicheit Matholwch oed ar lan y weilgi.*

(iii) Gwrthrych + *a* + Berf + Goddrych, lle gall y goddrych fod yn enw, yn rhagenw, neu wedi'i fynegi yn nherfyniad y ferf: *Cwbyl waradwyd a geueis* 84-5; *A deu drws a welynt* 405-6; *A hynny a dyweit y kyuarwydyd hwnn* 431-2; *A'r pym meib hynny a uagyssant* 436-7. Noder yr enghraifft ganlynol lle ceir y geiryn perffeithiol *ry* o flaen y ferf yn lle *a: coet ry welsom* 244. Mae'r enghraifft nesaf yn cynnwys y gwrthrych *beichiogi* ar ddechrau'r prif gymal ac wedyn daw'r ferf gynorthwyol *damweinwys* ac yna'r berfenw *cael* gyda'r rhagenw blaen *y* yn cyfeirio'n ôl at y gwrthrych: *beichiogi a damweinwys idi y gael* 193. Pe rhoddid y ferf yn y safle cyntaf yn yr enghraifft hon, ceid: *damweinwys idi gael beichiogi*, 'darfu iddi gael beichiogi', sef beichiogodd hi. Gellir cynnwys y patrwm canlynol fel rhan o'r gystrawen hon: Berfenw + *a* + y ferf *gwneud* + goddrych: *Ac eu rannu a wnaethant* 58; *Dilit y gyuedach a wnaethant* 53; *A medylyaw a wnaeth* 121-2; *eisted y gyt a wnaethant* 135; *kyuodi a orugant pawb* 56 (dyma'r unig enghraifft yn y testun hwn o orffennol y ferf *gwneuthur* gyda'r bôn *gorug-*; gw. GMW § 141). Noder yr enghraifft ganlynol lle ceir y geiryn *yr,* sy'n amrywiad ar y geiryn perffeithiol *ry,* yn ogystal â'r geiryn *a* o flaen y ferf gryno: *dy waradwydaw yr a wnaethpwyt* 73-4. Hepgorwyd *yr* yma yn y Llyfr Coch.

(iv) Adferf / Ymadrodd Adferfol + *y(d)* + Berf, lle gall y goddrych fod yn enw, yn rhagenw, neu wedi'i fynegi yn nherfyniad y ferf: *A'r nos honno y kyscwys Matholwch gan Uranwen* 55-6; *Ac y'r llys y deuthant yn dangneuedus* 115; *A thrannoeth y talwyt y ueirych idaw* 131; *Ac odyna y kyrchwyt ac ef kymwt arall* 132; *Y gan Uendigeiduran y kyrchawd y mab at Uanawydan* 329. Ceir patrwm tebyg pan ddigwydd y berfenw o flaen ffurf ar y ferf *bot: Ac yn eisted yd oedynt ar garrec Hardlech* 3-4; *Yn hela yd oedwn yn Iwerdon* 143.

Mae'n bwysig sylweddoli nad oes rhaid deall bod unrhyw bwyslais ar y goddrych, y gwrthrych na'r adferf/ymadrodd adferfol pan ddigwyddant o flaen y ferf.

(v) *sef a* / *sef y(d)* + Berf ; *sef ual y(d)* + Berf; *sef* + Cyplad *oed*; *sef* + Enw. Un o'r enghreifftiau mwyaf cyffredin o hyn yw *sef a wnaeth ...* + berfenw: *Sef a wnaeth ynteu, y deimlaw* 310-11 a 317; *Sef a wnaeth Heilyn uab Guyn dydgueith* 419, er na cheir berfenw yn dilyn yn yr enghraifft hon; *Sef a wnai ynteu yr un guare a fawb ohonunt* 314-5. Ceir *sef a* + *cael* yn y fformiwla ynghylch cymryd cyngor: *Sef a gahat yn y kynghor* 42; *Sef a gauas yn y gynghor* 300. Ceir un enghraifft yn y testun o *sef* wedi'i ddilyn gan ferf gypladol: *sef oed hwnnw Nissyen* 9-10. Ni cheir ond un enghraifft o'r gystrawen *sef y(d)* lle pwysleisir gweithred y ferf: *Sef y clywei arueu am benn hwnnw* 319. Ceir hefyd ddwy enghraifft o *sef ual y: Sef ual yd eistedyssant* 48-9; *Sef ual y doeth* 71. Ceir naw enghraifft o *sef* + enw: *Sef kennadeu a aeth* 81; *sef kynghor* 112 a 223; *Sef enw a dodet* 194; *Sef dial a wnaethant* 202; *Sef lle y causs Uendigeiduran* 214; *Sef seithwyr oedynt* 226; *Sef seithwyr a dienghis* 360; *Sef ystryw a wnaeth y Gwydyl* 304.

(vi) Dibeniad + Cyplad + Goddrych, lle gall y goddrych fod yn enw, yn rhagenw, neu wedi'i fynegi yn nherfyniad y ferf: *teccaf morwyn yn y byt oed* 44; *Meirych Matholwch brenhin Iwerdon yw y rei hynn* 61-2; *A gwr heuyt athrugar mawr a drygweith anorl[o]es arnaw oed* 146-7; *llidyawc yw* 259; *Y deu lygat ef a pop parth y drwyn yw y dwy lynn* 259-60.

(vii) Goddrych + Cyplad + Dibeniad. *A honno oed tryded prif rieni yn yr ynys hon* 43-4; *Bendigeiduran uab Llyr a oed urenhin coronawc ar yr ynys hon* 1 – noder bod hwn yn agoriad fformiwläig i amryw destunau rhyddiaith Cymraeg Canol; *Ysbydawt Uranwen a Matholwch oed yr honn yd aethpwyt e Iwerdon* 417-8. Yn achlysurol, ceir amrywiad ar y drefn arferol lle mae enw neu ragenw yn sefyll yn annibynnol ar ddechrau brawddeg gydag enw, rhagenw neu derfyniad berfol yn ail ran y frawddeg yn cyfeirio'n ôl ato: *Y deu uroder un uam ac ef, meibon oedynt y Eurosswyd* 6-7; *A'r neill o'r gueisson hynny, gwas da oed* 8.

2. Gellir dadansoddi brawddegau heb ferf rededig fel a ganlyn:

(i) Brawddegau lle na fynegir y cyplad: *yr bychanet genhyt ti dy iawn* 124. Yn y negydd, defnyddir *nit / nyt* neu mewn is-gymal *nat: ac nat hawd genhyf i na'e lad na'e diuetha* 107;

(ii) Brawddegau lle defnyddir berfenw: *Mynnu ymgyuathrachu a thidy, Arglwyd* 34; *Yn y lle trannoeth, kymryt kynghor* 42; *A gwneuthur oed yn Aberffraw y gyscu genti, ac odyno y kychwyn* 44-5; *Ac yn hynny guan y dan y meirych, a thorri y guefleu wrth y danned udunt, a'r clusteu wrth y penneu, a'r rawn wrth y keuyn* 66-8; *A hynny y urodyr maeth a'r gwyr nessaf gantaw yn lliwaw idaw hynny a heb y gelu* 199-200; *A diskynnu ar e yscwyd, a garwhau y phluf, yny arganuuwyt y llythyr, ac adnabot meithryn yr ederyn yg kyuanned.* 215-7; *Ac yna, kyscu pob un lau heb lau gan uam y gilid, a gwledychu y wlat a'y chyuanhedu, a'y rannu y rydunt yll pymp* 438-440. Er mwyn cyfeirio at oddrych rhesymegol y berfenw yn y gystrawen hon, fe'i rhagflaenir gan yr arddodiad *o*: *Ac yna, ymgyuot o bawb ar hyt y ty* 342; *A chael o Uendigeiduran hi yn y neill law a'y tarean yn y llaw arall* 341-2; *edrych oheni hitheu ar Iwerdon* 376; *goresgyn o Gaswallawn uab Beli Ynys y Kedyrn* 384-5. Ceir ambell enghraifft o ddefnyddio'r arddodiad *y* yn lle *o*: *Emystynnu idaw ynteu yn y peir* 356-7. Gyda berfau cyflawn, nid oes rhaid defnyddio arddodiad: *Dyuot Caswallawn am eu penn* 387-9, *dyuot tri ederyn* 398.

(iii) Brawddegau a gyflwynir gan ebychiadau megis *llyma, llyna* a *nachaf:* *llyma ymodwrd yn Iwerdon am y guaradwyd a gawssei Matholwch* 197-8; *llyma gennadeu Matholwch yn dyuot attaw ef* 276-7; *llyma gyweithyd yn kyuaruot ac wynt* 382-3; *A llyna y godwrw mwyhaf a uu gan yniuer un ty* 342-3; *Ac nachaf yn ardiawc gan Uendigeituran yr ymdidan* 119-20; *A nachaf y dygyuor yn Iwerdon* 200-1.

3. (i) Cyflwynir brawddegau negyddol sy'n cynnwys berf rededig gan y geiryn negyddol *ny / ni* (o flaen cytsain) ac *nyt / nit* (o flaen llafariad): *Ny angassei Uendigeituran eiryoet ymywn ty* 52; *Ny ellynt wy tremic uwy arnaf i* 66; *ny duc neb kyrch waeth* 85; *ni eill ef uy niwaradwydaw i* 95; *Ni enghis ef*

ymywn ty eiryoet 293; *nyt oes ymwaret e uynet ef* 98; *nit wyt gystal ymdidanwr heno* 123-4; *Nyd eynt wy o'y bod* 161; *nyt oed uawr y weilgi yna* 234; *Nyt oed namyn dwy auon* 234-5; *Nyt ymedewis ef a hwnnw* 319. Yn achlysurol, lleolir y goddrych yn union o flaen y geiryn negyddol: *A neb ny dieghis odyna namyn ef a'e wreic* 174-5.

(ii) Defnyddir y ffurf *nyt / nit* pan na ddilynir y negydd gan ferf rededig: *Nyt ymywn ty yd oydynt* 51; *nyt o uod y neb a uedei y llys* 91; *Blwynyded nit llei no their* 209.

4. Cyflwynir brawddegau gofynnol gan un o'r canlynol:

(i) Defnyddir y geiryn gofynnol *a* yn union o flaen ferf rededig: *A uyn ef dyuot y'r tir?* 31-2; *A welewch chwi dim namyn hynny?* 245-46; *A oes gennwch chwi chwedleu* 383-84. Noder absenoldeb berf yn y cwestiwn canlynol: *a chwedleu genhwch* 242-43 (gw. *Nodiadau*). Llunnir atebion cadarnhaol trwy ailadrodd y ferf: *Gwelem, Arglwyd* 246. Llunnir atebion negyddol trwy ddefnyddio *na(c)* wedi'i ddilyn gan y ferf: *Na uynn, Arglwyd* 32; *'Nac oes,'* heb *wynt* 384.

(ii) Defnyddir y geiryn gofynnol *ay* pan na ddilynir hwn gan ferf rededig: *Ay yuelly y gwnaethant wy am uorwyn kystal a honno?* 64-5; *e wybot ay gwir a dywedir am hynny* 420-1 – noder mai cwestiwn anuniongyrchol sydd yma. Llunnir ateb cadarnhaol fel arfer trwy ailadrodd y gair cyntaf sy'n dilyn *ay* tra llunnir yr ateb negyddol yn yr un modd gyda'r geiryn negyddol *na(c)*. Fodd bynnag, mae'n rhaid nodi nad oes enghreifftiau o hyn yn *Bendigeiduran*.

Defnyddir y geiryn cadarnhaol *ie* yn aml i ddynodi cytundeb gyda syniad yn hytrach na chyda chwestiwn penodol a gellir trosi hyn fel: 'Ie, wir', 'Mae hynny'n wir' neu 'Wel': *'Ie,' heb ynteu, 'doet y'r tir ...'* 37; *'Ie, Arglwyd,' heb un* 73; *'Ie, Arglwyd,' heb y wyr wrth Uatholwch* 205; *'Ie,' heb ynteu Uendigeiduran* 283.

(iii) Nid oes enghraifft o gwestiwn negyddol yn *Bendigeiduran*.

(iv) Gellir gofyn cwestiwn trwy ddefnyddio rhagenw gofynnol: *'Pwy oed hwnnw?'* 137; *'... beth dybygy di yw hynny?'* 251; *'Beth oed yr eskeir aruchel a'r llynn ...'* 258; *'Pa daruu,' heb wynteu, 'y Gradawc ...'* 386 – yma ystyr *pa* yw 'beth'; *'Pieu yniuer y llongeu hynn'* 28-9; *a gouyn a wnaeth pioed y meirch* 60-1 ac *a pha achaws yd oed yn mynet e ymdeith* 83 – dau gwestiwn anuniongyrchol.

(v) Gellir gofyn cwestiwn trwy ddefnyddio adferf gofynnol: *'... paham oed hynny* 81 – noder mai cwestiwn anuniongyrchol sydd yma; *'pa gerdet yssyd arnawch chwi?'* 149; *'Pa delw, Arglwyd, yd erbynneist [t]i wynteu?'* 177-8; *'Paham,' heb yr Efnissyen, 'na daw uy nei ...'* 332; *pan doeth yti y peir a rodeist ymi?* 136. Noder y defnydd o *mae* i olygu 'Ble mae?': *'Mae dy gynghor am bont?'* 271; *'... mae ych kynghor chwi?'* 292.

5. Cyflwynir brawddegau gorchmynnol fel arfer trwy ddefnyddio ffurf orchmynnol y ferf: *Ac erchwch y wyr y llys* 16; *anuon etwa genhadeu* 99-100; *doet y ymwelet a mi* 108; *Gouynnwch idi* 250; *carchara wynt* 207; *ac aro ditheu*

yn kennadwri ninheu 287; *A doro dy urenhinaeth yn y ewyllus* 296; *Aet yn llawen* 334. Cyflwynir gorchymyn negyddol trwy'r geiryn negyddol *na(c)*: *ac na at trachefyn* 207.

16. IS-GYMALAU YN *BENDIGEIDURAN UAB LLYR*

Perthynol – Defnyddir y rhagenw perthynol *a* fel goddrych neu wrthrych cymal perthynol rhywiog: *llathen ayant a uo kyuref* 103-4; *iawn a uei uwy* 114; *dim o'r atteb a aeth y genhym ni* 291; *[y] gwr anagneuedus a dywedassam uchot* 59-60; *un mwynyant a ellit ohonunt* 72-3; *yr atteb a diwedyssei Uatholwch* 97-8; *yr ymdidan ... a gaei gan Uatholwch* 120-1; *y gwr a lader* 128; *a'r mab a aner* 151-2; *o wyr ac arueu goreu a welas neb* 180; *y coet a welat ar y mor* 254. Yn yr enghraifft ganlynol, ceir amrywiad ar y geiryn perffeithiol *ry,* sef *'r,* yn lle'r geiryn perthynol *a*: *kyrch waeth no'r dugum ymma* 85. Defnyddir *yssyd* fel ffurf berthynol amser presennol y ferf *bot*: *a thorri y bont yssyd ar yr auon* 264-5. Hepgorir y rhagenw perthynol *a* yn bur aml o flaen ffurf amherffaith y ferf *bot*: *llyn oed yn Iwerdon* 144; *y poen oed ar Uranwen* 218-9; ond *y megineu a oed wedy eu gossot* 168-9; *y poeneu a'r amharch a oed arnei hitheu* 212. Gellir defnyddio'r rhagenw dangosol *ar,* 'yr hwn a, yr hon a, y rheiny a, y sawl a', fel rhagflaenydd cymal perthynol yn enwedig yn dilyn yr arddodiad *o*: *pob un o'r a lygrwyt* 102; *o'r a oed o perchen geuel a mwrthwl* 164-5; *a phawb o'r a'e guelei* 330; *oc a glywssynt o gerd* 399. Defnyddir y rhagenwau dangosol *yr hwnn, yr honn, yr hynn,* yn achlysurol fel rhagflaenyddion: *yr honn a uu tryded anuat paluawt* 445. Ni fynegir rhagflaenydd cymal perthynol bob tro: *Ac nyt oes it a wnelych namyn ...* 77; *Ac a del yma o Gymry* 207; *a uo penn bit pont* 272; *a welei ohonunt* 377.

Defnyddir y geiryn *y(d)/ yr* mewn cymalau perthynol afrywiog: perthynol dan reolaeth arddodiad – *Nyt oed long y kynghanei ef yndi* 257; *ty y ganhei yndaw* 297-8; *Gwna ty ... y ganho ef a gwyr Ynys y Kedyrn yn y neillparth y'r ty, a thitheu a'th lu yn y parth arall* 294-6, lle ailadroddir y rhagflaenydd *ty* yn lle'r arddodiad personol *(neillparth) ydaw.* Rhaid deall yr enghraifft ganlynol hefyd fel cymal perthynol dan reolaeth arddodiad lle hepgorwyd yr arddodiad: *Ysbydawt Uranwen a Matholwch oed yr honn yd aethpwyt e Iwerdon* 417-8; gw. *Nodiadau* a GMW §70 N.1; perthynol adferfol – *o'r lle yd oed ar garrec* 27; *a pha achaws yd oed yn mynet* 83; *parth a'r lle yd oed Uendigeituran* 96-7; *ar y llun y mynho e hun* 108-9; *Pa delw ... yd erbynneist [t]i wynteu* 177-8; *y uann y bythont* 180; *Ac yn y lle y mynnych ditheu* 282; *ford y buassei yr aeruaeu* 442.

Defnyddir *ni(t) / ny(t)* i gyflwyno cymal perthynol negyddol: *Ny doey wr mawr ..... ni rodei hi ae cae, ae modrwy ... ydaw* 188-90; *peth ny chauas eiryoet* 297; *yn y lle ny welsam eiryoet un prenn* 244-5; *y drws ny dylywn ni y agori* 407-8.

Enwol – Mewn cymalau enwol, defnyddir y berfenw *bot* ei hun yn lle presennol neu amherffaith y ferf *bot*: *A phan welsant uot yn well udunt* 54; *sef kynghor a uedylyssant ... bot yn tebygach ganthunt* 112-13; *A medylyaw a wnaeth bot yn athrist gan yr unben* 121-2; *y uot yn gystal ac y bu oreu* 128-9; *A phan welsant uot yn llessach udunt* 182; *guae ui uy mot yn achaws* 353; *a'y uot yn urenhin* 385. Pan fo'r ferf gryno yn y presennol/dyfodol, neu'r amherffaith/amodol, defnyddir y geiryn *y(d) / yr* o flaen y ferf i gyflwyno'r cymal enwol, er nad oes enghraifft o hyn yn y testun. Serch hynny, mae enghraifft o ddefnyddio cystrawen prif gymal i fynegi geiriau a lefarwyd: *a mynegwch idaw, ef a geif march iach am bob un o'r a lygrwyt* 102. Pan fo'r ferf yn yr amser gorffennol ac yn ferf gyflawn, defnyddir y berfenw wedi'i ddilyn gan y goddrych, os yw'n enw, neu wedi'i ragflaenu gan ragenw blaen, os yw'n rhagenw personol: *A phan wybuwyt eu medwi wynteu* 167. Mae dwy enghraifft o ferf anghyflawn yn yr amser gorffennol lle na fynegir y goddrych o gwbl gyda'r canlyniad bod y berfenw'n ymddangos fel petai'n cael ei ddefnyddio'n oddefol: *dywedut anfuruaw y ueirch ac eu llygru* 71-2; *ac adnabot meithryn yr ederyn yg kyuanned* 216-7. Cyflwynir brawddegau cypladol gan *y mae*, 'mai' bellach: *menegwch ydaw ... ac y may brawt un uam a mi a wnaeth hynny* 105-7; neu gan *pan yw*: *menegwch ydaw pa ryw wr a wnaeth hynny a phan yw o'm anuod inheu y gwnaethpwyt hynny* 105-6. Cyflwynir cymalau enwol negyddol gan *na(t)* wedi'i ddilyn gan y ferf: *diheu oed ganthunt na welsynt* 19; *ac ni wn na bo yno y caffo* 137; *ac yn mynegi o'e uod na haedei arnaw ef namyn da* 278-9. Defnyddir *nat* mewn cymal cypladol negyddol: *A ryued oed genhyf nat kyn rodi morwyn gystal a honno ym y gwneit y gwaradwyd* 89-90.

Adferfol – Ceir nifer o enghreifftiau o gymalau adferfol yn y testun. Defnyddir amryw gysyllteiriau i gyflwyno'r rhain; fe'u dilynir naill ai yn uniongyrchol gan y ferf, neu gan *y(d)* wedi'i ddilyn gan ferf. Mae ambell gysylltair hefyd yn defnyddio cystrawen ferfenwol. Defnyddir *na(t)* wedi'i ddilyn gan ferf i fynegi'r negyddol.

(i) Addefiad:

'er' – *A chyt bo gwaradwyd gennyt ti hynny* 92-3;

'er; pe' – *a chyt bei yno y kyuarffei ac wynt* 424-5.

'er na' – *Kyn ny bwyf Arglwydes* 252; *Kyn ny bei urenhin ar Iwerdon* 333.

(ii) Amser:

'cyn gynteg â/ag' – *gyt ac y kyuodes ef* 276; *Ac yn gyn ebrwydet ac yd eistedyssant* 326; *Ac [y gyt ac] y dechreuyssant wynteu uwyta ac yuet* 397.

'hyd oni; nes' – *yny doethant hyt yn Aberfraw* 47-8; *yny uu gwbyl idaw y dal* 133; *yny uyd y ty yn burwen* 170; *yny glyw y uyssed* 311-12; *yny gauas y benn* 317-8; *yny ytoedynt yn gyuoethawc* 442-3; *hyt ban del amgen* 285; *hyt ban gauas y benn* 311; *hyt ban uuant weisson mawr* 437.

'pan' –; *A phan darllewyt y llythyr* 218; *A fan welas Uranwen y mab* 339; *pan welas Efnissyen y calaned* 351; *ban uu arnaf i* 368.

'tra' – *tra barhawd meirych dof* 131-32; *tra uu da ganthunt* 181; *tra uei y penn yn y cud hwnnw* 430-1; *Ac yn yd aeth pawb ym pen yr arueu* 345-46.

'fel y(r)' – *ual yd oedynt yn eisted yuelly* 12; *Val y bydant y kerdet* 382.

'wedi' - *Gwedy guelet y llongeu o agos* 18-9; *a gwedy bot y barawt yr ystauell* 163-64; *A guedy treulaw yr amseroyd dylyedus* 193-94; *gwedy bei yn dryllyaw kic* 203; *Ac yna guedy gorwed ohonaw ef ar traws yr auon* 274; *guedy daruot y tangneued* 328.

(iii) Canlyniad:

'fel y(r)' – *ual yd ymglywynt ymdidan* 25; *ual y bydynt gadarnach* 36-7.

'fel na(d)' – *ual nat el neb y Gymry* 206-7; *hyd nat oed rym a ellit a'r meirych* 70; *hyt nat oed un mwynyant a ellit ohonunt* 72-3; *hyt nat oed lonyd idaw* 201; *hyt nat edewis ef wr byw* 315; *hyt na wybuant wy eiryoet dwyn yspeit digriuach* 411-12.

(iv) Dull:

'fel y(r)' – *mal y gwedei ynghylch brenhin* 6; *ual y dechreuyssant eisted ar dechreu y wled* 117-8; *ual y guascassei benneu y rei ereill* 318;

(v) Lle:

'lle y' – *[y]n y caei graf ar yr amranneu* 68.

(vi) Rheswm:

'oherwydd; am' – *herwyd ymlad* 162; *am welet y cledyf yn llad y wyr* 389.

'gan na' – *am ... na wydat pwy a'e lladei* 389-90; *cany doey ormes byth drwy uor y'r ynys honn* 430.

Amodol – Mae dau fath o gymal amodol:

(i) Cyflwynir amodau real gan y cysylltair amodol *o(t)* neu *os:* ceir y ffurf *o* wedi'i dilyn gan y treiglad llaes o flaen berf sydd yn cychwyn â chytsain; cymh. *o dowch yn ehegyr* 288. Ceir y ffurf *ot* o flaen berf sydd yn cychwyn â llafariad: *ac ot oed uawr ef* 147. Ceir y ffurf *os,* sy'n cynnwys y cysylltair ynghyd â'r cyplad *ys,* pan ddigwydd o flaen enw, berfenw, rhagenw, neu ansoddair; cymh. *os da genhyt ti* 35*; os uy gwaradwydaw a uynhynt* 75; *os gwrthot hynny a wnelynt* 113; *os yr bychanet genhyt ti dy iawn* 124/5; gw. hefyd GMW §272 (a). Defnyddir y cysylltair *ony(t)* wedi'i ddilyn gan ferf i fynegi amod negyddol, 'os na(d)': *ony wdost [t]i dim y wrth hynny* 141-2; *ony allaf i ue hun cael y urenhinaeth* 284; *ony cheissaf i waret rac hynn* 354; *onyt agoraf y drws* 420. Ceir *onyt* gyda'r cyplad: *onyt y neges a geif* 33; *onyt goresgyn o Gaswallawn uab Beli Ynys y Kedyrn* 384-5. Cynnwys yr enghraifft nesaf ffurf y rhangenw mewnol gwrthrychol yn y 3ydd unigol gwrywaidd: *onys gwyr Branwen* 250.

(ii) Cyflwynir cymal amodol afreal fel arfer gan *pei* neu *bei* a ddilynir gan ffurf gorffennol dibynnol y ferf. Cynnwys yr unig enghraifft o'r cysylltair hwn a geir yn *Bendigeiduran* ffurf lafarog ar y rhagenw mewnol gwrthrychol gwrywaidd, sef *ys: pei ys gwypwn* 84. Yn y negydd ceir *ony(t): ony chaei dial y sarahet* 201.

17. Y DEFNYDD O'R MODD DIBYNNOL YN *BENDIGEIDURAN UAB LLYR*

Ceir nifer o enghreifftiau o'r modd dibynnol yn y testun. Gellir crynhoi'r defnydd o'r dibynnol fel a ganlyn:

(i) Mewn prif gymalau, fe'i defnyddir i fynegi dymuniadau a llwon: *Duw a rodo da ywch* 27-8; *Duw a dalo yt* 126*; henpych guell* 242; *Duw a rodo da ywch* 242.

(ii) Mewn is-gymalau adferfol, fe'i defnyddir ar ôl nifer o gysyllteiriau yn enwedig wrth gyfeirio at weithred amhendant yn y dyfodol:

kyt, 'er': *A chyt bo gwaradwyd gennyt ti hynny* 92-3.

kyt, 'pe': *a chyt bei yno y kyuarffei ac wynt* 424-5.

kyn ny 'er na(d)': *Kyn ny bei urenhin ar Iwerdon* 333.

ual y, 'fel y': *ual y bydynt gadarnach* 36-7.

ual na(t) 'fel na(d)': *ual nat el neb y Gymry* 206-7.

gwedy, 'ar ôl': *gwedy bei yn dryllyaw kic* 203.

o'r pan, 'o'r amser y; pan': *o'r pan agoroch y drws hwnnw* 371

os, ' os' *os gwrthot hynny a wnelynt* 113.

pei, 'pe': *pei ys gwypwn* 84.

tra, 'tra': *tra uei y penn yn y cud hwnnw* 430-1.

yny, hyt ban 'hyd oni; nes': *yny uei yn llawn* 349; *yny agoroch y drws* 369; *hyt ban del amgen* 285.

(iii) Mewn is-gymalau perthynol amhendant: *y gwneit y gwaradwyd a wnelit ym* 90; *llathen aryant a uo kyuref [a'e uys bychan] a chyhyt ac ef e hun* 103-4; *ar y llun y mynho e hun* 108-9; *cael kywilid a uei uwy no chael iawn a uei uwy* 114; *y gwr a lader hediw yt* 128; *a'r mab a aner yna* 151-2; *y uann y bythont* 180; *noc eisted a wei hwy* 183; *a uei arbennic y welet* 190; *a uo penn bit pont* 272; *yn y lle y mynnych ditheu* 282; *yr atteb goreu a gaffom ninheu* 286; *kyweira attep a uo gwell* 290; *ty y ganhei yndaw* 297-8; *Gwna ty,' heb wy, 'o'y anryded ef, y ganho ef a gwyr Ynys y Kedyrn yn y neillparth y'r ty* 294-5;

(iv) Mewn is-gymal negyddol sy'n dibynnu ar brif gymal negyddol: *nyt oes it a wnelych* 77; *ni wn na bo yno y caffo* 137; *nyt oes neb yma a wypo dim y wrth hynny* 249-50.

Dull y Golygu

Seilir y testun a olygwyd yma ar Lyfr Gwyn Rhydderch (W) a dangosir rhif colofnau'r llawysgrif honno yng nghorff y testun. Cysonwyd y priflythrennu a'r atalnodi yn ôl y defnydd heddiw. O ran y paragraffu, dilynwyd y gynsail a osodwyd gan Ifor Williams yn *Pedeir Keinc y Mabinogi*, a gadawyd bwlch rhwng y paragraffau er eglurder. Yn y troednodion ceir y prif ddarlleniadau amrywiol o Lyfr Coch Hergest (R) a hynny dim ond pan fyddant o arwyddocâd testunol, gramadegol neu gystrawennol. Ni chynhwysir amrywiadau pan na fyddant ond yn fater o ddynodi treiglad neu'n fater o amrywiad orgraffyddol heb arwyddocâd dyfnach. Argraffwyd y dernyn o destun *Bendigeiduran Uab Llyr* a gadwyd yn Peniarth 6 (P) yn yr Atodiad gan fod y testun hwnnw ganrif yn gynharach na thestun y Llyfr Gwyn. Gwnaed hyn yn bennaf rhag ofn bod gan y darllenydd, o bosibl, ddiddordeb arbennig yn orgraff ac iaith testun Peniarth 6. Gwelir ambell groesgyfeiriad rhwng testun Peniarth 6 a thestun y Llyfr Gwyn (a'r Llyfr Coch) yn y troednodion.

Yn achlysurol, ychwanegwyd geiriau neu ymadroddion rhwng bachau petryal at y testun er mwyn hwyluso'r darllen a'r deall. Gwneir hyn, lle bo modd, ar sail darlleniad y Llyfr Coch. Oni nodir yn wahanol, at y darlleniadau amrywiol yn y Llyfr Coch y cyfeiria'r troednodion, gyda'r symbol + yn dynodi ychwanegu, a'r symbol – yn dynodi hepgor.

Yn fwy penodol, noder y pwyntiau canlynol:

(a) Er mwyn hwylustod, rhannwyd terfyniad berfol neu derfyniad arddodiad personol oddi wrth y rhagenwau personol atodol er yr ymddangosant fel un gair yn y llawysgrif, e.e. 141-42 *wdost [t]i; 178 erbynneist [t]i.* Ni nodir hyn yn y troednodion.

(b) Argraffwyd yr arddodiad, yr adferf a'r y cysylltair *y gyt (a)* yn gyson fel geiriau gwahanol, e.e. 4 *y gyt ac ef;* (gw. hefyd 103, 139, 268, 387); 36 *y gyt* (gw. hefyd 135, 220, 261); 397-8 *Ac [y gyt ac] y dechreuyssant wynteu uwyta ac yuet.*

(c) Rhannwyd yr arddodiad *yn* 'yn' oddi wrth yr enw a'i dilyn, e.e. 171 *ymherued > y[m] mherued.* Ni nodir hyn yn y troednodion.

(ch) Rhannwyd y rhagenw blaen, 1af unigol *uy/uyg* oddi wrth yr enw a'i dilyn, e.e. 65 *uyghanyat i > uy[g] ghanyat i.* Gwnaed yr un peth yn achos yr arddodiad *yn:* 265 *ygwaelawt > y[g] gwaelawt;* 368 *yguales > y[g] Guales;* 380 *yglan alaw > y[g] glan Alaw,* ac yn achos y ddwy enghraifft ganlynol: 221 *degwlat > deg [g]wlat;* 446-7 *decwlat > dec [g]wlat;* Ni nodir hyn yn y troednodion.

(d) Pan geir llythyren (neu air cyfan) wedi'i (h)ychwanegu gan yr ysgrifydd at destun y Llyfr Gwyn, nodir hyn yn y troednodion, e.e. 237 $^{o\ gerd}$; 271 *hi^{t}heu > hitheu;* 397 *o ^{u}wyt > o uwyt.*

BYRFODDAU

AH	Rachel Bromwich a R. Brinley Jones (gol.), *Astudiaethau ar yr Hengerdd*, Caerdydd, 1978.
B	*Bulletin of the Board of Celtic Studies*, 1921–
BDLl	Proinsias Mac Cana, *Branwen Daughter of Llŷr*, Cardiff, 1958.
BMW	Brynley F. Roberts (gol.), *Breudwyt Maxen Wledic*, Dublin, 2005.
BRh	Melville Richards (gol.), *Breudwyt Ronabwy*, Caerdydd, 1948.
BT	J. Gwenogvryn Evans (gol.), *Facsimile and Text of the Book of Taliesin*, Llanbedrog, 1910.
BTy	Thomas Jones (gol.), *Brut y Tywyssogyon ... Red Book of Hergest Version*, Cardiff, 1955.
BUL	Derick S. Thomson (gol.), *Branwen Uerch Lyr*, Dublin, 1961.
CA	Ifor Williams (gol.), *Canu Areirin*, Caerdydd, 1938.
CBT	Cyfres Beirdd y Tywysogion, I–VII, Caerdydd, 1991–1996.
CBT I	J. E. Caerwyn Williams, gyda Peredur I. Lynch, (gol.), *Gwaith Meilyr Brydydd a'i Ddisgynyddion*, Caerdydd, 1994.
CBT III	Nerys Ann Jones; Ann Parry Owen, (gol.), *Gwaith Cynddelw Brydydd Mawr I*, Caerdydd, 1991.
CBT IV	Nerys Ann Jones; Ann Parry Owen, (gol.), *Gwaith Cynddelw Brydydd Mawr II*, Caerdydd, 1995.
CBT V	Elin M. Jones, gyda Nerys Ann Jones, (gol.), *Gwaith Llywarch ap Llywelyn, 'Prydydd y Moch'*, Caerdydd, 1991.
CBT VI	N. G. Costigan (Bosco); R. Geraint Gruffydd, Nerys Ann Jones, Peredur I. Lynch, Catherine McKenna, Morfydd E. Owen a Gruffydd Aled Williams, (gol.), *Gwaith Dafydd Benfras ac Eraill o Feirdd Hanner Cyntaf y Drydedd Ganrif ar Ddeg*, Caerdydd, 1995.
CBT VII	Rhian M. Andrews; N. G. Costigan (Bosco); Christine James; Peredur I. Lynch; Catherine McKenna; Morfydd E. Owen; Brynley F. Roberts (gol.), *Gwaith Bleddyn Fardd a Beirdd Eraill Ail Hanner y Drydedd Ganrif ar Ddeg*, Caerdydd, 1996.
CLlaLl	Brynley F. Roberts (gol.), *Cyfranc Llud a Llefelys*, Dublin, 1975.
CLlH	Ifor Williams (gol.), *Canu Llywarch Hen*, Caerdydd, 1935, 1953.

CMCS   *Cambridge Medieval Celtic Studies*, 1981–1993; *Cambrian Medieval Celtic Studies*, 1993–.

CO   Rachel Bromwich a D. Simon Evans (gol.), *Culhwch ac Olwen*, Caerdydd, 1992.

CSANA   Celtic Studies Association of North America.

CT   Ifor Williams (gol.), *Canu Taliesin*, Caerdydd, 1960.

CyC   Sioned Davies, *Crefft y Cyfarwydd*, Caerdydd, 1995.

CyT   Iestyn Daniel, Marged Haycock, Dafydd Johnston, Jenny Rowland (gol.) *Cyfoeth y Testun: Ysgrifau ar Lenyddiaeth Gymraeg yr Oesoedd Canol*, Caerdydd, 2003.

EC   *Etudes Celtiques*

EIMS   Jeffrey Gantz (cyf.), *Early Irish Myths and Sagas*, Harmondsworth, 1981.

EWGT   P. C. Bartrum (gol.), *Early Welsh Genealogical Tracts*, Cardiff, 1966.

EWSP   Jenny Rowland, *Early Welsh Saga Poetry*, Cambridge, 1990.

FAB   William F. Skene, *The Four Ancient Books of Wales*, Edinburgh, 1863.

GDabID   A. Eleri Davies (gol.), *Gwaith Deio ab Ieuan Du a Gwilym ab Ieuan Hen*, Caerdydd, 1992.

GDE   Owen Thomas (gol.), *Gwaith Dafydd Epynt*, Aberystwyth, 2002.

GDG   Thomas Parry (gol.), *Gwaith Dafydd ap Gwilym*, Caerdydd, 1952.

GDID   A. Eleri Davies (gol.), *Gwaith Deio ab Ieuan Du a Gwilym ab Ieuan Hen*, Caerdydd, 1992.

GDLl   Leslie Richards (gol.), *Gwaith Dafydd Llwyd o Fathafarn*, Caerdydd, 1964.

Gereint   Robert L. Thomson (gol.), *Ystorya Gereint Uab Erbin*, Dublin, 1997.

GGl   Ifor Williams (gol.), *Gwaith Guto'r Glyn*, Caerdydd, 1939.

GIapLlF   M. Paul Bryant-Quinn (gol.), *Gwaith Ieuan ap Llywelyn Fychan, Ieuan Llwyd Brydydd a Lewys Aled*, Aberystwyth, 2003.

GGMD I   Barry J. Lewis (gol.), *Gwaith Gruffudd ap Maredudd*, cyfrol I, Aberystwyth, 2003.

GGMD III   Ann Parry Owen (gol.), *Gwaith Gruffudd ap Maredudd*, cyfrol III, Aberystwyth, 2007.

GIF   Howell Ll. Jones ac E. I. Rowlands (gol.), *Gwaith Iorwerth Fynglwyd*, Caerdydd, 1975.

GIG   D. R. Johnston (gol.), *Gwaith Iolo Goch*, Caerdydd, 1988.

GGLl   Rhiannon Ifans (gol.), *Gwaith Gruffudd Llwyd a'r*

Llygliwiaid Eraill, Aberystwyth, 2000.

GLGC	Dafydd Johnston (gol.), *Gwaith Lewys Glyn Cothi*, Caerdydd, 1995.
GLM	Eurys I. Rowlands (gol.), *Gwaith Lewys Môn*, Caerdydd, 1975.
GLMorg	Cynfael Lake (gol.), *Gwaith Lewys Morgannwg* I a II, Aberystwyth, 2004.
GMW	D. Simon Evans, *A Grammar of Middle Welsh*, Dublin, 1964.
GMRh	Enid Roberts (gol.), *Gwaith Maredudd ap Rhys a'i gyfoedion*, Aberystwyth, 2003.
GPC	*Geiriadur Prifysgol Cymru*, Caerdydd, 1950–
GRhCE	Dylan Foster Evans (gol.), *Gwaith Rhys Coch Eryri*, Aberystwyth, 2007.
GSC	A. Cynfael Lake (gol.), *Gwaith Siôn Ceri*, Aberystwyth, 1996.
GST	Enid Roberts (gol.), *Gwaith Siôn Tudur*, Caerdydd, 1980.
GTA	T. Gwynn Jones (gol.), *Gwaith Tudur Aled* (dwy gyfrol), Caerdydd, 1926.
GTP	Thomas Roberts (gol.), *Gwaith Tudur Penllyn*, Caerdydd, 1958.
HDdL	Dafydd Jenkins (cyf.), *The Law of Hywel Dda: Law Texts from Medieval Wales*, Llandysul, 1986.
HC	John Davies, *Hanes Cymru*, Harmondsworth, 1990.
HGK	D. Simon Evans (gol.), *Historia Gruffud Vab Kenan,* Caerdydd 1977.
HKB	Lewis Thorpe (cyf.), *Geoffrey of Monmouth: The History of the Kings of Britain*, Harmondsworth, 1966.
HW	John Edward Lloyd, *A History of Wales* (dwy gyfrol), London, 1911.
IIMWL	Patrick Sims-Williams, *Irish Influence on Medieval Welsh Literature*, Oxford, 2011.
Ior.	Aled Rhys Wiliam (gol.), *Llyfr Iorwerth*, Caerdydd, 1960
LlCH	Llyfr Coch Hergest
LlCy	Llên Cymru, 1950–
LlDC	A. O. H. Jarman (gol.), *Llyfr Du Caerfyrddin*, Caerdydd, 1982.
LlGRh	Llyfr Gwyn Rhydderch
LPBT	Marged Haycock (gol. a chyf.), *Legendary Poems from the Book of Taliesin*, Aberystwyth 2007.
LU	R. I. Best, Osborn Bergin (gol.), *Lebor na hUidre: Book of the Dun Cow*, Dublin, 1970.
MC	*Meistri'r Canrifoedd: ysgrifau ar hanes llenyddiaeth*

	Gymraeg, gan Saunders Lewis, wedi'u dethol a'u golygu gan R. Geraint Gruffydd, Caerdydd, 1973.
MULl	Ian Hughes (gol.), *Manawydan Uab Llyr*, Caerdydd, 2007.
MUM	Ian Hughes (gol.), *Math Uab Mathonwy*, Dublin, 2013.
MVM	W. J. Gruffydd, *Math Vab Mathonwy*, Cardiff, 1928.
MWM	Daniel Huws, *Medieval Welsh Manuscripts*, Cardiff, 2000.
Myv.	Owen Jones, Edward Williams, and William Owen, *Myvyrian Archaiology of Wales*, London, 1801.
NLWJ	*National Library of Wales Journal*, 1939-
Owein	R. L. Thomson (gol.), *Owein or Chwedyl Iarlles y Ffynnawn*, Dublin, 1968.
Peredur	Glenys Witchard Goetinck (gol.), *Historia Peredur vab Efrawc*, Caerdydd, 1976.
PBA	*Proceedings of the British Academy.*
PBT	Marge Haycock (gol.), *Prophecies from the Book of Taliesin*, Aberystwyth, 2013.
PWDN	Thomas Roberts (gol.), Ifor Williams (diw.), *The Poetical Works of Dafydd Nanmor*, Cardiff, 1923.
PKM	Ifor Williams (gol.), *Pedeir Keinc y Mabinogi*, Caerdydd, 1930.
PKyM	Sioned Davies, *Pedeir Keinc y Mabinogi*, Caernarfon, 1989.
PPD	R. L. Thomson (gol.), *Pwyll Pedeuic Dyuet*, Dublin, 1957.
R	Red Book of Hergest.
RWM	J. Gwenogvryn Evans (gol.), *Reports on Manuscripts in the Welsh Language*, Historical MSS Commission, London, 1898–1910.
SC	*Studia Celtica*, 1966–
SEBH	H. M. Chadwick, Nora K. Chadwick, Kenneth Jackson, Rachel Bromwich, Peter Hunter Blair, Owen Chadwick, *Studies in Early British History*, Cambridge, 1954.
SMWL	Brynley F. Roberts, *Studies on Medieval Welsh Literature*, Lewiston, Queenston, Lampeter, 1992.
TBC[1]	Cecile O'Rahilly (gol.), *Táin Bó Cúailnge: Recension 1*, Dublin, 1976.
THSC	*Transactions of the Honourable Society of the Cymmrodorion*, 1892/3–
TYP	Rachel Bromwich, *Trioedd Ynys Prydein*, (3ydd arg.) Cardiff, 2006.
Uppsala	*Proceedings of the Seventh Symposium of Societas Celtologica Nordica*, Uppsala, 2007.
W	White Book of Rhydderch.
WATU	Melville Richards, *Welsh Administrative and Territorial Units*, Cardiff, 1969.

WKC   T. M. Charles-Edwards, Morfydd E. Owen a Paul Russell
           (gol.), *The Welsh King and his Court*, Cardiff, 2000.
YB   *Ysgrifau Beirniadol*, 1965–
YBG   Dafydd Glyn Jones, *Y Bedwaredd Gainc*, Pen-y-groes,
           1987.
ZCP   *Zeitschrift für celtische Philologie*, 1896–
150 Jahre   *150 Jahre "Mabinogion" – Deutsch-walisische Kultur-*
"Mabinogion"   *beziehungen*, Tübingen, 2001.

MAP 1 - Cymru

CWMWD TALYBOLION

Bedd Branwen

Aber Alaw

Aberffraw

Caerfallwch

Caer Saint

ABERMENAI yn Arfon

Gorsedd Brân

Gwynfryn

Llyn Brân

Bryn Saith Marchog   Dinas Brân

Gwyddelwern

Harlech   ARDUDWY   EDEIRNION

Cadair Bronwen

Nant
Myniawyd ?

PEBIDIOG

GWALES   RHOS

PENFRO

ABER HENFELEN

MAP 2 - Iwerddon

Ulster

Loch Erne Isaf

Devenish

Loch Erne Uchaf

Afon Erne

Connacht

Afon Shannon

(Meath)

Leinster

Dulyn

Afon Liffey

Munster

*BENDIGEIDURAN UAB LLYR**

Bendigeiduran uab Llyr a oed urenhin coronawc ar yr ynys hon ac
ardyrchawc o goron Lundein. A frynhawngueith yd oed yn Hardlech
yn Ardudwy yn llys idaw. Ac yn eisted yd oedynt ar garrec
Hardlech uch penn y weilgi a Manawydan uab Llyr y urawt y gyt ac
5   ef, a deu uroder un uam ac ef, Nissyen ac Efnyssyen, a guyrda y am
hynny mal y gwedei ynghylch brenhin. Y deu uroder un uam ac ef,
meibon oedynt y Eurosswyd o'e uam ynteu Penardun uerch Ueli uab
Mynogan. A'r neill o'r gueisson hynny, gwas da oed; ef a barei
tangneued y rwg y deu lu ban uydynt lidyawcaf; sef oed hwnnw
10 Nissyen. Y llall a barei ymlad y[1] rwng y deu uroder ban uei uwyaf
yd ymgerynt.

Ac ual yd oedynt yn eisted yuelly,[2] wynt a welynt teir llong ar dec,
yn dyuot o deheu Iwerdon ac yn kyrchu parth ac attunt [39] a
cherdet rugyl ebrwyd ganthunt, y gwynt yn eu hol ac yn[3] nessau yn
15 ebrwyd attunt. 'Mi a welaf longeu racco,' heb y brenhin, 'ac yn
dyuot yn hy[4] parth a'r tir. Ac erchwch y wyr y llys wiscaw
amdanunt a mynet y edrych pa uedwl yw yr eidunt.' Y gwyr a
wiscawd[5] amdanunt ac a nessayssant attunt y wayret. Gwedy guelet
y llongeu o agos, diheu oed ganthunt na welsynt eiryoet[6] llongeu
20 gyweirach eu hansawd noc wy.[7] Arwydon tec, guedus, arwreid[8] o
bali oed[9] arnunt.

Ac ar hynny, nachaf un o'r llongeu yn raculaenu rac y rei ereill, ac
y guelynt dyrchauael taryan, yn uch no bwrd y llong, a swch y
taryan y uynyd yn arwyd tangneued. Ac y nessawys y gwyr attunt,
25 ual yd ymglywynt ymdidan. Bwrw badeu allan a wnaethont wynteu,
a nessau parth a'r tir, a chyuarch guell y'r brenhin. E brenhin a'e
clywei wynteu o'r lle yd oed ar garrec uchel uch eu penn, 'Duw a
rodo da ywch,' heb ef, 'a grayssaw wrthywch. Pieu yniuer y
llongeu[10] hynn, a phwy yssyd pennaf arnunt wy?' 'Arglwyd,' heb
30 wynt, 'mae[11] ymma Matholwch brenhin Iwerdon, ac ef bieu y
llongeu.' 'Beth,' heb y brenhin, 'a uynnhei ef? A uyn ef dyuot y'r
tir?' 'Na uynn, Arglwyd,' heb wynt, 'negessawl [40] yw wrthyt ti,
onyt y neges a geif.' 'By ryw neges yw yr eidaw ef?' heb y brenhin.
'Mynnu ymgyuathrachu a thidy, Arglwyd,' heb wynt. 'Y erchi
35 Branwen uerch Lyr y doeth,[12] ac os da genhyt ti, ef a uyn
ymrwymaw Ynys y Kedeirn ac Iwerdon y gyt, ual y bydynt
gadarnach.' 'Ie,' heb ynteu, 'doet y'r tir a chynghor a gymerwn

---

*Ni cheir y teitl hwn yn W nac yn R, er y ceir y cofnod canlynol ar ddechrau R: *llyma
yr eil geinc or mabinogi* [1] – *y* [2] *uelly* [3] + *eu* [4] *yn ebrwyd* [5] *wiscwys* [6] – *eiryoet*
[7] *wynt* [8] – *arwreid* [9] *a oed* [10] *y niuer llongeu* [11] *y mae* [12] + *ef*

ninheu am hynny.' Yr atteb hwnnw a aeth ataw ef. 'Minheu a af yn
llawen,' heb ef. Ef a doeth y'r tir a llawen uuwyt wrthaw; a dygyuor
40 mawr uu[13] yn y llys y nos honno y rwng e yniuer[14] ef ac yniuer[14] y
llys.

Yn y lle trannoeth, kymryt kynghor. Sef a gahat yn y kynghor,[15]
rodi Branwen y Uatholwch. A honno oed tryded prif rieni yn yr ynys
hon; teccaf morwyn yn y byt oed. A gwneuthur oed yn Aberfraw
45 y gyscu genti ac odyno y kychwyn.[16] Ac y kychwynassant yr
yniueroed[14] hynny parth ac[17] Aberfraw, Matholwch a'y yniueroed[14]
yn y llongheu, Bendigeituran a'y niuer[14] ynteu ar tir, yny doethant
hyt yn Aberfraw. Yn Aberfraw dechreu y wled ac eisted. Sef ual yd
eistedyssant, brenhin Ynys y Kedeirn[18] a Manawydan uab Llyr o'r
50 neillparth idaw[19] a Matholwch o'r parth arall a Branwen uerch Lyr
gyt ac ynteu. Nyt ymywn ty yd oydynt namyn ymywn palleu.
Ny angassei[20] Uendigeituran eiryoet ymywn[21] ty.

[41] A'r gyuedach a dechreussant. Dilit y gyuedach a wnaethant
ac ymdidan. A phan welsant uot yn well udunt kymryt hun no dilyt
55 kyuedach, y gyscu yd aethant. A'r nos honno y kyscwys Matholwch
gan Uranwen.[22] A thrannoeth, kyuodi a orugant pawb o niuer y llys;
a'r swydwyr a dechreusant ymaruar am rannyat y meirych a'r
gweisson. Ac eu rannu a wnaethant ym pob kyueir hyt y mor. Ac
ar hynny dydgueith, nachaf Efnyssen [y][23] gwr anagneuedus a
60 dywedassam[24] uchot yn dywanu y lety meirch Matholwch a gouyn
a wnaeth pioed y meirch. 'Meirych Matholwch brenhin Iwerdon yw
y rei hyn,' heb wy. 'Beth a wnant wy yna?'[25] heb ef. 'Yma y mae
brenhin Iwerdon ac yr gyscwys gan Uranwen dy chwaer[26] a'y
ueirych yw y rei hynn.' 'Ay yuelly[27] y gwnaethant wy am uorwyn
65 kystal a honno ac yn chwaer y minheu, y rodi heb uy[g] ghanyat i?
Ny ellynt wy tremic uwy arnaf i,'[28] heb ef. Ac yn hynny guan y dan
y meirych a thorri y guefleu wrth y danned udunt a'r clusteu wrth y
penneu, a'r rawn wrth y keuyn; ac [y]n y caei graf[29] ar yr amranneu,
eu llad[30] wrth yr ascwrn. A gwneuthur anfuryf ar y meirych yuelly,[27]
70 hyd nat oed rym a ellit a'r meirych.

E chwedyl a doeth at Uatholwch. Sef ual y doeth, dywedut [42]
anfuruaw y ueirych ac eu llygru, hyt nat oed un mwynyant a ellit
ohonunt. 'Ie, Arglwyd,' heb un,[31] 'dy waradwydaw yr[32] a
wnaethpwyt, a hynny a uynhir y wneuthur a thi.'[33] 'Dioer, eres[34]
75 genhyf, os uy gwaradwydaw a uynhynt, rodi morwyn gystal, kyuurd,

---

[13] a vu [14] niueroed [15] + hwnnw [16] y gychwynnu [17] + ac [18] kedyrn [19] − idaw
[20] nyt eyngassei [21] mywn [22] a Brannwen y gyt [23] W − y [24] + ni [25] yma [26] W chʷaer
R whaer [27] uelly [28] + no hwnnw [29] ar ny chaei graf [30] y lladei [31] heb yr un [32] − yr [33] ytti
[34] + yw

gyn anwylet gan y chenedyl ac a rodyssant ym.' 'Arglwyd,' heb un
arall, 'ti a wely [y] dangos[35] ef. Ac nyt oes it a wnelych namyn
kyrchu dy longeu.' Ac ar hynny arouun y longeu a wnaeth ef.

80 E chwedyl a doeth at Uendigeituran, bot Matholwch yn adaw y
llys, heb ouyn, heb ganhyat.[36] A chenadeu a aeth y ouyn idaw,
paham oed hynny. Sef kennadeu a aeth, Idic uab Anarawc, ac Eueyd
Hir. Y guyr hynny a'y godiwawd,[37] ac a ouynyssant idaw, pa darpar
oed yr eidaw, a pha achaws yd oed yn mynet e[38] ymdeith. 'Dioer,'
85 heb ynteu, 'pei ys gwypwn, ny down yma. Cwbyl waradwyd a
geueis. Ac ny duc neb kyrch waeth no'r dugum ymma.[39] A reuedawt
ry gyueryw[40] a mi.' 'Beth yw hynny?' heb wynt. 'Rodi Bronwen[41]
uerch Lyr ym, yn tryded prif rieni yr ynys honn, ac yn uerch y
urenhin Ynys y Kedeyrn,[42] a chyscu genthi, a gwedy hynny uy
90 gwaradwydaw. A ryued oed genhyf nat kyn rodi morwyn gystal a
honno ym y gwneit y [43] gwaradwyd a wnelit ym.' 'Dioer,
Arglwyd, nyt o uod y neb a uedei y llys,' heb wynt, 'na neb o'e
kynghor y gwnaet[h]pwyt y gwaradwyd hwnnw yt.[43] A chyt bo
gwaradwyd gennyt ti hynny, mwy yw gan Uendigeituran no chenyt
ti y tremic hwnnw a'r guare,' 'Ie,' heb ef, 'mi a tebygaf. Ac eissoes
95 ni eill ef uy niwaradwydaw i o hynny.'

E gwyr hynny a ymchwelwys[44] a'r atteb hwnnw parth a'r lle yd
oed Uendigeituran a menegi idaw yr atteb a diwedyssei[45]
Uatholwch. 'Ie', heb ynteu, 'nyt oes ymwaret e[46] uynet ef yn
anygneuedus ac nys gadwn.' 'Ie, Arglwyd', heb wy, 'anuon etwa
100 genhadeu yn y ol.' 'Anuonaf,' heb ef. 'Kyuodwch, Uanawydan uab
Llyr, ac Eueyd Hir, ac Unic Glew Yscwyd, ac ewch yn y ol,' heb ef,
'a menegwch idaw, ef a geif march iach am pob un o'r a lygrwyt; ac
y gyt a hynny, ef a geif yn wynepwerth idaw, llathen[47] aryant a uo
kyuref [a'e uys bychan][48] a chyhyt ac ef e hun, a chlawr eur kyflet
105 a'y wyneb; a menegwch ydaw pa ryw wr a wnaeth hynny a phan yw
o'm anuod inheu y gwnaethpwyt hynny; ac y may brawt un uam a
mi a wnaeth hynny, ac nat hawd genhyf i[49] na'e lad[50] na'e diuetha; a
doet y ymwelet a mi,' heb ef, 'a mi a wnaf y dangneued ar y llun
[44] y mynho e hun.'

110 E kennadeu a aethant ar ol Matholwch ac a uanagyssant idaw yr
ymadrawd hwnnw yn garedic ac ef a'e guerendewis.[51] 'A wyr,' heb
ef, 'ni gymerwn gynghor.' Ef a aeth yn y gynghor; sef kynghor a
uedylyssant, os gwrthot hynny a wnelynt, bot yn tebygach ganthunt
cael kywilid a uei uwy no chael iawn a uei uwy.[52] A disgynnu a

---

[35] W – y, R *wely dangos mae ef* [36] *heb ovyn kenyat* [37] *gordiwedawd* [38] – *e* [39] *noc a
dugum i yma* [40] *ry gynneryw* [41] *brannwen* [42] *kedyrn* [43] *ytti* [44] *ymchoelassant* [45] *rodassei*
[46] *oe* [47] *llatheu* [48] WR – *a'e uys bychan* [49] *ynheu* [50] + *ef* [51] *gwarandewis* [52] *gymeint*

115   wnaeth ar gymryt hynny. Ac y'r llys y deuthant yn dangneuedus.
A chyweiraw y pebylleu a'r palleu a wnaethant udunt ar ureint
kyweirdeb yneuad[53] a mynet y uwyta. Ac ual y dechreuyssant eisted
ar dechreu y wled yd eistedyssant yna.

A dechreu ymdidan a wnaeth Matholwch a Bendigeituran. Ac
120   nachaf yn ardiawc gan Uendigeituran yr[54] ymdidan, ac yn drist,[55] a
gaei gan Uatholwch, a'y lywenyt yn wastat kyn no hynny. A
medylyaw a wnaeth[56] bot yn athrist gan yr unben uychanet a gawssei
o iawn am y gam. 'A wr,' heb y Bendigeiduran, 'nit wyt gystal
ymdidanwr heno ac un nos. Ac os yr bychanet genhyt ti dy iawn, ti a
125   gehy ychwanegu yt wrth dy uynnu,[57] ac auory talu dy ueirch yt.'
'Arglwyd,' heb ef, 'Duw a dalo yt.' 'Mi a delediwaf dy iawn heuyt
yt,' heb y Bendigeituran. 'Mi a rodaf yt peir; a chynnedyf y peir yw,
[45] y gwr a lader hediw yt, y uwrw yn y peir, ac erbyn auory y uot
yn gystal ac y bu oreu, eithyr na byd llyueryd ganthaw.' A diolwch a
130   wnaeth ynteu hynny, a diruawr lywenyd a gymerth ynteu[58] o'r
achaws hwnnw. A thrannoeth y talwyt y ueirych idaw, tra barhawd
meirych dof. Ac odyna y kyrchwyt ac ef kymwt arall ac y talwyt
ebolyon ydaw yny uu gwbyl idaw y dal. Ac wrth hynny y dodet ar y
kymwt hwnnw o hynny allan Talebolyon.

135   A'r eil nos eisted y gyt a wnaethant. 'Arglwyd' heb y Matholwch
'pan doeth yti y peir a rodeist ymi?' 'E[59] doeth im,' heb ef, 'y gan wr
a uu y'th wlat ti ac ni wn na bo yno y caffo.' 'Pwy oed hwnnw?' heb
ef. 'Llassar Llaes Gyfnewit,' heb ef. 'A hwnnw a doeth yma o
Iwerdon a Chymidei Kymeinuoll y wreic y gyt ac ef ac a
140   dianghyssant o'r ty hayarn yn Iwerdon pan wnaethpwyt yn wenn[60]
yn eu kylch ac y dianghyssant odyno. Ac eres[61] gynhyf i ony wdost
[t]i dim y wrth hynny' 'Gwn, Arglwyd,' heb ef, 'a chymeint ac a
wnn mi a'e managaf yti. Yn hela yd oedwn yn Iwerdon dydgueith ar
benn go[r]ssed[62] uch penn llyn oed[63] yn Iwerdon a Llyn y Peir y
145   gelwit. A mi a welwn gwr melyngoch mawr yn dyuot o'r llyn a
pheir ar y geuyn. A gwr heuyt[64] athrugar mawr a drygweith
anorl[o]es[65] arnaw oed; a gwreic yn y ol; ac ot [46] oed uawr ef, mwy
dwyweith oed y wreic noc ef. A chyrchu ataf a wnaethant a chyuarch
uell[66] im. "Ie," heb y mi, "pa gerdet yssyd arnawch chwi?" "Llyna[67]
150   gerdet[68] yssyd arnam ni, Arglwyd,"[69] heb ef, "y wreic honn,"
heb ef,[70] "ym penn pethewnos a mis y byd beichogi idi a'r mab a
aner yna o'r torllwyth hwnnw ar benn y pethewnos a'r mi[s][71] y

---

[53] neuad   [54] WR yn   [55] + am y warth   [56] a oruc   [57] + dy hun   [58] yndaw   [59] ef a
[60] yn wynnyas   [61] + yw   [62] W gossed, R gorsed   [63] – oed   [64] – heuyt   [65] W anorles
R auorles   [66] gwell   [67] + y ryw   [68] + arglwyd   [69] – arglwyd   [70] – heb ef   [71] W mi, R mis

byd gwr ymlad llawn aruawc." Y kymereis inheu wyntwy arnaf y'u
gossymdeithaw;[72] y buant ulwydyn gyt a[73] mi. Yn y ulwydyn y
155 keueis yn diwarauun wynt; o hynny allann y guarauunwyt im. A
chyn penn y pedwyryd [mis][74] wynt eu hun yn peri eu hatcassu[75] ac
anghynwys yn y wlat yn gwneuthur sarahedeu ac yn eighaw ac yn
gouudyaw guyrda a gwragedda. O hynny allan y dygyuores uyg
kyuoeth am 'ym[76] pen y erchi im ymuadeu ac wynt a rodi dewis im
160 ae uyg kyuoeth ae wynt. E dodeis inheu ar gynghor uy gwlat beth a
wneit[77] amdanunt. Nyd eynt wy o'y bod; nit oed reit udunt wynteu
oc eu[78] hanuod herwyd ymlad uynet. Ac yna yn y kyuyng gynghor y
causant gwneuthur ystauell haearn oll. A gwedy bot y[79] barawt yr
ystauell dyuyn[80] a oed o of yn Iwerdon yno o'r a oed o perchen
165 geuel[81] a mwrthwl a pheri gossot kyuuch a chrib yr ystauell o lo a
pheri guassanaethu [47] yn diwall o uwyt a llyn arnunt, ar y wreic
a'y gwr, a'y phlant. A phan wybuwyt eu medwi wynteu, y
dechreuwyt[82] kymyscu y tan a'r glo am ben yr ystauell, a chwythu y
megineu a oed wedy eu gossot yg kylch y ty, a gwr a pob dwy uegin,
170 a dechreu chwythu y megineu[83] yny uyd y ty yn burwen am eu penn.
Ac yna y bu y kynghor ganthunt hwy[84] y[m] mherued llawr yr
ystauell ac yd arhoes ef yny uyd y pleit haearn yn wenn. Ac rac
diruawr wres y kyrchwys y bleit a'e yscwyd a'y tharaw gantaw
allan, ac yn y ol ynteu y wreic. A neb ny dieghis odyna[85] namyn ef
175 a'e wreic. Ac yna o'm tebygu i, Arglwyd,' heb y Matholwch wrth
Uendigeiduran, 'y doeth ef drwod attat ti.' 'Yna dioer,' heb ynteu, 'y
doeth yma ac y roes[86] y peir y minheu.' 'Pa delw, Arglwyd, yd
erbynneist [t]i wynteu?'[87] 'Eu rannu ym pob lle yn y kyuoeth ac y
maent yn lluossauc ac yn dyrchauael ym pob lle ac yn cadarnhau[88]
180 y uann y bythont,[89] o wyr ac arueu goreu a welas neb.'

Dilit ymdidan a wnaethant y nos honno, tra uu da ganthunt, a
cherd a chyuedach. A phan welsant uot yn llessach udunt uynet y
gyscu noc eisted a wei hwy, y gyscu yd aethant. Ac yuelly[90] y
treulyssant y wled honno drwy digriuwch. Ac [48] yn niwed hynny,
185 y kychwynnwys Matholwch, a Branuen y[91] gyt ac ef, parth ac
Iwerdon. A hynny o Abermenei y kychwynnyssant teir llong ar dec
ac y doethant hyt yn Iwerdon.

Yn Iwerdon, diruawr lywenyd a uu wrthunt. Ny doey wr mawr, na
gwreicda yn Iwerdon, e ymw[e]let a Branwen, ni rodei hi ae cae, ae
190 modrwy, ae teyrndlws cadwedic ydaw, a uei arbennic y welet yn
mynet e[92] ymdeith. Ac ymysc hynny, y ulwydyn honno a duc hi yn

---

[72] *arnaf y gossymdeithaw wyntwy ac* [73] *ygyt a* [74] W – *mis* [75] *hatgassau* [76] *vym* [77] *wnelit*
[78] *oe* [79] *yn* [80] *dyuynnu* [81] *geueyl* [82] *dechreuit* [83] *– a oed wedy eu gosset .... chwythu y*
megineu [84] *– hwy* [85] *odyno* [86] *rodes* [87] *wyntwy* [88] + *yn* [89] *bont* [90] *uelly* [91] *– y* [92] *– e*

glotuawr, a hwyl delediw a duc o glot a chedymdeithon. Ac yn
hynny, beichogi a damweinwys idi y gael.⁹³ A guedy treulaw yr
amseroyd dylyedus, mab a anet idi. Sef enw a dodet ar y mab,⁹⁴
195   Guern uab Matholwch. Rodi y mab ar uaeth a wnaethpwyt ar⁹⁵ un lle
goreu y wyr yn Iwerdon.

A hynny yn yr eil ulwydyn, llyma ymodwrd yn Iwerdon am y
guaradwyd a gawssei Matholwch yg Kymry, a'r somm a
wnaethoedit idaw am y ueirch. A hynny y urodyr maeth a'r gwyr⁹⁶
200   nessaf gantaw yn lliwaw idaw hynny a⁹⁷ heb y gelu. A⁹⁸ nachaf y
dygyuor yn Iwerdon hyt nat oed lonyd idaw ony chaei dial y sarahet.
Sef dial a wnaethant, gyrru Branwen o un ystauell ac ef a'y chymell
y bobi yn y llys a pheri y'r kygyd, gwedy bei⁹⁹ yn dryllyaw kic,
dyuot idi a tharaw bonclust arnei beunyd. Ac yuelly¹⁰⁰ [49] y
205   gwnaethpwyt y foen. 'Ie, Arglwyd,' heb y wyr wrth Uatholwch, 'par
weithon wahard y llongeu, a'r yscraffeu, a'r corygeu, ual nat el neb
y Gymry; ac a del yma o Gymry, carchara wynt ac na at trachefyn,¹⁰¹
rac gwybot hynn.' Ac ar hynny y diskynyssant.

Blwynyded nit llei no their y buant yuelly.¹⁰⁰ Ac yn hynny,
210   meithryn ederyn drydwen a wnaeth hitheu ar dal y noe gyt a hi, a
dyscu ieith idi, a menegi y'r ederyn y ryw wr oed y brawt. A dwyn
llythyr y poeneu a'r amharch a oed arnei hitheu. A'r llythyr a
rwymwyt am uon eskyll yr ederyn, a'y anuon parth a Chymry. A'r
ederyn a doeth y'r ynys honn. Sef lle y cauas Uendigeiduran, yg
215   Kaer Seint yn Aruon, yn dadleu idaw dydgweith. A diskynnu ar e
yscwyd, a garwhau y phluf, yny arganuuwyt y llythyr, ac adnabot
meithryn yr ederyn yg kyuanned. Ac yna kymryt y llythyr a'y
edrych. A phan darllewyt y llythyr, doluryaw a wnaeth¹⁰² o glybot y
poen¹⁰³ oed ar Uranwen, a dechreu o'r lle hwnnw peri¹⁰⁴ anuon
220   kennadeu y dygyuoryaw yr ynys honn y gyt. Ac yna y peris ef dyuot
llwyr wys pedeir deg [g]wlat¹⁰⁵ a seith ugeint hyt attaw, ac e hun
cwynaw wrth hynny, bot y poen a oed ar y chwaer. Ac yna kymryt
kynghor. Sef kynghor a gahat, kyrchu Iwerdon, ac adaw seithwyr
y¹⁰⁶ dywyssogyon yma, a Chradawc uab Bran y¹⁰⁶ benhaf, ac eu
225   seith [50] marchawc. Yn Edeirnon yd edewit y gwyr hynny, ac o
achaws hynny y dodet Seith Marchawc ar y dref. Sef seithwyr
oedynt, Cradawc uab Bran, ac Euehyd Hir, ac Unic Glew Yscwyd,
ac Idic uab Anarawc Walltgrwn, a Fodor uab Eruyll, ac Wlch
Minasgwrn, a Llashar uab Llayssar Llaesgygwyt, a Phendaran
230   Dyuet¹⁰⁷ yn was ieuanc gyt ac wy. Y seith hynny a drigwys yn seith
kynueissat y synyaw ar yr ynys honn, a Chradawc uab Bran yn

---

⁹³ a beichogi a damweinwys idi y gael yn hynny   ⁹⁴ arnaw ⁹⁵ yr ⁹⁶ rei ⁹⁷ – a ⁹⁸ ac
⁹⁹ y bei ¹⁰⁰ uelly ¹⁰¹ W na na at trachefyn, R hyt nat elont dracheuyn ¹⁰² + bendigeituran
¹⁰³ + a ¹⁰⁴ – peri ¹⁰⁵ pedeir gwlat ¹⁰⁶ yn ¹⁰⁷ W + dyuet

benhaf kynweisyat arnunt.

Bendigeiduran, a'r yniuer[108] a dywedyssam ni, a hwylyssant parth
ac Iwerdon, ac nyt oed uawr y weilgi yna; y ueis yd aeth ef. Nyt oed
235 namyn dwy auon, Lli ac Archan y gelwit. A guedy hynny yd
amlawys y weilgi pan oreskynwys y weilgi[109] y tyrnassoed. Ac yna y
kerdwys ef ac a oed o gerd[110] arwest ar y geuyn e hun, a chyrchu tir
Iwerdon.

A meicheit Matholwch a oedynt[111] ar lan y weilgi dydgueith yn
240 troi yg kylch eu moch. Ac o achaws e dremynt a welsant ar y
weilgi,[112] wy[113] a doethant at Matholwch. 'Arglwyd,' heb vy,
'henpych guell.' 'Duw a rodo da ywch,' heb ef, 'a chwedleu
genhwch?'[114] 'Arglwyd,' heb wy, 'mae genhym[115] ni chwedleu
ryued;[116] coet ry welsom ar y weilgi yn y lle ny welsam eiryoet un
245 prenn.' 'Llyna beth eres,' heb ef. 'A welewch chwi[117] dim namyn
hynny?' 'Gwelem, Arglwyd,' heb wy, 'mynyd [51] mawr gyr[118] llaw
y coet, a hwnnw ar gerdet; ac eskeir aruchel ar y mynyd, a llynn o
pop parth y'r[119] eskeir; a'r coet a'r mynyd a phob peth oll o
hynny[120] ar gerdet.' 'Ie,' heb ynteu, 'nyt oes neb yma a wypo dim y
250 wrth hynny onys gwyr Branwen. Gouynnwch idi.' Kennadeu a aeth
at Uranwen. 'Arglwydes,' heb wy, 'beth dybygy di yw hynny?'
'Kyn ny bwyf Arglwydes,' heb hi, 'mi a wnn beth yw hynny.[121]
Gwyr Ynys y Kedyrn yn dyuot drwod o glybot uym poen[122] a'm
amharch.' 'Beth yw y coet a welat ar y mor?' heb wy. 'Gwernenni[123]
255 llongeu a hwylbrenni,' heb hi. 'Och!' heb wy, 'beth oed y mynyd a
welit gan ystlys y llongeu?' 'Bendigeiduran uym brawt,'[122] heb hi,
'oed hwnnw, yn dyuot y ueis. Nyt oed long y kynghanei ef yndi.'
'Beth oed yr eskeir aruchel a'r llynn o bop parth y'r eskeir?' 'Ef,'
heb hi, 'yn edrych ar yr ynys honn, llidyawc yw. Y deu lygat ef o
260 pop parth y drwyn yw y dwy lynn o bop parth y'r eskeir.'

Ac yna dygyuor holl wyr ymlad Iwerdon a wnaethpwyt y gyt, a'r
holl uorbennyd[124] yn gyflym, a chynghor a gymerwyt. 'Arglwyd,'
heb y wyrda wrth Uatholwch, 'nyt oes gynghor namyn kilyaw drwy
Linon (auon[125] oed yn Iwerdon) a gadu Llinon y rot ac ef a thorri y
265 bont yssyd ar yr auon. [52] A mein sugyn yssyd y[g] gwaelawt yr
auon, ny eill na llong na llestyr arnei.' Wynt a gylyssant drwy yr
auon ac a torryssant y bont.

Bendigeiduran a doeth y'r tir, a llynghes y gyt ac ef, [a dyuot a

---

[108] niuer [109] – pan oreskynwys y weilgi [110] W ᵒ ᵍᵉʳᵈ uwchben y llinell [111] oed
[112] – dydgueith, yn troi .... ar y weilgi [113] wynt [114] y gennwch [115] gennyn [116] enryued
[117] W wchi [118] geir [119] or [120] o hynny oll [121] – Kyn ny bwyf ... beth yw hynny [122] + i
[123] gwerneneu [124] + a wnaethpwyt a ddilëwyd gan yr ysgrifydd [125] + a

270

wnaethant][126] parth a glann yr auon. 'Arglwyd,' heb y wyrda, 'ti a wdost kynnedyf yr auon, ny eill neb uynet drwydi, nyt oes bont arnei hitheu.[127] Mae dy gynghor am bont?' heb wy. 'Nit oes,' heb ynteu,[128] 'namyn a uo penn bit pont. Mi[129] a uydaf pont,' heb ef. Ac yna gyntaf y dywetpwyt y geir hwnnw ac y diharebir etwa ohonaw.

275

280

285

Ac yna guedy gorwed ohonaw ef ar traws yr auon, y byrwyt clwydeu arnaw ef, ac yd aeth y luoed ef ar y draws ef[130] drwod. Ar hynny, gyt ac y kyuodes ef, llyma gennadeu Matholwch yn dyuot attaw ef,[130] ac yn kyuarch guell idaw, ac yn y annerch y gan Uatholwch y gyuathrachwr, ac yn menegi o'e uod ef na haedei arnaw ef[130] namyn da. 'Ac y mae Matholwch yn rodi brenhinaeth Iwerdon y Wern uab Matholwch, dy nei ditheu, uab dy chwaer, ac yn y ystynny y'th wyd di yn lle y cam a'r codyant a wnaethpwyt y Uranwen. Ac yn y lle y mynnych ditheu, ay yma, ay yn Ynys y Kedyrn, gossymdeitha Uatholwch.' 'Ie,' heb ynteu Uendigeiduran, 'ony allaf i ue hun cael y urenhinaeth, ac aduyd ys kymeraf gynghor [53] am ych kennadwri chwi. O hyn hyt ban del amgen, ny cheffwch y genhyf i attep.' 'Ie,' heb wynteu, 'yr atteb goreu a gaffom ninheu, attat ti y[131] down ac ef, ac aro ditheu yn kennadwri ninheu.' 'Arhoaf,' heb ef, 'o[132] dowch yn ehegyr.'[133]

290

295

300

Y kennadeu a gyrchyssant racdu, ac at Uatholwch y doethant. 'Arglwyd,' heb wy, 'kyweira attep a uo gwell at Uendigeidwran. Ny warandawei dim o'r attep a aeth y genhym ni attaw ef.'[130] 'A wyr,' heb y Matholwch, 'mae ych kynghor chwi?' 'Arglwyd,' heb wy, 'nyt oes it gynghor namyn un. Ni enghis[134] ef ymywn ty eiryoet,' heb wy. 'Gwna ty,' heb wy,[135] 'o'y anryded ef,[136] y ganho[137] ef a gwyr Ynys y Kedyrn yn y neillparth y'r ty, a thitheu a'th lu yn y parth arall. A doro[138] dy urenhinaeth yn y ewyllus a gwra idaw. Ac o enryded gwneuthur y ty,' heb wy, 'peth ny chauas[139] eiryoet, ty y ganhei[140] yndaw, ef a tangnoueda[141] a thi.' A'r kennadeu a doethant[142] a'r gennadwri honno gantunt at Uendigeiduran; ac ynteu a gymerth gynghor. Sef a gauas yn y gynghor, kymryt hynny; a thrwy gynghor Branuen uu hynny oll, ac rac llygru y wlat oed genti hitheu hynny.

305

E tangneued[143] a gyweirwyt, a'r ty a adeilwyt yn uawr ac yn braf. Ac ystryw a wnaeth y Gwydyl. Sef ystryw a wnaethant, dodi guanas o bop parth [54] y bop colouyn o cant colouyn[144] oed yn y ty a dodi

---

[126] WR – *a dyuot a wnaethant*   [127] W *hit^heu*   [128] Yma y dechrau testun P6 (gw. Atodiad)   [129] *miui*   [130] – *ef*   [131] *ni a*   [132] *a*   [133] *ebrwyd*   [134] *nyt eigwys*   [135] *wynt*   [136] – *o'y anryded ef*   [137] *y geingho*   [138] *dyro*   [139] *nys kauas*   [140] *y geinghei*   [141] *tangneueda*   [142] *aethant*   [143] *y dangneued honno*   [144] + *a*

boly croyn ar bop guanas a gwr aruawc ym pob vn ohonunt. Sef a
wnaeth Efnyssyen dyuot ymlaen llu Ynys y Kedyrn ymywn ac
edrych golygon orwyllt antrugarawc ar hyt y ty. Ac arganuot y
bolyeu crwyn a wnaeth ar hyt y pyst. 'Beth yssyd yn y boly hwnn?'
310 heb ef wrth un o'r Guydyl. 'Blawt, eneit,' heb ef. Sef a wnaeth
ynteu, y deimlaw hyt ban gauas y benn, a guascu y benn, yny glyw y
uyssed yn ymanodi yn y ureithell[145] drwy yr ascwrn. Ac adaw
hwnnw a dodi y law ar un arall a gouyn. 'Beth yssyd yma?'
'Blawt,' medei y Gwydel.[146] Sef a wnai ynteu yr un guare a fawb
315 ohonunt hyt nat edewis ef wr byw o'r hollwyr o'r deu cannwr eithyr
un. A dyuot at hwnnw a gouyn, 'Beth yssyd yma?' 'Blawt, eneit,'
heb y Gwydel.[146] Sef a[147] wnaeth ynteu, y deimlaw ef yny gauas y
benn, ac ual y guascassei benneu y rei ereill, guascu penn hwnnw.
Sef y clywei arueu am benn hwnnw. Nyt ymedewis ef a hwnnw yny
320 ladawd.[148] Ac yna canu englyn,-

> 'Yssit yn y boly hwnn amryw ulawt,
> Keimeit, kynniuyeit, diskynneit yn trin,
> Rac kydwyr cad barawt.'

Ac ar hynny y dothyw y niueroed y'r ty ac y doeth gwyr[149] Ynys
325 Iwer[55]don y'r ty o'r neillparth, a gwyr[149] Ynys y Kedyrn o'r parth
arall. Ac yn gyn ebrwydet ac yd eistedyssant y bu duundeb y
rydunt[150] ac yd ystynnwyt y urenhinaeth y'r mab.

Ac yna, guedy daruot y tangneued,[151] galw o Uendigeiduran y
mab attaw. Y gan Uendigeiduran y kyrchawd y mab at Uanawydan,
330 a phawb o'r a'e guelei yn y garu. E gan Uanawydan y gelwis
Nyssyen uab Eurosswyd y mab attaw. Y mab a aeth attaw yn diryon.
'Paham,' heb yr Efnissyen, 'na daw uy nei, uab uy chwaer, attaf i?
Kyn ny bei urenhin ar Iwerdon, da oed genhyf i ymtiryoni a'r mab.'
'Aet yn llawen,' heb y Bendigeiduran. Y mab a aeth attaw yn
335 llawen. 'Y Duw y dygaf uyg kyffes,' heb ynteu yn y uedwl, 'ys
anhebic a gyflauan gan y tylwyth y wneuthur[152] a wnaf i yr awr
honn.' A chyuodi y uynyd, a chymryt y mab erwyd y traet a heb
ohir na chael[153] o dyn yn y ty gauael arnaw yny want y mab yn
wysc y benn yn y gynneu.[154] A fan welas Uranwen y mab yn boeth
340 yn y tan, hi gysynwys[155] uwrw neit yn y tan o'r lle yd oed yn eisted
rwng y deu uroder. A chael o Uendigeiduran hi yn y neill law a'y
tarean yn y llaw arall. Ac yna, ymgyuot[156] [56] o bawb ar hyt y ty. A
llyna y godwrw[157] mwyhaf a uu gan yniuer[158] un ty, pawb yn

---

[145] W ureichell, R vreithell [146] gwydyl. [147] Yma y terfyna testun P6 (gw. Atodiad)
[148] lladawd [149] + o [150] y ryngtunt [151] dangued [152] gwneuthur [153] ac heb ohir kynn kael
[154] + tan [155] W gynsynwys, R a gyngytywys [156] ymgyuoc [157] godwrd [158] niuer

345   kymryt y arueu. Ac yna y dywot[159] Mordwyd Tyllyon, 'Guern gwn
       gwchuiwch[160] Uordwyt Tyllyon.' Ac yn yd[161] aeth pawb ym pen
       yr[162] arueu y kynhelis Bendigeiduran Uranwen y rwng y taryan a'y
       yscwyd.

       Ac yna y dechrewis y Gwydyl kynneu tan dan y peir dadeni. Ac
       yna y byrywyt y kalaned yn y peir yny uei yn llawn, ac y
350   kyuodyn[163] tranoeth y bore[164] yn wyr ymlad kystal[165] a chynt eithyr
       na ellynt dywedut. Ac yna pan welas Efnissyen y calaned heb enni
       yn un lle o wyr Ynys y Kedyrn, y dywot yn y uedwl, 'Oy a Duw,'
       heb ef, 'guae ui uy mot yn achaws y'r wydwic honn o wyr Ynys y
       Kedyrn; a meuyl ymi,'[166] heb ef, 'ony cheissaf i waret rac hynn.' Ac
355   ymedyryaw ymlith calaned y Gwydyl a dyuot deu Wydel uonllwm
       idaw a'y uwrw yn y peir yn rith Gwydel. Emystynnu idaw ynteu yn
       y peir yny dyrr y peir yn pedwar dryll, ac yny dyrr y galon ynteu.

       Ac o hynny y bu y meint goruot a uu y wyr Ynys y Kedyrn. Ny bu
       oruot o hynny eithyr diang seithwyr a brathu Bendigeiduran yn y
360   troet a guenwynwaew. Sef seithwyr a dienghis, Pryderi, Manawydan,
       Gliuieu[167] Eil Taran, Ta[57]lyessin, ac Ynawc, Grudyeu uab Muryel,
       Heilyn uab Gwyn Hen.

       Ac yna y peris Bendigeiduran llad y benn. 'A chymerwch chwi
       y penn,' heb ef, 'a dygwch hyt y Gwynuryn yn Llundein a
365   chledwch[168] a'y wyneb ar Freinc ef.[169] A chwi a uydwch ar y ford yn
       hir; yn Hardlech y bydwch seith mlyned ar ginyaw ac Adar Riannon
       y[170] canu ywch. A'r penn a uyd kystal gennwch y gedymdeithas ac y
       bu oreu gennwch ban uu arnaf i eiryoet. Ac y[g] Guales ym Penuro
       y bydwch pedwar ugeint mlyned. Ac yny agoroch y drws parth ac
370   Aber Henuelen,[171] y tu ar Gernyw,[172] y gellwch uot yno a'r penn yn
       dilwgyr genhwch. Ac o'r pan agoroch y drws hwnnw, ny ellwch uot
       yno. Kyrchwch Lundein y gladu y penn. A chyrchwch chwi racoch
       drwod.' Ac yna y llas y benn ef ac y kychwynassant a'r penn
       gantu[173] drwod, y seithwyr hynn,[174] a Branwen yn wythuet. Ac y
375   Aber Alau yn Talebolyon y doethant y'r tir. Ac yna[175] eisted a
       wnaethant a gorfowys. Edrych oheni hitheu ar Iwerdon ac ar Ynys
       y Kedyrn, a welei ohonunt. 'Oy a uab Duw,' heb hi, 'guae ui o'm
       ganedigaeth. Da a dwy ynys[176] a diffeithwyt o'm achaws i.' A dodi
       ucheneit uawr a thorri y chalon ar hynny. A gwneuthur bed petrual
380   idi a'e chladu yno y[g] glan Alau.

---

[159] dywawt [160] WR guern gwngwch uiwch [161] yny [162] y [163] kyuodynt [164] – y bore
[165] yn gystal [166] ym [167] gliuieri [168] + yno ef [169] – ef [170] yn [171] WR henueleu
[172] y tu a chernyw [173] gantunt [174] hynny [175] yno [176] ys da dwy ynys

Ac ar hynny, ker[58]det a wnaeth y seithwyr parth a Hardlech a'r
penn ganthunt. Val y bydant y[177] kerdet, llyma gyweithyd yn
kyuaruot ac wynt, o wyr a gwraged. 'A oes gennwch chwi
chwedleu?' heb y Manawydan. 'Nac oes,' heb wynt, 'onyt goresgyn
385   o Gaswallawn uab Beli Ynys y Kedyrn a'y uot yn urenhin
coronawc yn Llundein.' 'Pa daruu,' heb wynteu, 'y Gradawc[178] uab
Bran a'r seithwyr a edewit y gyt ac ef yn yr ynys honn?' 'Dyuot
Caswallawn am eu penn, a llad y chwegwyr a thorri ohonaw ynteu
Gradawc y galon o aniuyget am welet y cledyf yn llad y wyr ac na
390   wydat pwy a'e lladei. Caswallawn a[179] daroed idaw wiscaw llen hut
amdanaw ac ny welei neb ef yn llad y gwyr, namyn y cledyf. Ny
uynhei[180] Gaswallawn y lad ynteu, y nei uab y geuynderw oed. (A
hwnnw uu y trydyd dyn a torres y gallon o aniuyget). Pendaran[181]
Dyuet, a oed yn was ieuang gyt a'r seithwyr, a dienghis y'r coet,'
395   heb wynt.

Ac yna y kyrchyssant wynteu Hardlech ac y dechreussant eisted
ac y dechreuwyt ymdiwallu o uwyt[182] a llynn. Ac [y gyt ac][183] y
dechreuyssant wynteu uwyta ac yuet, dyuot tri ederyn a dechreu
canu udunt ryw gerd, ac oc a glywssynt o gerd, diuwyn oed pob un
400   i wrthi hi. A fell dremynt oed udunt y[184] guelet uch benn y weilgi
allan.[185] [59] A chyn amlyket oed udunt wy a chyn bydynt gyt ac
wy. Ac ar hynny o ginyaw y buant seith mlyned.

Ac ym penn y seithuet ulwydyn, y kychwynyssant parth a Gualas
ym Penuro. Ac yno yd oed udunt lle teg brenhineid uch benn y
405   weilgi, ac yneuad uawr[186] oed,[187] ac y'r neuad y kyrchyssant. A deu
drws a welynt[188] yn agoret; y[189] trydyd drws oed[190] y[191] gayat, yr
hwnn y[192] tu a Chernyw. 'Weldy racco,' heb y Manawydan, 'y drws
ny dylywn ni y agori.' A'r nos honno y buant yno yn diwall, ac yn
digrif ganthunt. Ac yr a welsynt o ouut[193] yn y gwyd, ac yr a
410   gewssynt[194] e hun, ny doy gof[195] udunt wy dim nac o hynny nac o
alar yn y byt. Ac yno y treulyssant y pedwar ugeint mlyned hyt na
wybuant wy eiryoet dwyn yspeit digriuach na hyurydach no honno.
Nyt oed anesmwythach, nac adnabot o un ar y gilyd y uot [yn
hyn][196] yn hynny o amser, no fan doethan[197] yno. Nit oed
415   anesmwythach ganthunt wynte gyduot y penn yna, no phan uuassei
Uendigeiduran yn uyw gyd ac wynt. Ac o achaws y pedwar ugeint
mlyned hynny y gelwit Ysbydawt Urdaul Benn. (Ysbydawt
Uranwen a Matholwch oed yr honn yd aethpwyt e Iwerdon).

---

177 yn 178 y garadawc 179 ar 180 ny mynnei 181 W pendarar, R penndaran 182 W o ᵘwyt
183 WR – y gyt ac 184 eu 185 W + ac ar hynny o gin a ddilewyd gan yr ysgrifydd 186 + a
187 + yno udunt 188 oed 189 ar 190 – oed 191 yn 192 – y 193 o vwyt 194 glywys
195 ny doey y gof 196 WR – yn hyn 197 doethant

420   Sef a wnaeth Heilyn uab Guyn dydgueith, 'Meuyl ar uy maryf i,'
heb ef, 'onyt agoraf y [60] drws e wybot ay gwir a dywedir am
hynny.' Agori y drws a wnaeth ac edrych ar Gernyw ac ar Aber
Henuelen.[198] A phan edrychwys, yd oed yn gyn hyspysset ganthunt y
gyniuer collet a gollyssynt eiryoet, a'r gyniuer car a chedymdeith a
425   gollyssynt, a'r gyniuer drwc a dothoed udunt, a chyt bei yno[199] y
kyuarffei ac wynt; ac yn benhaf oll[200] am eu harglwyd. Ac o'r
gyuawr honno ny allyssant wy orfowys namyn ky[r]chu[201] a'r penn
parth a Llundein. Pa hyt bynnac y bydynt ar y ford, wynt a doethant
hyt yn Llundein ac a gladyssant y penn yn y Gwynuryn.

430   A hwnnw[202] trydyd matcud ban gudywyt a'r trydyd anuat datcud
pann datcudywyt; cany doey ormes byth drwy uor y'r ynys honn tra
uei y penn yn y cud hwnnw. A hynny a dyweit y kyuarwydyd
hwnn;[203] eu kyfranc wy, 'Y gwyr a gychwynwys o Iwerdon,' yw
hwnnw.

435   En Iwerdon nyt edewit dyn byw namyn pump gwraged beichawc
ymywn gogof yn diffeithwch Iwerdon. A'r pump wraged hynny, yn
yr un kyfnot, a anet udunt pum[204] meib. A'r pym[204] meib hynny a
uagyssant hyt ban uuant weisson mawr ac yny uedylyssant am
wraged ac yny uu damunet gantunt eu cafael. Ac yna, kyscu pob un
lau heb lau [61] gan uam y gilid a gwledychu y wlat a'y
440   chyuanhedu a'y rannu y rydunt[205] yll pymp. Ac o achaws y ranyat
hwnnw y gelwir etwan[206] pymp rann Ywerdon. Ac edrych y wlat a
wnaethant ford y buassei yr aeruaeu a chael eur ac aryant yny
ytoedynt yn gyuoethawc.

445   A llyna ual y teruyna y geing honn o'r Mabinyogi, o achaws
Paluawt Branwen, yr honn a uu tryded anuat paluawt yn yr ynys
honn; ac o achaws Yspadawt Uran, pan aeth yniuer[207] pedeir[208] dec
[g]wlat a seith ugeint e Iwerdon y dial Paluawt Branwen; ac am y
ginyaw yn Hardlech seith mlyned; ac am Ganyat Adar Riannon, ac
am[209] Yspydaut Benn pedwar ugeint mlyned.

---

[198] W henueleu   [199] yna   [200] – oll   [201] W kychu, R kychwynnu   [202] + uu y   [203] – hwnn
[204] pump   [205] y ryngtunt   [206] etwa   [207] niuer   [208] – pedeir   [209] WR ar

Testun Peniarth 6i*

[272] "… namyn a fo pen bid bont. Mi a fydaf bont," hep ef. Ac ena gyntaf y dywedpwyd y geir hwnnw, ac y diarhebir etwa ohonaw.

[274] Ac ena gwedy gorwet ohonaw ef ar draws er afon y byrywd clwydeu arnaw ef ac yt aeth y lu ef drwod ar y draws ef. Ac ar
5 henny, gyd ac y kyfodes ef, llema genadeu Mallolwch en dyfod attaw ef, ac en kyfarch gwell itaw, ac en y annerch y gan Uallolwch y gyfathrachwr, ac en menegi o'e uot ef na haethei namyn da arnaw ef. "Ac y mae Mallolwch" hep wy, "en rodi brenninaeth [280] Ywerdon y Wern uab Mallolwch, dy nei ditheu, uab dy chwaer, ac
10 en y estynnu itaw y'th wyt di, en lle y cam a'r kodyant a wnaethpwyd y Uranwen. Ac en y lle y mynych ditheu, Arglwyt, ae ema ae yn Enys y Kedyrn, gossymdeitha Uallolwch." "Ie," hep enteu Uendigeiduran, "ony allaf i uy hun cael y urenhinaeth, ac aduyt ys kymeraf y gygor [285] am awch kenadwri chwi. O hynn
15 hyd hynny, ny chewch chwi y gennyf i atep eny del gennwch amgen noc a doeth." "Ie, Arglwyt," hep wy, "er ateb goreu a gaffom ninneu, atat [t]y y down ac ef, ac aro ditheu en kennaduri ninheu." "Aroaf," heb ef, "o dowch en ehegyr."

Y kennadeu a gerdassant racdunt, ac ar Uallolwch y doethant.
20 [290] "Arglwyt," hep wy, "kyweira atep a fo gwell ar Uendigeiduran. Ny warandawei dim o'r atep a aeth gennym ni attaw ef'. "A wyr," hep y Mallolwch, "mae y kygor?" "Nyd oes id gygor, Arglwyt," hep wy, "namyn un. Ni ennis ef y mywn ty eiroed," hep wy. "Gwna di," hep wy, "o'e anrydet ef, ty y ganno ef a [295] gwyr Enys y Kedyrn
25 ar y neill stlys itaw, a thitheu a'th lu o'r parth arall. A dyro dy urenhinaeth en y ewyllis, a gwrhaa idaw. Ac o anrydet gwneuthur y ty," hep we, "peth ny gafas eiroed, ty y gannei endaw, ef a dagnefeta a thi." A'r kennadeu a doethant ar y gennadwri honno ar Uendigeiduran; ac ynteu [300] a gymyrth kymyrth. Sef a gafas en y
30 gygor, kymryd henny; a thrwe gygor Branwen fu henny oll, ac rac llygru y wlad oet genthi hitheu henny.

Y dagnefet a gyweirwd, a'r ty a adeilwyd en uawr ac en braff. Ac stryw a wnaeth y Gwydyl. Sef stryw a wnaethant, dodi gwanas [305] o bop parth y bop colofyn o cant colofyn oet en y ty, a dodi boly
35 croen ar bop un o'r gwanasseu, a gwr arfawc em hob un onadunt. Sef a wnaeth Efnyssyn dyfod ymlaen llu Enys y Kedyrn y

---

* Cyfeiria'r rhifau rhwng y bachau petryal at rif llinellau cyfatebol y *Testun*.

mywn, ac edrych golygon arwyllt antrugarawc ar hid y ty a wnaeth
ac arganfod y byly crwyn ar hyd y pyst. "Beth yssyt yn y boly
hwn?" [310] hep ef wrth un o'r Gwytyl, "Blawd, eneid," hep ef. Sef
40 a wnaeth enteu, y deimlaw ef eny gafas y benn, a gwasgu y benn,
eny glyw y uysset yn ymanodi en y ureithell drwe yr asgwrn. Ac
adaw hwnnw, a dodi y llaw ar un arall a gofyn. "Beth yssyt ema?"
"Blawd," medei y Gwydel. Sef a wnaei enteu er un gware a phawb
[315] onadunt, hyd nad edewis ef gwr byw o'r holl wyr o'r deu
45 canwr eithyr un. A dyfod ar hwnnw, a gofyn, "Beth yssyt ema?"
"Blawd, eneid," hep y Gwydel. Sef a …

NODIADAU

1 *Bendigeiduran uab Llyr a oed urenhin coronawc*: Egyr yr Ail Gainc â'r un fformiwla agoriadol ag a geir yn y rhan fwyaf o weddill y chwedlau canoloesol Cymraeg, sef enw arglwydd, ei deitl, a lleoliad ei diriogaeth: cymh. *Pwyll Pendeuic Dyuet a oed yn arglwyd ar seith cantref Dyuet* (PPD 1–2) a *Math uab Mathonwy oed arglwyd ar Wyned, a Pryderi uab Pwyll oed arglwyd ar un cantref ar ugeint yn y Deheu* (MUM 1-2). Sylwer na ddefnyddir y geiryn traethiadol *yn* yn y frawddeg agoriadol hon yn *Bendigeiduran* mewn ffordd debyg i ddechrau *Math* ond yn wahanol i *Pwyll*. Fodd bynnag, egyr *Manawydan* mewn ffordd gwbl unigryw: *Guedy daruot y'r seithwyr a dywedyssam ni uchot cladu penn Bendigeiduran yn y Gwynuryn yn Llundein, a'y wyneb ar Freinc, edrych a wnaeth Manauydan ar y dref yn Llundein, ac ar y gedymdeithon, a dodi ucheneit uawr, a chymryt diruawr alar a hiraeth yndaw* (MULl 1-5). Am ymgais i esbonio'r agoriad hwn, gw. CyC 51. Yr hyn sy'n ddiddorol am *Bendigeiduran* yw ei bod yn amlwg nad ydym yn trafod rhan o'r ynys hon fel yn *Pwyll* – Dyfed – ac yn *Math* – Gwynedd –, neu yn *Manawydan* o ran hynny ychwaith – Dyfed. Mae llwyfan *Bendigeiduran* yn llawer ehangach gan mai'r ynys gyfan yw gwlad y brenin a gyflwynir yn y frawddeg agoriadol.

ardyrchawc o: 'wedi'i arwisgo o'.

2 *[c]oron Lundein*: Mae coron Llundain yma'n symbol o undod Ynys Prydain. Yn y testun hwn, mae'r syniad o deyrnas unedig o dan un arglwydd yn amlwg, yn union fel mewn sawl testun canoloesol arall. Nid yw o reidrwydd dan ddylanwad *Historia Regum Britanniae* gan Sieffre o Fynwy a gwblhawyd ganddo cyn y flwyddyn 1138 er bod y gwaith hwnnw'n amlygu'r un math o undod i'r ynys gyfan. Ceir adlais o'r undod hwn yn *Cyfranc Lludd a Llefelys* lle nodir bod Lludd yn frenin ar *teyrnas Ynys Prydein* (CLlaLl 3-4) ac mai Llundain oedd ei phrifddinas (CLlaLl 10-14). Pwysleisir sofraniaeth yr ynys gyfan eto yn *Breuddwyd Macsen Wledig* yn y geiriau: *Enys Brydein .. a'r teir rac enys* (BMW 225-6) ac mewn sawl testun arall: cymh. *Culhwch ac Olwen* lle gelwir Arthur yn arglwydd ar Brydain gyfan yn y geiriau: *Penn Teyrned yr Ynys honn* (CO 142-3); yn y gerdd *Armes Prydain* o Lyfr Taliesin ceir darogan am y dyfodol pan fydd Prydain gyfan eto yn rhydd o ormes y Sais; gw. Ifor Williams (gol.), *Armes Prydein* (Caerdydd, 1955), yn enwedig ll. 152; yn y Cyfreithiau, dywedir am y bardd teulu, 'bardd gosgordd bersonol y brenin', mai ganddo ef yn unig y mae'r hawl i ganu cerdd o'r teitl *Unbeiniaeth Prydein* pan fyddant yn rhannu'r anrheithiau yn y llys; gellir

trosi'r teitl hwn fel 'Sofraniaeth Prydain', er na wyddys yn union pa gerdd a olygir wrtho; gw. Ior. §13 a HDdL 20.23-4.

A frynhawngueith: 'Ac un prynhawn'; am y diwrnod fel uned amser arferol *Bendigeiduran*, gw. CyC 56.

Hardlech: 'Harlech' bellach, enw lle sy'n tarddu o *ardd,* 'uchel', a *llech,* 'craig'; cf. *ard* yn yr Wyddeleg. Mae'n bosibl mai ffug-etymoleg ar sail yr ansoddair 'hardd' sy'n gyfrifol am yr *h-* a ychwanegwyd at ddechrau'r gair.

3   *Ardudwy:* Cwmwd yng Ngwynedd yw Ardudwy ac mae'n ymestyn o Ffestiniog yn y gogledd i Afon Mawddach yn y de. Cynnwys Harlech, Y Bermo a Thrawsfynydd; gw. WATU 236; gw. hefyd MUM, nodyn i linell 391.

    yn llys idaw: 'mewn llys iddo'. Noder y gellid defnyddio *yn* gydag enwau amhendant mewn Cymraeg Canol lle mae angen 'mewn' erbyn heddiw; gw. GMW §244. Nid yw hyn yn golygu mai Harlech oedd lleoliad ei brif lys; cymh. *Pwyll* pan ddywedir bod Arberth yn *prif lys idaw,* 'yn un o'i brif lysoedd' (PPD 2) a *Math* pan ddywedir bod gan Bryderi lys yn Rhuddlan Deifi (MUM 46-7). Mae'n amlwg o gyd-destun *Bendigeiduran,* 44-48, fod Aberffraw yn llys pwysig iawn hefyd gan mai yno y cynhelir priodas Branwen a Matholwch.

5   *deu uroder:* 'dau frawd'. Dyma'r ffurf a ddefnyddir fel lluosog yr enw unigol *brawt,* 'brawd', ac fel y ffurf yn dilyn rhifolyn; gw. GMW §51(b); cymh. hefyd 434 *pump gwraged.*

5/6   *y am hynny:* 'ar wahân i'r rheiny'. Mae'r arddodiad *y am* yn gallu golygu 'ar wahân i; heblaw'. Yma defnyddir *hynny* fel rhagenw dangosol lluosog 'y rheiny'; gw. GMW §93.

9   *[l]lidyawcaf:* 'fwyaf llidiog; fwyaf dig'. Dyma ddefnydd adferfol o ffurf eithaf yr ansoddair *llidyawc.* Dengys y ffurf dreigledig mai defnydd adferfol sydd yma.

10/11   *ban uei uwyaf yd ymgerynt:* 'pan garent ei gilydd fwyaf.' Ffurf dreigledig ar *pan* yw *ban.* Noda D. Simon Evans fod tuedd i dreiglo'n feddal nifer o eiriau proclitig, er na restrir ganddo'r enghraifft arbennig hon; gw. GMW §20 N.3; gw. hefyd 33 *By ryw neges.* Pan bwysleisir unrhyw ran o frawddeg neu gymal heblaw am y ferf ei hun, rhoddir y rhan honno ar ddechrau'r frawddeg yn dilyn ffurf ar y cyplad. Cytunai amser y cyplad ag amser y brif ferf yn wreiddiol a dyna a geir yma. Mae prif ferf y cymal adferfol, *ymgerynt,* yn yr amherffaith ac felly ceir amherffaith y cyplad *bei* (> *uei*) yn rhagflaenu'r adferf *uwyaf* sydd mewn safle pwysleisiol.

11   *ymgerynt:* 'carent ei gilydd'. Mae'r rhagddodiad *ym-* fel arfer yn rhoi naill ai ystyr atblygol neu ystyr gilyddol i'r ferf – atblygol fel yn 'golchi' ac 'ymolchi', a chilyddol fel yn 25 *ymglywynt,* 'clywent ei gilydd'; cymh. hefyd *ymsaethu,* 'saethu at ei gilydd' (MUM 132).

12   *teir llong ar dec:* 'tair llong ar ddeg'. Noder nifer y llongau yma, tair ar ddeg – rhif sy'n aml yn gysylltiedig ag anlwc.

13/14 *yn dyuot ... yn kyrchu parth ac ... yn nesau .. at ...:* 'yn dod ... yn anelu am ... yn nesáu at ...'. Noder y dilyniant o dri berfenw yn y frawddeg hon sy'n cyfleu'r syniad o symudiad rhwydd a chyflym; cymh. 66-7 *Ac yn hynny guan y dan ... a thorri ...* Ceir enghraifft debyg yn *Manawydan* lle ceir dilyniant o chwe berfenw: *yn guan adan ... yn drigyaw ... yn y estwng ... yn torri ... yn guan ... yn adaw* (MULl 249-51).

13   *deheu Iwerdon:* 'De Iwerddon'. Ymddengys llongau Matholwch fel petaent yn dod o'r de. Mae hyn wedi arwain sawl ysgolhaig i ddamcaniaethu ynghylch dyddiad cyfansoddi'r gainc hon. Os yw Matholwch, uchel-frenin Iwerddon, yn cyrraedd glannau Cymru o Dde Iwerddon, rhaid felly ystyried bod hyn yn adlewyrchu cyfnod pan fyddai uchelfrenhiniaeth Iwerddon wedi'i lleoli yn rhan ddeheuol yr ynys honno, yr hyn a adweinir fel Leth Moga. Hyd y flwyddyn 1116 yr oedd uchel-frenin Iwerddon yn hanu o Leth Moga. Ar ôl y flwyddyn honno, dominyddwyd uchelfrenhiniaeth Iwerddon gan frenhinoedd Leth Cuinn, sef yr hanner gogleddol. Os yw Matholwch felly yn dod o'r de, rhaid bod hyn yn golygu cyfnod cyn 1116; gw. Thomas Charles-Edwards, 'The Date of the Four Branches of the Mabinogi', THSC (1970), 263-98, ar 292-3. Fodd bynnag, gellir dadlau hefyd os yw Bendigeidfran yn eistedd ar garreg Harlech ac yn edrych dros y môr ac yn gweld llongau'n dynesu, ni allant ymddangos o'r gorllewin nac o'r gogledd gan y byddai Pen Llŷn yn y ffordd. Mae'n rhaid iddynt ymddangos o gyfeiriad y de oherwydd lleoliad Harlech ei hun ac felly ni raid ategu gormod o bwys i'r ymadrodd *deheu Iwerdon* wrth geisio dyddio'r testun; gw. hefyd IIMWL 191.

14   *[k]erdet rugyl ebrwydd:* 'symudiad cyflym a rhwydd'. Mae'r ddau ansoddair hyn i'w hystyried yn gyfystyron. Maent yn llunio dwbled. Ceir dwbledau'n aml yn y chwedlau i gyd. Dyma'r enghreifftiau eraill yn *Bendigeiduran:* 75 *morwyn gystal, kyuurd;* 80 *heb ouyn, heb ganhyat;* 107 *na'e lad na'e diuetha;* 116 *y pebylleu a'r palleu;* 212 *y poeneu a'r amharch;* 423 *car a chedymdeith.* Noder hefyd 20 *tec, guedus, arwreid;* gw. hefyd CyC 182–5.

15   *'Mi a welaf ...':* 'Gwelaf longau acw ...'. Mae troi o naratif yn y trydydd person i araith uniongyrchol fel ymateb i sefyllfa o bwys neu rywbeth annisgwyl yn y naratif yn gwbl nodweddiadol o awdur y Pedair Cainc. Serch hynny, dylid nodi nad yw'r gainc hon yn cynnwys cymaint o ddeialog estynedig ag a geir yn y tair cainc arall. Pan ddigwydd ymddiddan yn *Bendigeiduran,* mae'n tueddu i fod yn fyrrach ac yn llai datblygedig; gw. CyC 207-8.

17   *pa uedwl yw yr eidunt:* 'pa feddwl sy'n eiddo iddynt', h.y. pa fwriad sydd ganddynt. Am rediad y rhagenw meddiannol pwysleisiol, gw. GMW §57.

19/20 *na welsynt eiryoet llongeu gyweirach eu hansawd noc wy:* 'nad oeddent wedi gweld llongau mwy trefnus eu cyflwr na hwy'. Am y treiglad *gyweirach* < *kyweirach* yn dilyn yr enw lluosog *llongeu*, gw. *Rhagymadrodd,* lvi. Dyma enghraifft o ormodiaith sydd yn dechneg mor amlwg yn arddull yr awdur. Ceir nifer o enghreifftiau eraill yn y testun hwn. Yn y rhai canlynol, defnyddir gradd gymharol yr ansoddair: 66 *Ny ellynt wy tremic uwy arnaf i,* 85 *ny duc neb kyrch waeth no'r dugum ymma.* Mewn dwy enghraifft arall, defnyddir gradd eithaf yr ansoddair at yr un pwrpas: 180 *o wyr ac arueu goreu a welas neb,* 343 *y godwrw mwyhaf.*

20/21   *Arwydon tec, guedus, arwreid*: 'baneri teg, heirdd, ysblennydd'. Am y defnydd o gyfystyron yn y gainc, gw. 14 *rugyl ebrwydd*

21   *[p]ali*: 'sidanwe'. Dyma un o'r tri gair yn nhestun y Pedair Cainc y mae Ifor Williams yn cydnabod eu tarddiad Ffrangeg. Y ddau arall yw *cordwal* 'lledr Cordoba', h.y. y lledr gorau (MULl 117 a MUM 286) a *swmereu* 'llwythi' (MULl 317). Esbonnir iddynt gael eu benthyg i'r Gymraeg o ganlyniad i fasnach rhwng Cymru a'r cyfandir cyn y Goresgyniad Normanaidd. Yn rhannol ar sail y diffyg geiriau benthyg a geir yn y Pedair Cainc, ar wahân i'r tri hyn, y cynigia Ifor Williams ddyddiad cyn dyfodiad y Normaniaid i Gymru ar gyfer eu cyfansoddi; gw. PKM xxxiii–xxxiv.

22   *nachaf*: 'wele'. Crëir effaith ddramatig mewn naratif canoloesol trwy ddefnyddio ebychiadau megis *nachaf,* 'wele'; gw. hefyd 59, 120, 200; *llyma,* 'dyma' 197, 276, 382; *llyna,* 'dyna' 149, 245, 343, 444.
        un o'r llongeu yn raculaenu rac y rei ereill: 'un o'r llongau yn mynd o flaen y rhai eraill'. Ceir golygfa debyg i hon yn *Cyfranc Lludd a Lleuelys* pan groesa Lludd y môr i Ffrainc i gyfarfod â'i frawd Llefelys. Manyla'r testun hwnnw fod Lludd yn dynesu at lannau Ffrainc mewn un llong sy'n dod o flaen y lleill (CLlaLl 59-65). Yr awgrym amlwg yma yw bod hyn yn arwydd o heddwch yn hytrach nag yn un o fygythiad.

23/4   *swch y taryan*: 'pig y darian'. Y syniad yma yw bod pig y darian yn wynebu i fyny yn hytrach na thua'r glannau, h.y. nid yw'n cael ei defnyddio mewn modd ymosodol. Unwaith eto, bwriedir hyn fel arwydd o dangnefedd.

25   *ual yd ymglywynt ymdidan*: 'fel y gallent glywed ei gilydd yn siarad'. Mae amser amherffaith ambell ferf megis *gwelet* a *clywet* yn gallu dwyn ystyr moddol. Am y rhagddodiad *ym-* gyda berf, gw. *ymgerynt* uchod

27/8   *Duw a rodo da ywch:* Fel arfer wrth gyfarch, ymddengys mai'r cymeriad isaf ei statws sydd yn cyfarch yr un uchaf ei statws gyntaf gyda chyfarchiad megis *Dyd da it, Arglwyd.* Dyma a geir fel arfer yng ngheinciau *Pwyll, Manawydan* a *Math*: gw. PPD 42; MULl 283, 302; MUM 75, 176. Yr ymateb confensiynol i'r cyfarchiad hwn yw *Duw a ro[do] da it;* gw. CyC 116–21. Fodd bynnag, er nad yw'r cyfarchiad cyntaf yn digwydd fel y cyfryw yn *Bendigeiduran,* fe geir yr ymateb confensiynol ar ddau achlysur. Y tro hwn, nodwyd y cyfarchiad cyntaf mewn araith anunion: 26 *a chyuarch guell i'r brenin*. Yr ail dro, yn lle *dyd da it Arglwyd*, fel y cyfarchiad cyntaf, fe geir *Arglwyd ... henpych guell*. Yna ceir *Duw a rodo da ywch* fel ymateb Matholwch i'w geidwaid moch (241-2).

28 *a grayssaw wrthywch:* 'a chroeso ichi'. Am yr amrywiad *cr-* a *gr-*, gw. 240 *e dremynt*.

Pieu: 'Pwy [sydd] biau'. Dyma'r ffurf wreiddiol ar y ferf ddiffygiol hon yn yr amser presennol. Mae'n tarddu o'r rhagenw cwestiynol *pi*, sy'n ffurf draws ar y rhagenw *pwy* ac sy'n golygu 'i bwy', ynghyd ag *eu* sy'n amrywiad ar 3ydd unigol presennol y ferf *bot*, 'bod. Felly ystyr lythrennol *pieu* yw 'i bwy y mae?' Yn 61 ceir amser amherffaith y ferf ddiffygiol hon, *pioed*, gyda *pi* fel uchod a 3ydd unigol amherffaith y ferf *bot*, sef *oed*; gw. GMW §§88–9.

yniuer: 'llu'. Ceir y ffurf *yniuer* (lluosog *yniueroed*) gyda'r y-brosthetig droeon yn y testun: 28, 40 (dwy enghraifft), 233, 343, 446. Ceir hefyd ddwy enghraifft o'r ffurf luosog *yniueroed:* 46. Fodd bynnag, ceir y ffurf heb yr y-brosthetig yn achlysurol: 47, 56; a'r ffurf luosog *niueroed* unwaith: 324. Noder bod peth tebyg yn digwydd yn achos yr enw *neuad:* 405; ac *yneuad:* 117, 405. Yn y cyswllt hwn, mae'n werth nodi bod yr y-brosthetig yn digwydd yn gyson yn y Llyfr Gwyn a'r Llyfr Coch o flaen *s:* e.e. *ystauell:* 163, 165, 168, 172, 202; *ystlys:* 256; *ystryw* 304. Fodd bynnag yn nhestun Peniarth 6, fe geir ambell enghraifft heb yr *y: stlys* 25 a *stryw* 33. Defnyddiwyd ffurf y geiriau hyn yn Peniarth 6 gan ambell ysgolhaig yn eu hymdrechion i ddyddio testun y Pedair Cainc, er enghraifft Ifor Williams yn PKM xv-xvi, a Thomas Charles-Edwards, 'The Date of the Four Branches of the Mabinogi', THSC (1970), 263-98, ar 264; gw. hefyd GMW § 15.

Y ddeialog: Mae'r ymddiddan yma'n gwbl nodweddiadol o'r defnydd a geir ohono yn y ceinciau eraill. Pan ddaw rhywbeth o bwys mawr yn y naratif, try'r awdur i araith uniongyrchol i danlinellu pwysigrwydd y digwyddiad. Mewn ffordd, mae ymddiddan yn tynnu sylw'r gynulleidfa at ymateb y prif gymeriadau at yr hyn sydd newydd ddigwydd. Mae'n ddyfais 'i amrywio'r mynegiant, i greu golygfa, i gynnal y naratif, ac i bortreadu cymeriadau; yn fwy na dim, yr oedd yn rhan o ymdrech y storïwr i gyfathrebu'n uniongyrchol â'i gynulleidfa' (CyC 229). Fodd bynnag, mae'n amlwg bod y defnydd o ddeialog yn *Bendigeiduran* yn wahanol iawn i'r defnydd ohoni yn y tair cainc arall. Yn *Bendigeiduran*, mae'r ddeialog (ac eithrio un darn, sef y sgwrs rhwng Bendigeidfran a Matholwch ynglŷn â hanes y crochan) yn digwydd naill ai fel monolog fer, neu fel sgwrs ffeithiol rhwng un o'r prif gymeriadau â grŵp o gymeriadau eilradd, fel yn yr enghraifft hon yn llinellau 27-39; gw. CyC 207-8.

31/2   *'A uyn ef dyuot y'r tir?' 'Na uynn ..... a geif'*: 'A ddymuna ddod i'r tir?'
       'Na ddymuna, Arglwydd,' meddent, 'os na chaiff ei neges. Mae ganddo
       neges iti', h.y. gofyn Bendigeidfran a yw Matholwch am ddod i'r lan ac
       mae gwŷr hwnnw'n ateb trwy ddweud nad yw am ddod i'r lan os na
       chaiff gyflwyno a chyflawni ei fusnes â Brenin Prydain. Yna dywedant
       fod gan Fatholwch fusnes i'w drafod â Bendigeidfran.

33   *'By ryw neges...?'*: 'Pa fath o neges ...?' Ffurf dreigledig ar *py* yw *by* ac
       mae'r ddwy ffurf hyn yn amrywiadau ar yr ansoddair gofynnol *pa*, 'pa';
       gw. GMW §81. Am y duedd i dreiglo nifer o eiriau proclitig yn feddal,
       gw. GMW §20 N.3; cymh. hefyd *ban* yn lle *pan* yn 9, 10, 285, 311, 368,
       429, 437.
       yr eidaw ef: 'yw ei un ef', h.y. sydd ganddo ef. Ffurf 3ydd unigol
       gwrwaidd y rhagenw meddiannol pwysleisiol yw *eidaw*. Gellir
       defnyddio'r rhagenwau meddiannol hyn yn dilyn y fannod bendant, fel yn
       yr achos hwn. Yn aml iawn, ceir y rhagenw personol ategol priodol yn eu
       dilyn; gw. GMW §57 (b); cymh. hefyd *eidunt* 3ydd lluosog y rhagenw
       meddiannol pwysleisiol yn 17.

34   *ymgyuathrachu a*: 'ymuno drwy briodas â; ymgysylltu'n deuluol â', h.y.
       uno dau deulu ynghyd.

36   *Ynys y Kedeirn*: 'Ynys y [Gwŷr] Cedyrn', h.y. Prydain'. Mae *kedyrn ~
       kedeirn* yn amrywiadau ar ffurf luosog yr ansoddair '*cadarn*'; gw. GMW
       §35 (2). Digwydd y ffurf *Ynys y Kedeirn/Kedeyrn* dair gwaith yn y testun
       hwn: 36, 49 ac 88. Ceir y ffurf *Ynys y Kedyrn* yn llawer mwy aml: 253,
       282-3, 295, 307, 325, 352, 353-4, 358, 376-7 a 385. Ceir y term hwn am
       Brydain hefyd yn *Manawydan, Ynys y Kedyrn* (MUL1 7-8). Yn fersiwn y
       Llyfr Coch o *Culhwch ac Olwen*, ceir *teir ynys y kedyrn* lle ceir *teir ynys
       prydein* yn y Llyfr Gwyn (CO 368). Yn *Breudwyt Ronabwy* (BRh 10:3-4)
       cyfeirir at Arthur a'i lu gyda'r geiriau: *neur disgynnassei Arthur a'e lu y
       kedyrn od is Kaer Vadon* lle mae *y kedyrn* yn dynodi *Ynys y Kedyrn*. Yn
       ail ran *Y Seint Greal,* cyfeirir at Brydain gyda'r geiriau *ynys y kedyrn* yn y
       fersiwn Cymraeg er na cheir hyn yn y fersiwn Ffrangeg gwreiddiol; gw.
       Robert Williams (gol. cyf.) *Y Seint Greal: The Holy Greal* (Gwynedd
       1897; adarg. Pwllheli 1987), t. 192; William A. Nitze a T. Atkinson
       Jenkins (gol.), *Le Haut Livre du Graal: Perlesvaus* (Chicago 1932), t. 50
       lle na chyfeirir at Brydain o gwbl rhwng ll. 649-51. Ceir cyfeiriadau at
       Ynys y Cedyrn hefyd yng ngwaith rhai o'r Cywyddwyr: Dafydd Llwyd
       (GDLloF 33:54), Maredudd ap Rhys (GMapRh 27:60), a Lewys
       Morgannwg (GLMorg I, 20:28 a 47:4).

36/7   *ual y bydynt gadarnach*: 'fel y byddent yn gadarnach'. Mae eironi'r
       geiriau hyn yn dod yn amlwg erbyn diwedd y naratif gan i'r ddwy ynys
       gael eu gwanychu'n llwyr ac nid eu cryfhau o ganlyniad i'r uniad
       priodasol rhwng Matholwch a Branwen. Caiff lluoedd y ddwy wlad eu

dinistrio'n llwyr bron. Noder geiriau Branwen: *Da a dwy ynys a diffeithwyt o'm achaws i*, 'Diffeithwyd dwy ynys dda o'm hachos i', 378.

39   *llawen uuwyt wrthaw*: 'Buwyd yn groesawgar wrthynt', h.y. fe'u croesawyd hwy. Ystyr arferol *bot yn llawen wrth* yw 'bod yn groesawgar wrth; rhoi croeso i.'

42   *kymryt kynghor. Sef a gahat yn y kynghor:* 'a chymryd cyngor [a wnaethant]; dyma a gafwyd yn y cyngor', h.y., dyma a benderfynasant ar ôl ymgynghori. Mae'r ymadrodd hwn (neu amrywiad arno) yn digwydd yn bur aml yn y chwedlau. Ceir tair enghraifft arall yn y gainc hon: 112-3, 222-3 a 300. O ran y ceinciau eraill, un enghraifft yn *Manawydan* (MULl 126) a dwy yn *Math* (MUM 83 a 119–120).

43   *tryded prif rieni*: 'un o dair prif riant yr ynys hon.' Gall y trefnolion mewn Cymraeg Canol olygu'r hyn y maent yn ei olygu mewn Cymraeg Diweddar, sef 'trydedd', neu gallant ddynodi 'un o ...', h.y. un o dair yn yr enghraifft hon; gw. GMW §52. Fel y saif yn y llawysgrif, ymddengys mai *rieni* yw'r gair olaf yn yr ymadrodd hwn. Gall yr enw *rhieni* fod yn enw lluosog neu yn enw unigol gwrywaidd neu fenywaidd yn ôl y cyd-destun. Yma enw benywaidd unigol ydyw ac felly mae'n rhaid ei ddeall fel 'rhiant'. O ystyried y cyd-destun hwn, dywedir bod Branwen yn enwog am fod yn un o dair prif riant Prydain, sy'n ymddangos braidd yn gamamserol gan nad yw wedi priodi eto heb sôn am esgor ar blentyn eto. Fodd bynnag, pan ystyrir bod dyfynnu o'r Trioedd yn dechneg i greu dolenni cyswllt â'r traddodiad Cymraeg ehangach, h.y. creu dolen i gysylltu'r gainc hon er enghraifft â cheinciau eraill, nid yw'r dyfyniad presennol yn anodd ei gyfiawnhau. Wedi'r cyfan, bydd gan Franwen fab sy'n symbol o'r uniad gwleidyddol rhwng Prydain ac Iwerddon yn y dyfodol ac felly mae lle pwysig iddi yng nghyd-destun y naratif. Fodd bynnag, gellir diwygio'r testun i *tryded prif riein,* 'un o dair prif foneddiges'. Mae'n ddigon posibl bod yr ysgrifydd wedi camddeall y llythrennau yr oedd yn eu copïo, wedi'r cyfan mae *...in* yn hawdd eu cymysgu am *...ni*. Mae triawd 56 mewn ffordd debyg yn cyfeirio at *Teir Prif Riein Arthur*, 'Tair Prif Foneddiges / Frenhines Arthur'. Serch hynny, nid yw triawd *Teir Prif Riein Ynys Prydein* na *Teir Prif Rieni Ynys Prydein* yn digwydd yn y casgliadau. Un casgliad y gellir ei dynnu yw ei bod yn bosibl mai awdur *Bendigeiduran* a fu'n gyfrifol am greu'r triawd hwn, pa un fersiwn bynnag o'r ddau a gynigiwyd uchod a dderbynnir, a hynny at bwrpasau cydlyniant ei bedair chwedl. Dichon mai Rhiannon ac Aranrhod yw'r ddau aelod arall o'r triawd hwn ym meddwl yr awdur. Neu, mae'n bosibl mai hen driawd sydd yma nas cofnodwyd pan gasglwyd y trioedd eraill ynghyd; gw. TYP lxxi–lxxv.

Mae cyfeiriad uniongyrchol ar ddeg achlysur yn y Pedair Cainc at Drioedd Ynys Prydain: tri arall yn y gainc hon: 392-3, sef Triawd 95; 429-30, sef Triawd 37; 445-6, sef Triawd 53; dau yn *Manawydan*: MULl 9, sef Triawd 8; MULl 121-2, sef Triawd 67; a thri yn *Math*: MUM 253, triawd arall nas cofnodwyd yn y casgliadau; MUM 319–20, sef Triawd 67; MUM 576–7, sef Triawd 30. Noder nad oes cyfeiriad uniongyrchol at yr un triawd yn *Pwyll*.

44 *teccaf morwyn yn y byt oed:* 'y ferch harddaf yn y byd oedd hi'. Dyma enghraifft arall o ormodiaith.

45 *y gyscu genti:* 'i gysgu gyda hi', h.y. cyflawni'r briodas rhwng Branwen a Manawydan. Noder na fanylir ar seremoni briodas ffurfiol gan yr awdur. Y cwbl a geir yn achos priodas yn y Pedair Cainc yw cyfeiriad bod y priodfab yn cysgu gyda'r briodferch. Cymh 'priodas' Pwyll a Rhiannon (PPD 426–8); 'priodas' Manawydan a Rhiannon (MULl 37-8); 'priodas' Lleu a Blodeuwedd (MUM 388). Ceir hefyd beth tebyg yn achos priodas Culhwch ac Olwen (CO 1242), ac yn achos priodas Macsen ac Elen (BMW 221-2).

45/6 *kychwynassant yr yniueroed:* 'cychwynnodd y lluoedd'. Noder y defnyddir berf luosog yma gydag enw lluosog yn oddrych iddi; gw. GMW §198.

46 *Aberfraw:* 'Aberffraw'. Dyma brif lys tywysogion Gwynedd. Fe'i lleolir yn ne-orllewin Môn, bellach ar briffordd yr A4080.

48/9 *Sef ual yd eistedyssant.:* 'Dyma fel yr eisteddasant.' Yn ôl Sioned Davies, ceir math arbennig o fformiwla newidiol wrth drafod croeso a gwledd mewn testun naratif canoloesol. Defnyddir patrwm tebyg bron bob tro gyda mân amrywiadau yn y manylion. Mae pedwar cam yn sylfaen i'r sefyllfa ystrydebol hon; gw. CyC143–4 a 172–6:

(i)   y croeso a'r paratoadau;

(ii) eistedd wrth y byrddau;

(iii) trefn yr eistedd;

(iv) dechrau'r gyfeddach

Ceir naw enghraifft o'r patrwm hwn yn y Pedair Cainc ac un enghraifft ar bymtheg ohono yn y 'Tair Rhamant', er na cheir yr un yn y pedwar testun naratif arall, *Breuddwyd Macsen*, *Breuddwyd Rhonabwy*, *Cyfranc Lludd a Llefelys*, a *Culhwch ac Olwen*. Ceir dwy enghraifft yn *Bendigeiduran*: hon lle hepgorwyd y cam cyntaf, ac ail un lle ceir pob cam yn bresennol rhwng 116 – 9.

52 *Ny angassei Uendigeituran eiryoet ymywn ty:* 'Nid oedd Bendigeidfran erioed wedi cael ei gynnwys mewn tŷ.' Ar yr olwg gyntaf ymddengys bod hyn yn awgrymu nad oedd Bendigeidfran erioed wedi bod o fewn adeilad, er nad oes dim esboniad yn cael ei gynnig ar y pwynt hwn. Nid oes dim wedi'i ddweud am faintioli corfforol Bendigeidfran hyd yn hyn yn y testun ac mae'n rhaid gochel rhag rhagdybio gormod amdano fel cawr eto. Nid nes y ceir disgrifiad ohono'n cerdded dros y dŵr i Iwerddon gyda cherddorion ar ei gefn (236-8) gan ymddangos fel mynydd â thrwyn mawr fel cefnen mynydd ac â dau lygad fel dau lyn o boptu ei drwyn yn dynesu at lannau dwyreiniol Iwerddon (246-260) y ceir

awgrym eglur mai cawr o ddyn ydoedd. Cytuna'r disgrifiad ohono'n gorwedd fel pont dros afon â'r cysyniad hwn hefyd (274-5). Ym mhobman arall yn y testun, nid oes fawr o bwyslais ar faint ei gorff. Fe ellid cymryd hyn i olygu mai dyn mawr ydoedd ond nid oes rhaid ei ystyried fel cawr. Gellid deall y disgrifiad ohono fel cawr yn drosiadol, h.y. mai cynhaliwr ei deulu a'i bobl ydoedd, un sy'n gweithredu fel 'pont' neu fel cymorth i'w bobl ddibynnu arno. Mae'n wir yr adeiledir tŷ mawr i'w gynnwys yn ddiweddarach yn y testun (303) a phan â Bendigeidfran i mewn i'r tŷ hwn, fe'i lleddir yn fuan wedyn (359-60). Ai rhyw fath o dynged fu ar Fendigeidfran ar y dechrau i beidio â mynd i mewn i adeilad, tynged a dorrir tua diwedd ail ran y testun a thrwy hyn, dioddefa angau? Os felly, rhaid fyddai cydnabod bod yr awdur presennol wedi dehongli'r frawddeg uchod fel disgrifiad o faintioli corfforol Bendigeidfran a dyna a wna iddo ymddangos fel cawr yn cerdded dros y dŵr rhwng Cymru ac Iwerddon; gw. Ian Hughes, '*Geis, Tynghet* a *Kynnedyf*', *Dwned* 19 (2013), 11-37, ar 29-31.

ny angassei: 'nid oedd wedi cael ei gynnwys'. Dyma'r geiryn negyddol *ny* gyda ffurf 3ydd unigol gorberffaith y ferf *gannaf*, bf. *genni*, 'dal; cael lle [yn]; cael ei gynnwys [yn]'. Fel arfer ffurf y bôn yw *gann-* ac yn y trydydd unigol presennol ceir *gein* sy'n amrywio â *geing* gan fod -*n* ac -*ng* yn amrywio ar ddiwedd gair, cymh. GPC *prin* ~ *pring*. Lledodd yr -*ng*- ymhellach fel rhan o'r bôn gan roi *gang-* yn amrywio â *gann-* a dyna'r ffurf a geir yn yr enghraifft hon, *gangassei* ~ *ganassei*. O ran y ffurf a geir yn y Llyfr Coch, *nyt eyngassei,* mae'n debyg bod honno'n seiliedig ar ffurf ferfenwol newydd, *(g)eingaw* sy'n tarddu'n rhannol o ffurf y 3ydd unigol presennol; cymh. 257/8 *Nyt oed long y kynghanei ef yndi,* 293 *Ni enghis ef y mywn ty eiryoet,* 294 *ty ... y ganho ef a gwyr Ynys y Kedyrn yn y neillparth y'r ty,* a 297/8 *ty y ganhei yndaw:* gw. hefyd GMW §168.

57   *meirych:* Ceffylau Matholwch yw'r rhain er nad yw'n glir pam y daethai Matholwch mewn llongau a cheffylau ynddynt o Iwerddon i Gymru. Cofier hefyd i Fendigeidfran a'i lu gyrchu Aberffraw o Harlech ar y tir, a'r gefn ceffylau mae'n debyg, ac i Fatholwch gyrchu Aberffraw ar y môr (46-7). Pam y byddai rhaid i Fatholwch wrth geffylau felly? Awgrym Jenny Rowland yw bod y ceffylau hyn yn rhan o 'egweddi' Branwen, ei gwaddol, sef yr eiddo a ddaw gyda gwraig pan brioda ŵr; yn yr Oesoedd Canol, mae'n sicr y byddai rhodd o geffylau ysblennydd yn eiddo a ystyrid yn werthfawr iawn; gw. 'The Maiming of Horses in *Branwen*', CMCS 63 (2012), 51-69, ar 54 a 68-9.

59   *dydgueith*: 'un diwrnod'. Mae'r adferf amser hon yn digwydd bedair gwaith arall yn *Bendigeiduran*, 143, 215, 239, 419. Mae'n agor is-episod newydd yn y naratif ac mae'n rhagflaenu digwyddiad o bwys ym mhob achos. Am bwysigrwydd cyfnod y diwrnod yn y gainc hon yn hytrach na

chyfnod y flwyddyn fel a geir yn *Pwyll* ac i raddau yn *Math*, gw. CyC 56-9.

59/60 *[y] gwr anagneuedus a dywedassam uchot:* 'y gŵr anheddychlon a grybwyllasom uchod'. Er y ceir y ferf *dweud* yma, mae naws llên ysgrifenedig i'r ymadrodd hwn oherwydd defnyddio'r adferf *uchot.* Ar lafar, disgwylid *gynneu, eisswys* neu *gynt.* At hyn, mae'r defnydd o derfyniad y person 1af lluosog hefyd yn awgrymu testun llenyddol yn hytrach na thestun llafar; cymh. hefyd *a'r yniuer a dywedyssam ni* (233). Ceir brawddeg debyg yn *Manawydan* wrth i'r awdur gyfeirio at y sawl a gladdodd ben Bendigeidfran yn Llundain â'r geiriau canlynol: *Guedy daruot y'r seithwyr a dywedassam ni uchot cladu penn Bendigeiduran yn y Gwynuryn yn Llundein, a'y wyneb ar Freinc* (MUL1 1-2); cymh. y frawddeg ganlynol ar ddechrau Llyfr Iorwerth: *A'r swydogyon kyntaf a ryuassam ny uchot yv rey y llys* (Ior. §2) a hefyd yr enghreifftiau canlynol o Frut y Tywysogion: *yr hwnn a dywedyssam ni uchot* (BTy 86:2), *A'r castell ry dywedassam ni* (BTy 100:16), *Ac wyntwy, a dywedassam ni vry* (BTy 100:23).

61 *pioed:* 'pwy oedd biau'. Am y ferf ddiffygiol hon, gw. 28 *Pieu.*

63 *ac yr gyscwys gan ...:* 'ac mae wedi cysgu gyda ...' Amrywiad ar y geiryn rhagferfol *ry* yw *yr* yma. Mewn Cymraeg Canol, ceir y geiryn *ry* sydd weithiau'n dwyn grym perffeithrwydd, 'mae .. wedi ...', fel yma, ac weithiau rym posibilrwydd. Erbyn diwedd cyfnod Cymraeg Canol, datblygodd *ry*, neu'r amrywiad *yr*, yn eiryn rhagferfol diystyr; GMW §§185–7. Ceir enghreifftiau pellach yn: 73-4 *dy waradwydaw yr a wnaethpwyt*, 85-6 *A reuedawt ry gyueryw*, a 244 *coet ry welsom*; cymh. hefyd: *ual yr lygryssit* (MUL1 264).

66 *tremic uwy:* 'sarhad mwy'. Am y treiglad yma, gw. *Rhagymadrodd*, lvi.

66/7 *guan y dan ... a thorri ...:* 'ymosod ar ... a thorri ...' Noder mai dilyniant o ddau ferfenw sydd yma ac nid berfau rhededig. Am enghraifft arall o'r math hwn o gystrawen, gw. 13 *yn dyuot ... yn kyrchu ... yn nesau ...*

68 *[y]n y caei graf ar ...:* 'lle y câi afael yn ...'. Mae'r ystyr yn glir er bod y Llyfr Gwyn yn darllen *ny caei graf*, sydd ar yr olwg gyntaf yn ymddangos yn gymal negyddol. Yn wir, dyma fel y copïwyd hyn gan ysgrifydd y Llyfr Coch: *ar ny chaei graf ar ...*, nad yw'n gwneud fawr o synnwyr o gwbl. Y cwbl sydd eisiau yw adfer yr *y* o flaen *ny* a rhannu hyn yn fwy ystyrlon i greu *yn y ...*, 'lle y'. Am y defnydd o'r rhagenw *yn* mewn cymal yn dynodi lle, gw. GMW § 76; cymh. hefyd yr enghreifftiau canlynol yn nhestun *Manawydan Uab Llyr: yn yd oed y cawc* (MUL1 166) *yn y doi y dywyssen* (MUL1 232-3), a *yn yd oed Kicua* (MUL1 260).

71 *Sef ual y doeth:* 'Dyma fel y daeth'. Am y defnydd o *sef* ar ddechrau cymalau, gw. *Rhagymadrodd*, lix.

73/4 *dy waradwydaw yr a wnaethpwyt:* 'dy waradwyddo a wnaethpwyd', h.y. cefaist dy sarhau. Am y geiryn rhagferfol *yr*, gw. 63 *ac yr gyscwys gan ...*

Fel arfer, ni fyddai angen y rhagenw perthynol *a* pan ddefnyddid y geiryn perffeithiol *ry ~ yr*, e.e. *seith cantref Dyuet yr edewit y mi*, 'saith cantref Dyfed a adawyd i mi' (MUL1 13-4). Serch hynny, dechreuwyd defnyddio *a* gyda'r geiryn *yr / ry* yn ddiweddarach fel yn yr enghraifft ganlynol o *Peredur*: *pwy a ry fu yma gwedy mifi*, 'pwy a fu yma ar fy ôl i?' (11:10-1). Cystrawen debyg a geir yma yn *Bendigeiduran* gyda'r geiryn *yr* yn rhagflaenu'r rhagenw perthynol *a;* mae'n werth nodi mai tebyg iawn i'w gilydd fyddai'r seiniau *a ry* ac *yr a;* gw. GMW §65 N.2.

75   *morwyn gystal, kyuurd:* 'merch gystal, mor urddasol'. Er nad yw'r ddau ansoddair hyn yn llwyr gyfystyr, mae'r defnydd ohonynt yn y cyd-destun hwn yn debyg i ymadroddion eraill; gw. 13 *[k]erdet rugyl ebrwydd*.

77   *ti a wely [y] dangos ef:* 'fe weli di ei eglurhad ef', h.y. fe gei di esboniad. Er bod yr ystyr yn ddigon eglur yma, mae'r gystrawen ychydig yn broblemus. Yn y Llyfr Gwyn, ceir: *ti a wely dangos ef*. Gellid esbonio hyn trwy awgrymu bod 3ydd unigol gwrywaidd y rhagenw blaen *y*, 'ei', wedi'i lyncu gan yr *–y* ar ddiwedd y ffurf ferfol *[g]wely*. Dyna a awgrymir yn nhestun y golygiad presennol. Un esboniad arall a gynigiwyd gan Ifor Williams yw y gellid ychwanegu *os* ar ôl *dangos* gan ddarllen: *ti a wely dangos [os] ef*, 'fe weli di eglurhad os ef', h.y. os felly y mae; gw. PKM 172. Y posibiliad arall yw y dylem lynu wrth ddarlleniad y Llyfr Coch, *ti a wely dangos mae ef*, 'fe weli di eglurhad, mai ef', h.y. mai felly y mae. Mae penblethdod Matholwch yn hawdd ei ddeall: paham y byddai'r Cymry yn ei sarhau ar ôl iddo briodi Branwen ac nid ynghynt?

      Ac nyt oes it a wnelych namyn... : 'Ac nid oes gennyt ddim a wnei di ond', h.y. ac nid oes dim iti ei wneud ond ... . Sylwer ar y fordd y bydd Matholwch yn dibynnu ar gyngor ei wŷr bob tro. Mae fel petai'n methu gwneud penderfyniad drosto ei hun ac mae'r methiant hwn yn sail i lawer o'r tyndra yn y gainc hon.

80   *heb ouyn, heb ganhyat:* 'heb ofyn, heb ganiatâd'. Dyma enghraifft arall o gyfystyron gan fod y ddau enw yma'n cyfeirio at y confensiwn o ofyn am ganiatâd y sawl sydd biau'r llys cyn ymadael ag ef. Trwy beidio â gofyn, mae Matholwch yn sarhau Bendigeidfran a'i lys. Yn *Math*, gofyn Gwydion am ganiatâd cyn gadael llys Pryderi: *kymeryssant wy ganheat* (MUM 86). Nodir hefyd fod Peredur yn ceisio caniatâd ei ewythredd cyn gadael eu llysoedd (*Peredur* 18:22 ac 20:23).

81   *Idic uab Anarawc:* 'Iddig fab Anarawg' neu o bosibl 'fab Anarawt'. Ni wyddys pwy yw hwn. Digwydd ei enw eilwaith yn y gainc, 228, pan gaiff ei benodi yn un o'r saith marchog a adewir gan Fendigeidfran i reoli Prydain yn ei absenoldeb. Am nodyn ar y cymeriad hwn ynghyd â chymeriad arall o enw cyffelyb yn achau Harleian 3859, gw. Glyn E. Jones, 'Idic Uab Anarawt Walltgrwn: Cynweisiad', B 25 (1972), 14-19. Nid yw'r enw Anarawd yn anghyffredin yn yr Oesoedd Canol yng

Nghymru: yr oedd mab o'r enw hwnnw gan Rodri Mawr a chan Ruffydd ap Rhys o Ddeheubarth.

81/2   *Eueyd Hir:* 'Efëydd Hir'. Mae *Hir* yn epithet digon cyffredin ac mae'n awgrymu taldra, cymh. *Kei Hir* yn nernyn Cymraeg o stori Trystan ac Esyllt; gw. Ifor Williams, 'Trystan ac Esyllt', B 5 (1930), 115-29, ar 117; cymh. hefyd Hir Erwm (CO 305), Hir Atrwm (CO 306), Hir Amren (CO 323), Hir Eidyl (CO 323). Mae'r enw Heueyd Hen ~ Eueyd Hen yn digwydd yn y gainc gyntaf fel enw tad Rhiannon (PPD 285, 362, 401). Ai yr un cymeriad yw Eueyd Hir yn y gainc hon? Noder yr anfonir hwn eto i siarad â Matholwch yn 101, y tro hwnnw yng nghwmni Manawydan ac Unig Glew Ysgwydd. Mae Euehyd Hir hefyd yn un o'r saith marchog a adewir gan Fendigeidfran i reoli Prydain yn ei absenoldeb; gw. 227.

82   *Y guyr hynny a'y godiwawd ac a ouynyssant idaw:* 'Daeth y gwŷr hynny hyd ato a gofyn iddo'. Noder mai ffurf 3ydd unigol gorffennol yw'r ferf *godiwawd* a ffurf 3ydd gorffennol lluosog yw'r ferf *[g]ouynyssant.* Mae *godiwawd* yn ffurf orffennol trwy newid llafariad y bôn (*godiwed > godiwawd;* gw. GMW §133 (c) (1). O ran cytundeb rhif y ferf a'i goddrych, gw. GMW §199; gw. hefyd 96 *E gwyr a ymchwelwys.*

82/3 *pa darpar oed yr eidaw:* 'pa fwriad oedd ganddo'. Am *yr eidaw,* gw. 33.

84   *pei ys gwypwn:* 'pe gwyddwn hynny'. Y ffurf wreiddiol ar y cysylltair amodol hwn oedd *bei,* sef 3ydd unigol amherffaith dibynnol y ferf *bot;* gw. GMW §274. Gwanychwyd y ddeusain *-ei-* yn *-e-* neu *-y-* gan roi'r ffurfiau *by* ac wedyn *pe, py, pa;* gw. GMW §6. Defnyddid y ffurf hon yn ddiweddarach yn gysylltair amodol. Ar ôl y cysylltair hwn, ceir ffurf lafarog ar y rhagenwau mewnol gwrthrychol, yma ffurf y 3ydd unigol gwrywaidd *ys,* yn cyfeirio yn ôl at *achaws* yn y frawddeg flaenorol; GMW §59.

85   *Ac ny duc neb kyrch waeth no'r dugum ymma:* 'Nid aeth neb ar daith waeth ar na'r un yr wyf wedi dod arni yma.' Am dreiglo ansoddair ar ôl enw gwrywaidd unigol, gw. *Rhagymadrodd,* lvi. Mae *dug* yn ffurf orffennol ar y ferf *dygaf, dwyn.* Llunnir gorffennol y ferf hon trwy newid llafariad y bôn: *dwg > dug;* gw. GMW §133 (c) (1); *dugum* yw ffurf 1af unigol gorffennol y ferf hon ac mae'r terfyniad *-um* yn nodweddiadol o ffurf y person hwn yn achos nifer o ferfau afreolaidd, yn enwedig y rhai nad ychwanegant *-s-* yn y gorffennol; gw. GMW §143 N.1. Mae'r ffurf *no'r* yn cynnwys y cysylltair *no(c),* 'na(g)', ynghyd â'r geiryn rhagferfol *'r < ry* sy'n rhoi ystyr berffeithiol i'r ferf; gw. GMW §185 (a).

85/6 *A reuedawt ry gyueryw a mi:* 'Mae rhyfeddod wedi cyfarfod â mi', h.y. wedi digwydd i mi. Ffurf 3ydd unigol presennol y ferf *kyuaruot* yw *kyueryw,* gw. GMW §153. Am rym y geiryn *ry,* gw. uchod.

86   *Bronwen:* Mae'n ddigon posibl mai Bronwen, 'mynwes deg', yw ffurf wreiddiol enw'r cymeriad hwn a newidiwyd trwy gydweddiad ag enw ei brawd Brân / Bendigeidfran, gan nad yw'r lliw gwyn fel arfer yn

gysylltiedig â brain. Noder fel y cyffelybir gwallt cariadferch Peredur i ddüwch y frân (*Peredur* 30:26-8); cymh. BDLl 154-5. Serch hynny, gallai 'brân wen' fod yn gyfystyr â rhywbeth prin a rhyfeddol ac mae hynny'n gweddu i'r cymeriad benywaidd hwn; gw. *Rhagymadrodd*, xxxii-xxxv. Noder mai *Branwen* neu *Branuen* a geir yn P6; gw. Atodiad 11 a 30.

87/8   *yn uerch y urenhin Ynys y Kedeyrn:* 'yn ferch i frenin Prydain.' Ar yr olwg gyntaf mae hyn yn ymddangos yn wall gan mai chwaer Bendigeidfran yw Branwen, nid ei ferch. Serch hynny, os deellir hyn i olygu bod Branwen 'yn ferch o dras frenhinol', mae'r gosodiad yn gywir.

95   *ni eill ef uy niwaradwydaw i:* 'ni all ef ddileu fy ngwaradwydd i'. Mewn ffordd, dyma graidd helynt y gainc hon. Mae Matholwch yn ddi-ildio ei safiad na ellir ar unrhyw gyfrif ddileu ei sarhad. Beth bynnag fo'r iawndal a gynigir iddo gan Fendigeidfran, fe bery ei sarhad. Yr hyn sydd angen yma yw maddeuant; gellir maddau i rywun am sarhad a achoswyd ac wedyn dyna fyddai diwedd y mater. Dyma a wneir gan Fath yn y gainc olaf ar ôl cosbi Gwydion a Gilfaethwy, mae'n cynnig *tangneued,* 'heddwch ar ôl cosb', a *kerennyd,* 'cyfeillgarwch a chymodiad', iddynt (MUM 232). Yn *Bendigeiduran,* ceir sarhad, ymgais i dalu'n iawn, ac wedyn dial am y sarhad eto; cymh. 201.

96   *E gwyr hynny a ymchwelwys:* 'Dychwelodd y gwŷr hynny'. O ran y cytundeb rhwng goddrych a berf, gw. 82 *Y guyr hynny a'y godiwawd ac a ouynyssant idaw.* Diddorol yw nodi yma mai lluosog yw'r ferf yma yn y Llyfr Coch: *Y gwyr hynny a ymchoelassant.*

101   *Euehyd Hir:* gw. 81 uchod.
Unic Glew Yscwyd: Mae hwn hefyd yn un o'r saith marchog a adewir gan Fendigeidfran i reoli Prydain yn ei absenoldeb; gw. 227.

102   *ef a geif march:* 'fe gaiff farch'. Mae'r geiriau hyn yma'n adlewyrchu geiriau uniongyrchol Bendigeidfran wrth iddo drosglwyddo ei neges i'w negeswyr: "Caiff ef [h.y. Matholwch] farch iach am bob un a ddifethwyd".
pob un o'r a lygrwyt: 'pob un o'r rhai a ddifethwyd'. Daw'r *'r* yma o'r rhagenw dangosol *ar* yn golygu 'y sawl; y rhai; y rheini'; mae'n cyfeirio yma at *meirch;* gw. GMW §75.

103   *wynepwerth:* 'iawndal'. Gall *wynepwerth* olygu naill ai statws gymdeithasol unigolyn neu'r iawndal a delid iddo am ei sarhau yn ôl ei statws. Yma, mae'n amlwg mai'r ail ystyr sy'n gweddu orau gw. HDdL xxx–xxxi; a Dafydd Jenkins, *Cyfraith Hywel* (Llandysul, 1970), 60–79.

103/4   *llathen aryant a uo kyuref [a'e uys bychan] ... a'y wyneb:* 'gwialen arian sydd mor drwchus â'i fys bach ac mor hir ag ef ei hun, a phlât aur sydd mor llydan â'i wyneb'. Ychwanegwyd y geiriau rhwng bachau petryal ar sail awgrym Ifor Williams ac ar sail yr hyn a geir yn y Cyfreithiau Cymraeg; gw. PKM 176-77. Ni ellir dychmygu rhoi gwialen arian *mor drwchus* ac mor hir ag ef ei hun fel y byddai rhaid deall hyn oni bai am yr ychwanegiad. Yn Llyfr Iorwerth, dywedir fel a ganlyn am iawndal brenin Aberffraw am ei sarhau:

> *Sarhaet brenhyn Aberfrav ual hyn y telyr: can muw vrth pob kantref a uo*
> *ydaw, a tharv gvyn eskyuarllennyc vrth pob can muv onadunt,* a guyalen eur
> gyhyt ac ef ehun a chyn urasset a'y vys bychan, a chlaur eur cywlet a'y
> vyneb *a chyn tewet ac ewyn amaeth ryvo amaeth nav blyned. Ny thelyr eur*
> *namyn y urenhyn Aberfraw.* (Ior. §3 9-14).

> 'Fel hyn y telir iawndal brenin Aberffraw: can buwch oddi wrth bob cantref
> sydd ganddo, a tharw gwyn a chanddo glustiau coch am bob can buwch
> ohonynt, *a gwialen aur cyn daled ag ef ei hun ac mor drwchus â'i fys bach, a*
> *phlât aur mor llydan â'i wyneb* ac mor drwchus ag ewin arddwr a fu'n aredig
> am naw mlynedd. Ni thelir aur ond i frenin Aberffraw.'

Noder fel y cynigir yr iawndal iddo bron yn union fel y'i cynigid i frenin Aberffraw – megis i Fendigeidfran ei hun yn y cyd-destun hwn – ond gydag un gwahaniaeth: gwialen arian a gynigir i Fatholwch ac nid un aur, er mai aur yw'r plât a gynigir iddo. O ganlyniad, cynigir llai iddo nag y dylid ei gynnig i frenin Aberffraw a hynny am nad brenin Aberffraw ydoedd.

105/6 *a phan yw o'm anuod inheu y gwnaethpwyt hynny:* 'ac mai yn erbyn fy ewyllys y gwnaethpwyd hynny'. Er mai adferf ofynnol oedd *pan* yn wreiddiol (cymh. 136 *pan doeth yti y peir ...*), datblygodd yn gysylltair cyffredin i'w ddefnyddio i agor cymal enwol pwysleisiol yn union fel *y mae* isod; gw. GMW §87.

106/7 *ac y mae brawt un uam a mi a wnaeth hynny:* 'ac mai brawd o'r un fam â mi a wnaeth hynny'. Defnyddir *y mae* i agor cymal enwol lle ceir y gystrawen bwysleisiol. Cyfetyb i *mai* heddiw; gw. GMW §148 (b) (3). Brodyr o'r un fam, sef Penarddun (7), yw Bendigeidfran ac Efnysien; tad Bendigeidfran (Manawydan a Branwen) yw Llŷr (1) ond tad Efnysien (a Nysien) yw Euroswydd (7). Oherwydd eu perthynas waed, byddai'n anodd i Fendigeidfran fynd ag Efnysien gerbron y llys. Yn ôl y Cyfreithiau Cymraeg, byddai teulu'r cyhuddwr yn dwyn achos yn erbyn teulu'r cyhuddedig. Nid cyfraith a weithredid gan y wladwriaeth oedd y llys ond cyfraith un 'genedl' yn erbyn 'cenedl' arall, sef cyfraith genhedlig. Yn yr Oesoedd Canol, ystyr 'cenedl' yw tylwyth neu deulu, ac felly yr oedd yn system gyfreithiol pan âi un teulu yn erbyn teulu arall, cyhuddwr yn erbyn cyhuddedig; gw. Dafydd Jenkins, *Cyfraith Hywel* (Llandysul, 1976), yn enwedig 'Gweinyddu'r Gyfraith', 94-108. Wedi'r dyfarniad, talai'r teulu a gollai'r achos iawndal i'r teulu arall. Yn achos Bendigeidfran ac Efnysien, gan eu bod yn hanu'n rhannol o'r un teulu, ar ochr eu mam, anodd fyddai i Fendigeidfran fynd ag aelod o'i deulu ei hunan i'r llys.

111 *ac ef a'e guerendewis:* 'a gwrandawodd ef arnynt.' Ffurf 3ydd lluosog y rhagenw mewnol gwrthrychol yw'r *'e* yma, yn cyfeirio yn ôl at y *kennadeu,* 'y negeswyr', yn y llinell flaenorol.

114 *a uei uwy:* a fyddai'n fwy'. Am y cymal yma, gw. *Rhagymadrodd,* lvi. Y prif bwynt yma yw bod Matholwch a'i wŷr yn sylweddoli, petaent yn gwrthod yr iawndal a gynigiwyd gan Fendigeidfran, ei bod yn fwy tebygol y caent fwy o gywilydd nag o iawndal yn y pen draw. Dyna'r pam y penderfynant dderbyn y telerau hyn a dychwelyd i lys Brenin Prydain.

116 *y pebylleu a'r palleu:* 'y pebyll a'r tentiau', h.y. y gwersyll i gyd. Mae *pebyll* yn air unigol mewn Cymraeg Canol a'i ffurf luosog yw *pebylleu.* Erbyn hyn, ailffurfiwyd yr unigol yn *pabell* gan gadw *pebyll* ar gyfer y lluosog ar batrwm geiriau megis *castell : cestyll;* gw. GMW §30 (c) (1). Am y defnydd o gyfystyron yn y gainc, cymh. 13 *[k]erdet rugyl ebrwydd.*

116/7 *ar ureint kyweirdeb yneuad:* 'yn null trefniadau neuadd', sef yn y ffordd y byddent yn trefnu neuadd, h.y. fel petai'r pebyll yn adeiladau go iawn. Am *yneuad,* gw. 28 *yniuer.* Dynodai'r *(y)neuad* ran swyddogol y llys lle cynhelid achlysuron swyddogol megis cynadleddau, llysoedd barn, gwleddoedd ffurfiol a.y.b. Cyferbynnir hyn â'r term *ystauell* a ddynodai ran breifat y llys a berthynai i'r arglwydd a'i deulu, yn enwedig ei wraig a'r swyddogion a berthynai iddi; gw. WKC 58–62.

117/8 *Ac ual y dechreuyssant eisted ar dechreu y wled:* 'Ac fel y dechreuasant eistedd ar ddechrau'r wledd', h.y. fel yr eisteddasant o'r blaen. Dyma ymgais i osgoi undonedd trwy ailadrodd trefn yr eistedd fel y manylwyd o'r blaen; gw. 48-51.

120 *nachaf yn ardiawc gan Uendigeituran ... kyn no hynny:* 'dyma'r sgwrs a gâi ef gyda Matholwch yn ddifywyd ac yn drist yn nhyb Bendigeidfran a llawenydd hwnnw wedi bod yn gyson cyn hynny.' Mae Bendigeidfran yma'n cymharu tristwch a llesgedd ei ymddiddan gyda Matholwch y noson honno a'i lawenydd amlwg trwy gydol y sgwrs cyn gweithredoedd Efnysien. Ystyr *ardiawc* yw 'difywyd' ac er bod yr ystyr yn glir o'r cyd-destun ac er bod y gair yn seiliedig ar y gwreiddyn *diawc,* 'diog', dyma'r unig enghraifft o'r gair hwn yn GPC.

122/3 *uychanet a gawssei o iawn am y gam:* 'cyn lleied o iawndal yr oedd wedi'i gael am ei gam.' Am y defnydd yma o ffurf gradd gyfartal ansoddair, gw. GMW §45; gw. hefyd *Rhagymadrodd,* lvi.

123 *iawn:* 'ad-daliad i unioni cam'; gw. GPC. Mae iawndal yn rhywbeth a osodwyd yn ôl 'wynebwerth'; gw 103.
[c]am: 'anghyfiawnder'. Ystyrid *cam* yn ddrwgweithred bersonol yn erbyn yr unigolyn a dyna yw grym y gair yn y cyd-destun hwn, gan i Efnysien, ac o ganlyniad teulu Efnysien, h.y. Bendigeidfran hefyd, wneud cam personol â Matholwch; gw Dafydd Jenkins, *Cyfraith Hywel* (Llandysul, 1970), 60–1.

124 *un nos:* 'y noson arall', h.y. y noson o'r blaen.

yr bychanet genhyt ti dy iawn: 'oherwydd mor fychan yn dy farn di oedd dy iawndal'. Am *yr*, 'oherwydd', gw. GMW §246. Am *bychanet*, gw. uchod.

125   *wrth dy uynnu:* 'yn ôl dy ddymuniad'.

126   *Mi a delediwaf dy iawn:* 'Ychwanegaf at dy iawndal'. Dyma'r unig enghraifft o'r ferf hon yn GPC. Mae'n amlwg yn seiliedig ar yr ansoddair *telediw* sy'n golygu 'hardd, prydferth, llawnwerth, addas' ac felly mae'r ferf yn golygu 'tecáu; gwneud yn hardd; talu'r gwerth yn llawn'.

127   *peir:* 'pair; crochan'. Mae'r pair hwn yn meddu ar bwerau arbennig. Mewn ffordd, mae'n debyg i beiriau eraill a chanddynt nodweddion rhyfeddol, megis pair Diwrnach Wyddel yn *Culhwch ac Olwen* (CO 635-6 a 1036-56). Am fanylion pellach, gw. 361 *Talyessin*.
       [k]ynnedyf: 'hynodrwydd'. Mae'n golygu bod rhywbeth rhyfeddol yn perthyn i'r person / gwrthrych dan sylw. Digwydd y gair hwn hefyd yn *Math* wrth gyfeirio at hynodrwydd y Math, sef y gall glywed unrhyw sibrwd a laferir gan ddynion os gafaela'r gwynt ynddo' (MUM 22-4). Yn *Culhwch ac Olwen* defnyddir y gair *kynnedyf* i ddisgrifio priodoleddau rhyfeddol Cai (CO 388). Am ymdriniaeth fanylach â'r term, gw. Ian Hughes, '*Geis, Tynghet* a *Kynnedyf*', *Dwned* 19 (2013), 11-37, ar 31-33.

129   *eithyr na byd llyueryd ganthaw:* 'ond na fydd lleferydd ganddo', h.y. ni fydd yn gallu siarad. Mae'n amlwg bod gan y crochan yma bwerau hud arallfydol: daw dyn marw yn fyw eto o'i daflu ynddo, ond bydd yn fud. Mae mudandod yn nodwedd sy'n perthyn i drigolion 'arallfydol' a cheir nifer o enghreifftiau o hyn mewn sawl testun canoloesol arall. Yn *Manawydan*, adroddir bod caer arallfydol yn ymddangos mewn lle na fu caer erioed o'r blaen. Wrth i Bryderi a Rhiannon ymweld â hi, collant eu gallu i symud yn rhwydd ynghyd â'u gallu i siarad (MULl 168-9). Gellir cymharu disgrifiad o fudandod cymeriadau mewn cyd-destun arallfydol â'r hyn a geir yn y gerdd *Preiddeu Annwfn*, wedi'i chadw yn Llyfr Taliesin, lle dywedir nad yw'n hawdd siarad â thrigolion y gaer arallfydol gan eu bod yn fud (BT 55:15–17, a LPBT 433–51, yn enwedig 436, llinellau 30-32):

> *Tra Chaer Wydyr ny welsynt wrhyt Arthur:*
> *tri vgeint canhwr a seui ar y mur;*
> *oed anhawd ymadrawd ae gwylyadur.*

> 'Ni welsent wrhydri Arthur y tu draw i'r Gaer Wydr
> safai tri chan gŵr ar ei mur;
> anodd oedd siarad â'i gwyliedydd'

At hyn, un o'r enwau a ddefnyddir ar gyfer y gaer arallfydol yn y gerdd hon yw *Gaer Rigor* (BT 55:13). A olygir wrth hyn fod anystwythder corfforol yn nodweddu bywyd yn y gaer arallfydol? Gellir nodi hefyd yn y cyswllt hwn ddisgrifiad o daith deg llongaid ar hugain o Wyddyl dros y môr o Sbaen i Iwerddon yn *Historia Brittonum*. Adroddir iddynt weld tŵr gwydr yng nghanol y môr ac iddynt weld gwŷr ar y tŵr, ac iddynt geisio ymddiddan â hwy heb gael ateb ganddynt; gw. David N. Dumville (gol.), *The Historia Brittonum* (Cambridge, 1985), 68:8–12, a John Morris (gol., cyf.), *Nennius: British History and The Welsh Annals* (London and Chichester, 1980), 20, §13. Am y ffurf *ganthaw*, gw. *Rhagymadrodd* xvi.

131/2 *tra barhawd meirych dof*: 'tra parhaodd meirch dof', h.y. tra oedd digon o feirch wedi'u dofi ar gael.' Dilynir y cysylltair *tra* mewn Cymraeg Canol gan y treiglad meddal. O ran y llafariad lusg yn y gair *meirych*, gw. *Rhagymadrodd*, liii.

134 *kymwt*: 'cwmwd'. Mae GPC yn cynnig yr esboniad canlynol ar y gair *cwmwd*: 'Uned neu ran o diriogaeth gwlad yng Nghymru gynt y cynhelid llys barn ynddi i weinyddu cyfraith, a dau (neu weithiau ychwaneg) ohonynt yn ffurfio cantref.' Yn ôl pob tebyg, y cwmwd y cyfeirir ato yma yw Talybolion, un o'r ddau gwmwd yng nghantref Cemaes yng ngogledd Ynys Môn. Twrcelyn yw'r cwmwd arall.

Talebolyon: Mae hon yn enghraifft o stori onomastig gan ei bod yn amlwg bod yr awdur yn deall enw'r cwmwd fel 'taliad ebolion.' Fodd bynnag, mae'n bur debyg mai 'ymyl y bryniau' neu 'ymyl y pantiau' yw gwir ystyr yr enw lle Talebolion. Ceir *tal* yn golygu 'pen; ymyl' mewn nifer o enwau lleoedd, e.e. Tal-y-bont, h.y. 'pen y bont'. Digwydd *bol* (llu. arferol *boliau*), sy'n gallu golygu naill ai 'chwydd [yn y tir]', h.y. bryn, neu 'ceudod', h.y. pant yn y tir, hefyd mewn ambell enw lle, megis Cors-y-bol a Rhos-y-bol, y ddau yn enwau a geir yng nghantref Cemaes; gw. hefyd 375 *Aber Alaw yn Talebolyon*.

Yma ceir y tair elfen a nodwedda storïau onomastig yn gyffredinol, sef (1) adferf amser yn pontio'r gorffennol storïol a'r presennol, *o hynny allan* yma; (2) berf yn dynodi 'galw ar; enwi', *dodet ar* yma; (3) ymadrodd adferfol yn dynodi rheswm megis *wrth hynny* 'oherwydd hynny' yma. Ceir sawl enghraifft arall o stori onomastig yn *Bendigeiduran*: yr enw lle Llyn y Pair (144), gw. isod; yr enw lle Saith Marchog (223-6), gw. isod; tarddiad y ddihareb 'A fo ben, bid bont' (269-73), gw. isod; yr enw lle Baile Átha Cliath, sef Tref Rhyd y Clwydau, Dulyn bellach (274-5), gw. isod; rhaniadau Iwerddon (434-41), gw. isod.

Ceir llawer o storïau onomastig yn y chwedlau eraill hefyd gyda'r rhan fwyaf ohonynt yn ymgais i esbonio enwau priod ac enwau lleoedd, ond ambell waith ceir esboniad ar darddiad enwau cyffredin neu enw teitl chwedl, neu hyd yn oed ar darddiad gêm. Fel arfer, mae'r elfen esboniadol yn gwbl eglur, ond yn achlysurol, nid yw'r hyn y ceisir ei esbonio mor amlwg o'r cyd-destun. Cyfeirir at y canlynol:

Pwyll Pendefig Dyfed:

(i) teitl yr arwr Pwyll Pendefig Dyfed (PPD 187–91);

(ii) enw'r gêm broch yng nghod (PPD 392–398);

(iii) yr enw priod Pryderi (PPD 614–7);

Manawydan fab Llŷr:

(i) dull lliwio cyfrwyau a ddyfeisiwyd gan Lasar Llaes Gygnwyd (MULl 79-83) gw. hefyd isod 138;

(ii) teitl chwedl Mabinogi Mynweir a Mynord (MULl 375-6);

Math fab Mathonwy:

(i) yr enw cyffredin hanner hob (MUM 38–9);

(ii) yr enwau lleoedd Mochdref, Mochdref, Mochnant, Mochdref (MUM 89–90; 92; 94; 96);

(iii) yr enw lle Creuwyrion (MUM 100);

(iv) yr enw lle Nant Call (MUM 124);

(v) yr enwau priod Hyddwn, Hychdwn a Bleiddwn (MUM 199; 211; 221);

(vi) yr enw priod Dylan Ail Ton (MUM 250–1);

(vii) yr enw priod Lleu Llaw Gyffes (MUM 314–7);

(viii) yr enw lle Dinas Dinlle (MUM 326);

(ix) yr enw priod Blodeuwedd (MUM 387);

(x) yr enw lle Nantlle (MUM 512);

(xi) yr enw lle Llyn y Morynion (MUM 552);

(xii) yr enw blodeuwedd am 'dylluan' (MUM 561–3);

(xiii) yr enw Llech Gronwy (MUM 590–1);

Cyfranc Lludd a Llefelys:

(i) yr enw lle Llundain (CllaLl) 12–14;

Breuddwyd Macsen Wledig:

(i) yr enwau lleoedd Cadair Facsen a Chaerfyrddin (BMW 233–8);

(ii) enw ffordd Sarn Helen (BMW 238–242);

(iii) yr enw lle Llydaw (BMW 316–320);

Culhwch ac Olwen:

(i) yr enw priod Culhwch (CO 10–11);

(ii) yr enw lle Paris (CO 277–8);

(iii) yr enw priod Olwen (CO 498);

(iv) yr enw priod Goreu (CO 810–11);

(v) yr enw priod Cyledr Wyllt (CO 994–6);

(vi) yr enw lle Mesur y Pair (CO 1053–6);

Breuddwyd Rhonabwy:

(i) yr enw priod Iddog Cordd Prydain (BRh 4:27–5:11).

136   *pan doeth yti y peir a rodeist ymi?:* 'O ble y daeth iti y crochan a roddaist i mi?' Adferf ofynnol yw *pan* yma sydd yn golygu 'o ba le'. Am ddatblygiad *pan* fel geiryn perthynol ac fel cysylltair gw. GMW § 87; cymh. hefyd 105 *a phan yw.*

137   *y'th wlat ti:* 'yn dy wlad di'. Mewn Cymraeg Canol, ceir y ffurf *y* yn lle *yn* o flaen y rhagenwau mewnol *'m* a *'th;* gw. GMW §222; cymh. hefyd 281 *y'th wyd di.*

ac ni wn na bo yno y caffo: 'ac ni wn i [yn wahanol] nad yno y'i cafodd', h.y. ac am wn, fe gafodd ef y pair yno yn Iwerddon. Nid oes gan Fendigeidfran le i amau nad yw'r crochan yn hanu'n wreiddiol o Iwerddon. Mae'r ferf *caffo* yn 3ydd unigol presennol dibynnol y ferf *caffael*, 'cael'. Am y defnydd hwn o'r dibynnol, gw. *Rhagymadrodd*, lxv. Yn wreiddiol mewn Cymraeg Canol, defnyddid y cyplad *ys* ar ddechrau brawddeg er mwyn pwysleisio unrhyw elfen a leolid o flaen y brif ferf, GMW §145 N.3. Fe gytunai'r cyplad ag amser a modd y brif ferf ei hun, GMW §146. Mewn brawddegau negyddol, defnyddid *nit/nyt* yn yr amser presennol ac *ni/ny bu, ni/ny byd, nit/nyt oed* a.y.b., pan fyddai'r ferf yn un o'r amserau eraill. Yn y presennol dibynnol felly, ceid *ni/ny bo*. Yn y frawddeg hon yn y testun, mae'r negydd yn digwydd mewn cymal enwol ac felly *na bo* yw'r ffurf.

140   *o'r ty hayarn:* 'o'r tŷ haearn' Sylwer ar y defnydd o'r fannod yma, fel petai'n gyfeiriad at un tŷ haearn arbennig y dylai pawb wybod amdano. Fodd bynnag, defnyddir y fannod bendant weithiau mewn Cymraeg Canol i dynnu sylw at rywun neu rywbeth a fyddai fel arfer yn amhendant ac fe ddichon mai dyna'r defnydd yma; gw. GMW §28 (a). Y mae amryw o draddodiadau canoloesol yn cofnodi stori lle bydd arwr / arwyr yn dianc o dŷ ar dân. Fel y nododd Patrick Sims-Williams, yr oedd rhoi tŷ gelyn ar dân un ai i losgi'n fyw y rhai y tu mewn neu i'w gyrru allan o'r adeilad yn beth digon cyffredin yn hanes rhyfela. Yr oedd creu naratif a gynhwysai stori am dwyllo'r gelyn i mewn i adeilad cryf a'i gaethiwo o'i fewn ac yna geisio ei losgi yn ddatblygiad digon naturiol; gw. IIMWL 262-3. Fodd bynnag, gan fod y rhan hon o'r Ail Gainc yn trafod digwyddiad yn Iwerddon, digon naturiol hefyd yw chwilio am gytrasau Gwyddeleg a allai fod yn ffynhonnell ar gyfer y tŷ haearn yma. Ymysg y testunau Gwyddeleg hyn, mae'n werth nodi'r tri chanlynol:

(i) *Orgain Denna Ríg*, 'Dinistrio Dind Ríg', chwedl o Leinster yn nwyrain Iwerddon. Uchafbwynt y chwedl hon yw'r tŷ haearn a adeiledir gan Labraid Brenin Leinster er mwyn lladd ei ewythr drwg Cobthach. Denir Cobthach ynghyd â deg brenin ar hugain arall a saith can milwr i mewn i'r tŷ haearn, rhoddir digonedd o fwyd a diod iddynt ac yna fe'u caethiwir ynddo. Cyneuir tân o gwmpas y tŷ ac fe ddefnyddir cant a hanner o feginau i gynnal y tân. Lleddir pawb o fewn y tŷ ac ni ddianc neb ohono; gw. IIMWL 269-72 a BDLl 17-8).

(ii) *Mesca Ulad*, 'Meddwdod Gwŷr Ulster', chwedl sy'n adrodd am yr hen elyniaeth rhwng gwŷr y dalaith ogleddol a gwŷr gweddill ynys Iwerddon. Unwaith eto, uchafbwynt y stori hon yw'r tŷ pren (mewn un fersiwn) neu'r tŷ haearn (mewn fersiwn arall) a adeiledir ar gyfer gwŷr Ulster. Gweinir arnynt â bwyd a diod nes iddynt feddwi o fewn y tŷ. Yna caeir y tŷ arnynt, cyneuir tân o'i gwmpas a defnyddir cant a hanner o feginau i chwythu'r tân. Y tro hwn, fodd bynnag, tyr yr arwr Cú Chulainn drwy'r drws (drwy'r wal yn yr ail fersiwn) ac fe ddianc pawb yn fyw o'r llosgfa; gw. IIMWL 272-4 a BDLl 18-20.

(iii) *Bórama*, 'Taliad Gwartheg', chwedl hir sy'n adrodd am ymgais gwŷr Leinster i ymwared â'r dreth y mae'n rhaid iddynt ei thalu i frenhinoedd Tara, h.y. uchel-frenhinoedd Iwerddon. Mewn un adran, mae Brandub, brenin Leinster, yn cloi Cummascach, mab uchel-frenin Iwerddon, ym mhlas Dún Buchet. Yna, cyneuir tân ar bob ochr i'r plas ac ymesyd Brandub arno. Ni ddianc neb o'r llosgfa ond un, sef Cummascach ei hun ac yntau wedi'i wisgo fel bardd; gw. IIMWL 275-7 a BDLl 20-22.

Yn yr episod hwn yn *Bendigeidfran,* adeiledir tŷ haearn arbennig ar gyfer y cawr, ei wraig a'u hepil; gweinir arnynt â llawnder o fwyd a diod; caeir y drysau a chyneuir y golosg sy wedi'i bentyrru o gwmpas y tŷ mor uchel â chrib y to; casglwyd holl feginau Iwerddon o gwmpas y tŷ i chwythu'r tân; ni ddianc neb o'r tŷ ond y cawr a'i wraig. O ran y manylion, mae tebygrwydd rhyngddo a'r storïau Gwyddeleg yn amlwg. Casgliad Proinsias Mac Cana a Patrick Sims-Williams yw bod awdur *Bendigeiduran*, o bosibl, yn gyfarwydd â stori'r *Bórama* ac *Orgain Denna Ríg* ond iddo ailweithio a helaethu stori'r tŷ haearn ar gyfer ei chwedl yntau; gw. BDLl 22-3; IIMWL 269-77; cymh. hefyd 306 *boly croyn* isod.

140/1   *pan wnaethpwyt yn wenn yn eu kylch:* 'pan wnaethpwyd [y tŷ] yn wynboeth o'u cwmpas.' Ffurf fenywaidd yr ansoddair *gwyn(n)* yw *(g)wen(n)* ac mae hyn yn awgrymu bod yr enw *tŷ* sy'n wrywaidd mewn Cymraeg Diweddar yn gallu bod yn fenywaidd mewn Cymraeg Canol; cymh. hefyd *ty uab eillt* (MUM 495) lle treiglwyd *mab* yn feddal am ei fod yn dilyn yr enw benywaidd *tŷ*.

142   *Gwn:* 'Gwn'. Wrth gwrs y gŵyr Matholwch am y tŷ haearn a hanes y crochan – brenin Iwerddon ydyw. Yn awr, caiff Matholwch gyfle i adrodd yr hanes wrth Fendigeidfran a'r llys, h.y. ceir yma adrodd stori gerbron y llys ac mae hon yn enghraifft odidog o stori o fewn y brif stori. Hefyd, gwelir yn glir beth yw sefyllfa adrodd stori yn y llys – maent yn eistedd wrth y byrddau'n gwledda. Mae sgwrsio hamddenol rhwng y ddau frenin yn troi'n adrodd hanes gan un ohonynt. Dyma adloniant ar gyfer yr holl lys er bod y stori wedi'i chyfeirio'n benodol at Fendigeidfran. Ceir sefyllfa debyg ar ddechrau *Iarlles y Ffynnon* lle gwelir Arthur yn pendwmpian cyn mynd i wledda, Gwenhwyfar a'i morynion yn gwnïo wrth y ffenestr, ac Owain, Cynon a Chei yn sgwrsio'n hamddenol. Y tro hwn hefyd, datblyga'r ddeialog yn hanes gan Gynon sy'n profi'n adloniant i'r gwrandawyr eraill er mai at Gei y'i cyfeirir yn benodol (*Owein* 13-218). Ceir yr un syniad o gynnig adloniant gerbron y llys yn *Math*, lle mae Gwydion yn adrodd chwedlau difyr gerbron Pryderi a'i lys er na chlywir y tro hwn gynnwys y stori a adroddir (MUM 53-5); gw. hefyd CyC 189-91.

143   *Yn hela yd oedwn:* 'Yr oeddwn yn hela.' Mae hela'n aml yn rhagflaenu digwyddiad o bwys mewn chwedl: mae Pwyll yn hela pan gyferfydd ag Arawn (PPD 2 ymlaen); mae Manawydan a Phryderi'n hela pan welant y gaer hud am y tro cyntaf (MULl 136 ymlaen); mae Gronwy Pebr yn hela pan welir ef gan Flodeuwedd (MUM 396 ymlaen); mae Macsen yn hela

cyn iddo syrthio ynghwsg a chael ei freuddwyd tyngedfennol (BMW 5 ymlaen). Yma mae Matholwch yn hela pan wêl Lasar Llaes Gyfnewid yn dod allan o'r llyn yn cludo pair ar ei gefn.

144   *go[r]ssed:* 'bryncyn.' Mae'n amlwg bod nodweddion hud yn perthyn i'r bryncyn hwn yn union fel yn achos Gorsedd Arberth yn *Pwyll* ac yn *Manawydan* (PPD 195-8; MUL1 56-64, 151-170, 279 ymlaen). Yn aml iawn, mae'n cynrychioli'r fynedfa i'r Byd Arall. Am ystyr a goblygiadau'r gair *gorsed,* gw. Patrick Sims-Williams, 'Some Celtic Otherworld Terms', *Celtic Language, Celtic Culture: a Festschrift for Eric P. Hamp,* (gol.) A. T. E. Matonis a Daniel F. Melia (California, 1990), 57–81. Mae llynnoedd hwythau'n aml yn gysylltiedig â'r Byd Arall fel y mae ynysoedd bach; gw. stori 'Llyn y Fan Fach' yn *Celtic Folklore* II gan John Rhys (London, 1902), 582 ; gw. hefyd 368 *Guales* isod.

144/5   *Llyn y Peir y gelwit:* 'Llyn y Pair y'i gelwid.' Er nad oes yr un o'r elfennau sy'n gyffredin i storïau onomastig yn bresennol yma, gellid cymryd bod y llyn wedi'i enwi ar ôl i'r crochan hud ymddangos yn dod allan ohono; gw. 134 *Talebolyon.* Am y posibilrwydd mai yn (neu yn ymyl) Loch Erne Uchaf yn Swydd Fermanagh yng Ngogledd Iwerddon y mae'r llyn hwn, gw. IIMWL 235-243.

145   *melyngoch:* 'melyngoch.' Mae'r awduron canoloesol yn hoff iawn o fanylu ar liw gwallt y cymeriadau er na cheir yn aml iawn lawer mwy o ddisgrifiad o'u pryd a'u gwedd na hynny. Am enghreifftiau o liw gwallt y cymeriadau ymron pob un o'r chwedlau, gw. CyC 149.

146/7   *drygweith anorl[o]es arnaw:* 'golwg ddrwg herwr arno.' Yn y Llyfr Gwyn, ceir *anorles* ac yn Llyfr Coch ceir *auorles,* sydd yn ôl pob tebyg yn wall copïo am *anorles.* Ifor Williams a gynigiodd y diwygiad *anorloes;* gw. PKM 182; gw. hefyd ZCP 21 (1938/39), 304. Dyma'r unig enghraifft o'r ansoddair hwn yn GPC. Ceir awgrym arall gan Thomas Jones, y dylid diwygio'r darlleniad *anorles* yn *anorlos;* gw. 'Anorlos', B 13 (1949), 74-5. Mae *anorlos* yn golygu 'rhyfelwr' neu 'herwr; lleidr; brigand.'

147   *ot oed uawr ef:* 'os oedd ef yn fawr.' Am ffurf y cysylltair amodol yma, gw. *Rhagymadrodd,* lxiv. O ran lleoliad y rhagenw ategol *ef* yma, gw. GMW §62. N.2. Noder yma fod y wraig yn fwy na'r gŵr!

148/9   *a chyuarch uell im:* 'a chyfarch gwell i mi'. Ni ddisgwylid treiglo *guell* yma'n dilyn y berfenw *kyfarch;* cymh. darlleniad y Llyfr Coch. Hepgorwyd y treiglad yn 26 *a chyuarch guell* a 277 *kyuarch guell.* Fodd bynnag, gellir esbonio'r ffurf dreigledig trwy ystyried *gwell* yn adferf yn dilyn berf; gw. GMW §22; cymh. hefyd MUM 412-3 *y gyuarch well idaw:*

149   *pa gerdet yssyd arnawch chwi?:* 'pa gyflwr sydd arnoch chi?' Fel arfer, mae *kerdet,* 'cerdded', yn cyfeirio at daith neu symudiad o ryw fath. Yn *Pwyll* (PPD 276-7), gofyn Pwyll i Riannon *pan doy di,* 'o ble y deui di',

a pha gerdet yssyd arnat ti? sydd, yng nghyd-destun y cwestiwn cyntaf, yn golygu 'i ble 'rwyt ti'n mynd?'. Yr ystyr hon sydd yn gweddu orau i gyd-destun *Math: Ba ryw gerdet ... yssyd ar yr hwch honno:* 'pa fath o daith yr ymgymer yr hwch honno â hi', h.y. i ble'r â'r hwch honno? (MUM 501-2). Fodd bynnag, yma yn *Bendigeiduran*, rhaid deall y cwestiwn mewn ffordd ychydig yn wahanol, h.y. 'sut gyflwr sydd arnoch', gan fod yr ateb yn cyfeirio at ei chyflwr beichiog ac nid at y lle maent yn mynd.

151   *pethewnos:* 'pythefnos.' Yn y llawysgrif, ceir *pethe6nos* lle gall y llythyren *6* ddynodi'r sain /u/ ac /v/ yn orgraff Cymraeg Canol; gw. *Rhagymadrodd,* lii-liii a liv. Mae'n rhaid cofio bod yr amrywiad /u/ ac /v/ yn digwydd yn achlysurol mewn Cymraeg Diweddar hefyd, e.e. *cawod / cafod*; *cawell / cafell*; *pawen / pafen*; gw. GMW §10; gw. hefyd *ei6ynyd* (MUM 392). Ymddengys y cyfnod 'mis a phythefnos', sef chwe wythnos, yn weddol aml. Yn Nhriawd 29 cyfeirir at barhad brwydr Arfdderydd wedi i Wenddolau fab Ceidiaw syrthio am *pythewnos a mis.* Yn *Ystoria Gereint Uab Erbin*, manylir bod Geraint yn derbyn triniaeth feddygol am gyfnod o *[p]ethefnos a mis* yn llys y Brenin Bychan wedi iddo gael ei anafu (*Gereint* 1343). Yn *Breudwyt Ronabwy*, adroddir i Osla Gyllellfawr ofyn i Arthur am gadoediad o *pythewnos a mis* (BRh, 19.5). Yn *Historia Gruffud Vab Kenan,* dywedir i Ranallt, hanner brawd Gruffudd o'i fam yntau Ragnell, oresgyn dwy o bum talaith Iwerddon o fewn *pytheunos a mis* (HGVK 5:6). Gwelir cyfnod tebyg yn Llyfr Iorwerth lle nodir na chaiff brenin fynnu gwasanaeth milwrol rhywun o'i wlad y tu allan i'w ffiniau ond am gyfnod o *pytheunos a mys* bob blwyddyn (Ior. §92.9).

152   *torllwyth:* 'beichiogrwydd', h.y. llwyth y tor, sef 'bol; chwydd y groth.'
       y pethewnos a'r mi[s]: 'y pythefnos a'r mis', h.y. tri phythefnos neu chwe wythnos. A yw hyn yn awgrymu y bydd y wraig hon yn esgor ar blentyn bob chwe wythnos? – os felly does dim syndod ei bod hi a'i gŵr yn cynhyrchu llawer iawn o blant mewn blwyddyn a phedwar mis, oddeutu un ar ddeg o blant bob blwyddyn!

153   *gwr ymlad llawn aruawc:* 'rhyfelwr llawn arfog.' Nid plant arferol a enir i'r cewri hyn ond gwŷr aeddfed o dwf a maint a'r rheiny'n dwyn arfau'n barod; cymh. traddodiad Groegaidd ynghylch geni'r dduwies Athena a anwyd o ben ei thad Zeus yn rhyfelwraig lawn arfog.
       Y kymereis inheu wyntwy: 'fe'u cymerais i hwy.' Nid yw'n arferol dechrau brawddeg gyda'r geiryn berfol *y*, er bod ambell enghraifft o hyn yn y testun hwn, e.e. 160 *E dodeis inheu*; gw. hefyd *Rhagymadrodd,* lviii. Mae'r *y* yma'n gywasgiad o'r geiryn *y* ynghyd â ffurf 3ydd lluosog y rhagenw mewnol gwrthrychol, *y*, ''u', sy'n cyfeirio'n ôl at Lassar a'i wraig; gw. GMW §58; cymh. hefyd 154-5 *y keueis*, 155 *y guarauunwyt.*

153/4 *y'u gossymdeithaw:* 'i'w cynnal', h.y. i roi cynhaliaeth iddynt. Dyma'r arddodiad *y* ynghyd â 3ydd lluosog y rhagenw mewnol genidol *'u;* gw. GMW §56 N.3.

155 *y guarauunwyt im:* 'fe'u gwrthwynebwyd imi', h.y. daethpwyd ataf i gwyno amdanynt; gw. *Y kymereis* uchod.

159 *am 'ym pen:* 'yn fy erbyn.' Noder ffurf 1af unigol y rhagenw blaen sydd fel arfer yn cael ei gofnodi fel *uy* (hefyd fel *uym ~ uyn ~ uyg,* gw. *Rhagymadrodd,* lvii) heb yr /v/ gychwynnol yma (cymh. ffurf *vym* yn y Llyfr Coch), yn union fel yn yr iaith lafar bellach, e.e. *'y mhen* yn lle *fy mhen.*

160/1 Noder ymateb Matholwch i'r cwyno yma: gofyn i'w bobl ei hunan am gyngor ynghylch beth i'w wneud â nhw – bydd bob amser yn dibynnu ar ei wŷr, a byth ar ei grebwyll ei hunan. Noder hefyd fel y cofnodir y penderfyniad yn Iwerddon: 162-3 *Ac yna yn y kyuyng gynhor y causant gwneuthur ...,* 'Ac yna yn eu cyfyng gyngor, penderfynasant wneud ...'; nid Matholwch sy'n penderfynu ond hwy, ei wŷr! Cymharer hyn ag ymateb Bendigeidfran i'r broblem yn 178-180 isod.

161/2 *nit oed reit udunt wynteu oc eu hanuod herwyd ymlad uynet:* 'Nid oed rhaid iddynt hwy fynd o'u hanfodd [h.y. yn erbyn eu hewyllys] oherwydd eu [gallu i] ymladd.' Wrth ddiweddaru'r frawddeg hon, mae angen symud y ferf *mynet* a'i lleoli yn syth ar ôl *udunt wynteu.*

163 *y barawt:* 'yn barod.' Mae'r geiryn traethiadol *yn* yn amrywio ag *y* mewn Cymraeg Canol; gw. GMW §145 a §250; cymh. hefyd 224 *y dywyssogyon,* 224 *y benhaf,* 406 *y gayat.*

164/5 *dyuyn a oed o of yn Iwerdon yno o'r a oed o perchen geuel a mwrthwl:* 'galw yno'r holl ofaint yn Iwerddon o'r holl rai a oedd yn berchen ar efel a morthwyl', h.y. o blith pawb yn Iwerddon a oedd yn berchen ar efel a morthwyl, galwyd yr holl ofaint cymwys i'r safle hwnnw. Gellir defnyddio'r geiryn perthynol rhywiog *a* o flaen y ferf wedi'i dilyn gan yr arddodiad *o* ynghyd â ffurf unigol yr enw fel arfer i olygu 'yr holl ... a ...'; gw. GMW §73; cymh. 237 *a oed o gerd arwest,* 399 *a glywssynt o gerd,* a 409 *a welsynt o ouut.* Ceir enghreifftiau o'r un gystrawen yn *Math: a gauas o auyr:* 'yr holl eifr a gafodd' (MUM 468), ac *a gahat o uedic da yg Gwyned* 'yr holl feddygon da a gafwyd yng Ngwynedd' (MUM 540–41), ac yn *Manawydan: a wely o uarch:* 'yr holl feirch a weli di' (MUL1 329). Noder mai *geueyl,* 'gefail' yw'r ffurf a geir yn y Llyfr Coch, sef lle gweithio'r gof. Cymysgwyd yn gynnar iawn rhwng yr offeryn, sef 'yr efel', a'r gweithdy, sef 'yr efail'; cymh. GPC 'gefel, gefail.'

169 *a gwr a pob dwy uegin:* 'a phob gŵr a chanddo ddwy fegin', h.y. mae dwy fegin gan bob un gŵr; gw. GMW §106 (b); gw. hefyd J. Morris-Jones, *Welsh Syntax* (Cardiff, 1931), 145-6.

170 *yny uyd y ty yn burwen:* 'nes bod y tŷ yn wynias.' Noder y defnydd o'r presennol arferiadol *byd* gyda grym presennol dramatig ar ôl *yny;* cymh. 172 *yny uyd y pleit haearn yn wenn* isod; gw. GMW §119 (d).

[p]urwen: Am y posibilrwydd o gymryd tŷ fel enw benywaidd, gw. 140 *pan wnaethpwyt yn wenn* uchod.

171 *y kynghor:* 'y cyngor.' Un cwestiwn a gwyd yma yw sut y gall Matholwch wybod beth oedd penderfyniad y sawl sydd o fewn y tŷ haearn?

175 *o'm tebygu i:* 'mae'n debyg gennyf i; debygwn i.' Dyma mor bell ag y gŵyr Matholwch am hanes y cawr, ei wraig a'r crochan. Caiff Bendigeidfran gloi'r hanes trwy ychwanegu hynny a ŵyr yntau amdano.

178 *Eu rannu ym pob lle yn y kyuoeth:* 'eu rhannu / gwasgaru dros bobman yn y deyrnas.' Noder fel yr ymdrinia Bendigeidfran â hwy mewn ffordd gall iawn: mae'n caniatáu iddynt ymgartrefu ym Mhrydain ond nid i gyd yn yr un lle. Maent yn cael eu gwasgaru dros yr ynys gyfan fel na fyddant yn fygythiad unedig i undod y deyrnas. Fel hyn gallant fod o ddefnydd i Brydain gan eu bod yn wŷr cadarn sy'n cynhyrchu'r arfau gorau a welwyd erioed. Mae cyfeirio at wasgaru'r ffoaduriaid hyn o Iwerddon ym Mhrydain yn sicr i'w ddeall fel cyfeiriad at y gwladfeydd Gwyddelig a geir ar hyd rhannau gorllewinol Prydain o'r cyfnod cynnar ymlaen; gw. HW 95-8, HC 40, 50-57, a IIMWL 248-9.

180 *y uann y bythont:* 'lle bynnag y byddant.' 3ydd lluosog presennol dibynnol y ferf *bot* yw *bythont* i ddynodi amhendantrwydd y lleoliadau, h.y. unrhyw le y gallant fod; gw. *Rhagymadrodd*, lxv.

arueu goreu: 'arfau gorau.' Dyma enghraifft arall o ormodiaith; cymh. 19-20 *na welsynt eiryoet llongeu gyweirach eu hansawd noc wy* a 44 *teccaf morwyn yn y byt oed.*

186 *A hynny:* 'A'r rheiny', h.y. y bobl hynny, sef y Gwyddyl. Mewn Cymraeg Canol, gellir defnyddio ffurf luosog y rhagenwau dangosol – sef *hynn* ffurf luosog *hwnn/honn* a *hynny* ffurf luosog *hwnnw/honno* – lle defnyddir *y rhain* ac *y rheiny* bellach, gw. GMW §93.

Abermenei: lleolir Abermenai yn rhan dde-orllewinol Afon Menai rhwng Niwbwrch Ynys Môn a'r Foryd, i'r de-orllewin o dref Caernarfon. Cyfeirir hefyd at *Abermenei* yn *Math* (MUM 284).

188/91 *Ny doey wr mawr ...e ymdeith:* 'Ni ddeuai bonheddwr na boneddiges yn Iwerddon i ymweld â Branwen na roddai hi un ai clesbyn neu fodrwy neu dlws brenhinol gwerthfawr iddo a fyddai'n rhyfeddol i'w weld yn mynd i ffwrdd,' h.y. rhoddai hi anrheg werthfawr i bawb a ddeuai ati a rhyfeddol fyddai gweld y fath drysor hwnnw'n mynd o'r llys. Cymharer yr hyn a ddywedir am anrhegion Rhiannon yn *Pwyll: Na gwr na gwreic o hynny nyt edewis Riannon heb rodi rod enwauc idaw, ae o gae, ae o uodrwy, ae o uaen guerthuawr:* 'Ni adawodd Rhiannon na gŵr na gwraig o'r rheiny [a ddaethai i ymweld â hi] heb roddi iddo anrheg gofiadwy, un ai clesbyn, neu fodrwy, neu garreg werthfawr' (PPD 445-7). Mae'r geiriad yn hynod o debyg yn y ddwy olygfa. Daw'r cyferbyniad yn amlwg yn syth wedyn: esgora Branwen ar fab ond ni chaiff Rhiannon blentyn o gwbl. Yna'n

fuan, gyrrir Branwen o bresenoldeb Matholwch o'r llys oherwydd
grwgnach ei bobl tra bydd Pwyll yn caniatáu i Riannon aros yn wraig
iddo er gwaethaf grwgnach ei bobl yntau.

191/2 *y ulwydyn honno a duc hi yn glotuawr ... a chedymdeithon:* 'treuliodd hi'r
flwyddyn honno yn fawr ei chlod a ffynnodd yn deilwng o ran anrhydedd
a chyfeillion.' Am y ffurf ferfol *duc*, gw. 85 *Ac ny duc neb kyrch ...*

193 *beichogi a damweinwys idi y gael:* 'beichiogi a ddarfu iddi ei gael', h.y.
daeth hi'n feichiog.

195 *Rodi y mab ar uaeth a wnaethpwyt:* 'Rhoddwyd y mab i'w feithrin.' Yn
Iwerddon yn yr Oesoedd Canol, prin y byddai teulu bonheddig yn magu
eu plant eu hunain. Y confensiwn arferol oedd rhoi'r plant, yn enwedig y
meibion, i'w magu ar aelwyd teulu bonheddig arall. Canlyniad hyn fyddai
creu cwlwm cryf rhwng y teuluoedd yn enwedig rhwng brodyr maeth a
fegid ar yr un aelwyd.

195/6 *ar un lle goreu:* 'i['r] lle gorau un.' Mewn Cymraeg Canol, defnyddid yr
arddodiad *ar* i olygu 'at' yn bur aml; disodlwyd y ffurf *ar* yn
ddiweddarach gan y ffurf *at* neu *y ~ i;* cymh. darlleniad y Llyfr Coch yma
y'r un lle goreu. Yn wreiddiol, ffurf seml yr arddodiad hwn oedd *ad*, /að/,
a ddatblygodd yn *ar.* Fodd bynnag, gyda'r terfyniadau personol, ceid
attaf, attat, attaw, attei a.y.b., ac o wreiddyn y ffurfiau hyn y datblygodd y
ffurf sylfaenol newydd *at* yn ddiweddarach; gw. GMW §205 a §207;
cymh. *kyrchyssant ar Uath uab Mathonwy*, lle ceir *kyrchassant at Uath
uab Mathonwy* yn y Llyfr Coch (MUM101).

198 *yg Kymry:* 'yng Nghymru.' Bellach, defnyddir y ffurf Cymru ar gyfer y
wlad a'r ffurf Cymry ar gyfer y trigolion. Mewn Cymraeg Canol, nid
oedd ond un ffurf *Kymry* i gyfeirio at y ddau. Ceir peth tebyg yn y ffurf
Ffreinc a allai olygu'r wlad – Ffrainc neu'r bobl – Ffrancod.

198/9 *a wnaethoedit:* 'a wnaethid; a oedd wedi cael ei wneud'. Llunnid amser
gorberffaith y berfau *gwneuthur, mynet* a *dyuot* trwy ddefnyddio bôn y
gorffennol ynghyd â ffurfiau amherffaith y ferf *bot;* gw. GMW §141 a
§143 N.3; gw. hefyd 324 *dothyw.*

201 *dial y sarahet:* 'dial am y sarhad.' Am y cylch seithug o sarhau – talu'n
iawn – dial am sarhad – talu'n iawn eto – dial pellach a.y.b. gw. 95 *ni eill
ef uy niwaradwydaw i.*

204 *a tharaw bonclust arnei beunyd:* 'a rhoi bonclust iddi bob dydd.' O
edrych ar fanylion y weithred hon yn ôl y testun, dyry'r cigydd fonclust i
Franwen unwaith y dydd bob dydd ar ôl iddo dorri cig wrth iddi hithau
bobi bara yn y gegin. Os cymharwn y manylion hyn gyda'r manylion a
geir yn nhriawd 53, gwelwn fod gwahaniaeth pwysig: yno, dywedir mai
Matholwch ei hun sy'n taro Branwen a hynny, yn ôl y defnydd o'r amser
gorffennol syml yn y testun hwnnw, dim ond unwaith: *Vn onadunt a
drewis Matholwch Wydel ar Vranwen verch Lyr,* 'Un ohonynt [h.y. o'r
ergydiau] a drawodd Matholwch y Gwyddel ar Franwen ferch Lŷr.'
mae'n bosibl bod y triawd hwn yn cadw cof o amrywiad ar y digwyddiad

a adroddir yn y gainc. Ceir cyfeiriad uniongyrchol at y triawd hwn yn 445-6; gw. hefyd *Rhagymadrodd,* xxxii.

Yn ôl y Cyfreithiau, mae hon yn un o'r tair ffordd y gellir sarhau brenhines: *Teyr ford y serheyr y urenhynes: vn ev o torry y nawd; eyl ev o tarav dyrnavt arney; trydyd yv o grypdeyllav peth o'y llav.* 'Tair ffordd y sarheir y frenhines: un yw torri ei nawdd; yr ail yw taro ergyd arni; y drydedd yw bachu rhywbeth o'i llaw'; gw. Ior. §3.15-17. Noder y ceir enghraifft o ddwy o'r ffyrdd uchod yn *Peredur* 11:27-30.

206 *y llongeu, a'r yscraffeu, a'r corygeu:* 'y llongau, y cychod, a'r coryglau', h.y. o'r llestr mwyaf hyd y llestr lleiaf. Lluosog *corwg* yw *corygeu;* bellach mae -*l* wedi'i hychwanegu at ddiwedd y gair hwn gan roi *corwgl* ~ *cwrwgl;* cymh. *tymest* > *tymestl,* sy'n tarddu o'r Lladin *tempestas.* Mewn gwirionedd, dyma enghraifft arall o eiriau sydd i bob pwrpas yn gyfystyron gan eu bod i gyd yn golygu math o lestr sy'n teithio dros y môr. Canlyniad y gwaharddiad hwn ar fasnach rhwng Iwerddon a Chymru yw math o ryfel oer rhwng y ddwy wlad.

207 *ac a del yma o Gymry:* 'a phwy bynnag a ddaw yma o Gymru.' Gellir defnyddio cymal perthynol heb fynegi'r rhagflaenydd, h.y. 'yr hwn a' neu 'y sawl a'; gw. GMW §77.

209 *Blwynyded nit llei no their y buant yuelly:* 'Buont fel hyn am gyfnod o nid llai na thair blynedd.' Mae'r rhif tri yn bwysig iawn yn y ceinciau i gyd fel yng ngweddill y chwedlau canoloesol Cymraeg i gyd; gwelir Rhiannon dair gwaith ar Orsedd Arberth cyn i Bwyll ei hannerch (PPD 203-73); ymgymer Manawydan a Phryderi â thair crefft a hwythau'n ceisio ennill bywoliaeth yn Lloegr (MULl 78-131) a chais Manawydan fedi ei gaeau ŷd deirgwaith (MULl 224-259); gw. Ian Hughes, 'Tripartite Structure in Manawydan Uab Llyr', Uppsala (2007); 99-109. Gesyd Aranrhod dair tynged ar Leu (MUM 276-7; 324-5; 375-6); disgrifir tair taith o Rufain i Gaernarfon yn Breuddwyd Macsen (BMW 18-78; 139-180; 206-219). Y drydedd waith y digwydd rhywbeth y ceir yr uchafbwynt; cymh. hefyd 309 *Beth yssyd yn y boly hwnn?* O ran y ffurf luosog *blwynyded,* yr unigol yw *blwydyn* a chyda'r terfyniad lluosog – *ed[d]* (bellach –*oedd*), ceir *blwydyned.* Trwy drawsosod y -*d*- a'r -*n*- yng nghanol y gair, ceir *blwynyded* a chyda gwanychiad y ddeusain ddiacen yn y sillaf gyntaf, ceir *blynyded,* 'blynyddoedd' bellach; gw. GMW §32 (d).

210 *ederyn drydwen:* 'drudwen.' Yn y Gymraeg, fel yn yr ieithoedd Celtaidd eraill, gellid defnyddio gair sy'n dynodi un anifail / aderyn o flaen enw sy'n dynodi'r rhywogaeth i fynegi un o'r rhywogaeth honno. Felly, yr ystyr fanwl yma yw 'un o rywogaeth y drudwy' sef 'un ddrudwen.'

211. *dyscu ieith idi:* 'a dysgu iaith iddi,' h.y. dysgu'r ddrudwen i siarad. Mae peth dryswch yma o ran rhesymeg y naratif: pam dysgu'r aderyn i siarad ac eto rhwymo llythyr wrth fôn ei adain? Os medr yr aderyn siarad, pam

na fedrai ddweud yr hanes wrth Fendigeidfran yn hytrach na dwyn neges ato? Un ffordd o ddatrys hyn yw deall bod Branwen yn dysgu i'r ddrudwen ddeall iaith fel y gall ddilyn ei chyfarwyddiadau ynghylch mynd â'r llythyr at y person cywir yng Nghymru.

212 *llythyr y poeneu a'r amharch a oed arnei hitheu:* 'llythyr [am] y cosbau a'r amarch a oedd arni,' am bopeth a ddioddefai Branwen yn Iwerddon. Dengys yr episod hon mor ddyfeisgar yw Branwen; er gwaethaf ei hanes truenus, gŵyr sut i wneud y gorau â'i sefyllfa. Mewn gwirionedd, dyma'r tro cyntaf y mae Branwen yn gweithredu ar ei liwt ei hun.

215 *Kaer Seint yn Aruon:* 'Caernarfon.' Caer Seint oedd enw gwreiddiol y dref a saif ar aber Afon Seiont, fel yr adweinir yr afon honno bellach. Digwydd yr enw *Cair Segeint* ymhlith enwau wyth dinas ar hugain Ynys Prydain yn ôl *Historia Brittonum* (§66a) a dyma'r lle claddwyd yr Ymherodr Rhufeinig Constantinus – Cystennin yn Gymraeg – yn yr un testun (§25). Tardda Seint o'r Lladin Segontium, enw Rhufeinig ar gaer Rufeinig a leolir tua hanner milltir i'r dwyrain o'r castell mawreddog presennol. Daw'r enw cyfoes o'r un cyfuniad ar ôl hepgor yr elfen *Seint*, Caer yn Arfon > Caernarfon.

215 *dadleu:* 'cynulliad; cyngor'. Cyfeiria'r gair hwn at naill ai trafodaeth ynghylch rheoli gwlad a.y.b, neu at lys barn. Y prif syniad yw bod Bendigeidfran yn arweinydd sy'n cyflawni ei ddyletswyddau yn rheolaidd ac yn gyflawn.

217 *yg kyuanned:* 'ymysg pobl'. Enw yw *kyuanned* yma yn golygu 'tai; preswylfeydd'. Deellir grym y gair yn y cyd-destun yn well fel 'man lle mae bywyd dynol'. Fe'i defnyddir yn aml yn air croes i 'diffeithwch; anialwch', sef 'tir heb ei drin a heb arwyddion o fywyd dynol', a dyna'r defnydd o'r gair a geir fynychaf yn *Manawydan* ac yn *Peredur*; gw. *Peredur* 7:13 a 9:14 lle gwelir y gwrthgyferbyniad rhwng 'anialwch' a 'cyfannedd' yn glir iawn. Yn *Bendigeiduran*, ni cheir ond un enghraifft o *kyuanned* ac mae un enghraifft o'r ffurf ferfol *[k]yuanhedu* yn golygu 'ymgartrefu; trigo' (440).

218 *edrych:* 'archwilio; astudio'. Gellir defnyddio'r ferf *edrych* heb arddodiad yn ei dilyn i olygu 'gweld; archwilio; bwrw golwg ar'; gw. hefyd 441 *edrych y wlat a wnaethant*; cymh. PPD 467, MUL1 22 a 131, *Owein* 586, BMW 267.

darllewyt: 'darllenwyd'. Yn wreiddiol, ffurf y berfenw oedd *darllein* a ffurf y bôn oedd *darlle-* fel yma. Bellach, defnyddir ffurf y berfenw fel y bôn hefyd. Dyma'r unig enghraifft o'r ferf hon yn y Pedair Cainc a diddorol yw nodi nad oes enghraifft o'r ferf 'ysgrifennu' ynddynt er bod cyfeiriad at lythyr yn 212 uchod. Yr hyn a geir fel arfer yn y ceinciau yw anfon negesydd gyda neges lafar at rywun a disgwylid hynny yma mewn ffordd gan inni glywed eisoes fod Branwen wedi dysgu iaith i'r ddrudwen fel y gallai honno fynd â neges at ei brawd; gw. 211 uchod. Mae'n ddiddorol nodi nad yw'r testun yn dweud 'pan ddarllenodd ef y llythyr', h.y. Bendigeidfran; yn lle hynny, ceir y ffurf amhersonol, fel petai rhywun wedi darllen cynnwys y llythyr yn uchel ger ei fron. A yw hyn yn awgrymu mai darllen yn uchel a wneid yr adeg honno? Mae'n gwestiwn pa fath o bobl a fedrai ysgrifennu a darllen, yn enwedig yn yr oes y mae'r awdur wedi'i chreu ar gyfer ei stori yma.

220   *dygyuoryaw yr ynys honn y gyt:* 'casglu ynghyd luoedd yr ynys hon'. Mae'n amlwg bod yr awdur eto'n pwysleisio undod Prydain yma; cf. 2 *[c]oron Lundein.*

221   *pedeir deg [g]wlat a seith ugeint:* 'pedair gwlad ar ddeg a saith ugain', h.y. cant pum deg pedair gwlad. Mewn Hen Gymraeg, cyfrifid y rhifolion rhwng 11 a 19 fel a ganlyn: *undec, deuddec, – , pedwardeg/pedairdec, pymthec, – , – , – , naunec;* ni ddyfynnir yma ond y rhai a gofnodwyd a cheir bwlch yn lle'r rhai nas cofnodwyd. Mae'n amlwg mai dyna oedd y system wreiddiol ar gyfer yr hyn a elwir heddiw'n rhifau yn yr arddegau gan ei bod yn debyg i'r hyn a geir mewn Llydaweg a Gwyddeleg modern: *unnek, daouzek, trizek, pevarzek, pemzek, c'hwezek, seitek, (triwec'h), naontek; a haon déag, a dó dhéag, a trí déag, a ceathair déag, a cúig déag, a sé déag, a seacht déag, a hocht déag, a naoi déag.* Bellach dim ond 'deuddeg' a 'pymtheg' sydd wedi goroesi gydag 'un ar ddeg', 'tri/tair ar ddeg', 'pedwar/pedair ar ddeg', 'un ar bymtheg', 'dau/dwy ar bymtheg', 'deunaw', 'pedwar/pedair ar bymtheg' ar gyfer y gweddill; gw. GMW §§49–50. Ar gyfer y rhifolion 40, 60, 80, 120, 140, 160, a 180, defnyddid lluosrifau *ugein(t): deu ugeint, tri ugeint, pedwar ugeint, chwe ugeint, seith ugeint, wyth ugeint.* Mae nifer o'r rhain wedi goroesi yn y system rifo draddodiadol: 'deugain', 'trigain', 'pedwar ugain', a 'chweugain' – yr olaf wrth gyfeirio yn draddodiadol at hanner punt gan fod dau gant a deugain hen geiniog mewn punt, ac felly 'chweugain' fyddai 'cant ac ugain hen geiniog', h.y. hanner punt. Bellach mae'r *-t* ar ddiwedd *ugain* wedi diflannu. Yng nghyd-destun *Bendigeiduran,* golyga 154 gwlad ynys Prydain i gyd. Fodd bynnag, y cwestiwn sy'n codi yw sut y cyfrifwyd y rhain? Awgrymodd Ifor Williams fod y rhif 154 yn seiliedig ar nifer cymydau Cymru ar ddechrau'r ddeuddegfed ganrif. Gwyddai awdur *Bendigeiduran* fanylion ynghylch ardaloedd gweinyddol Cymru yn ei oes a throsglwyddodd y rhif hwnnw i gynnwys holl ardaloedd ynys Prydain; gw. PKM 191 a RWM cyfr. I (London, 1898), 952-4, lle rhestrir 38 cwmwd yn Nhalaith Aberffraw neu Wynedd, 40 cwmwd yn Nhalaith Mathrafal neu Bowys, a 78 cwmwd yn Nhalaith Dinefwr neu Ddeheubarth, cyfanswm o 156 cwmwd yng Nghymru gyfan, rhif sy'n drawiadol o agos at *pedeir deg [g]wlat a seith ugeint,* sef 154.

222   *hynny:* 'y rheiny'. Am y defnydd o'r rhagenw dangosol hwn yn y lluosog, cymh. 5/6 *y am hynny.*

222/3   *Ac yna kymryt kynghor. Sef kynghor a gahat:* 'Ac yna cymryd cyngor [a wnaethant]. Dyma'r cyngor a gafwyd'; gw. 42 uchod.

223 *seithwyr:* 'saith gŵr'. Er y ceir ffurf unigol enw fel arfer yn dilyn rhifolyn, mae enghreifftiau o ddefnyddio'r ffurf luosog fel a geir yma; cymh. GMW §51(b).

224 *y dywyssogyon:* 'yn arweinwyr'. Noder ffurf y geiryn traethiadol yma, *y.* Ceir *yn* yn y Llyfr Coch; gw. 163 *y barawt.*

y benhaf: 'yn bennaeth'; gw. 224 uchod.

225 *Edeirnon:* Mae hwn yn gwmwd yng ngogledd Powys oddeutu Afon Dyfrdwy yng nghyffiniau Corwen. I'r gorllewin mae cantref Penllyn sy'n cynnwys Llyn Tegid, i'r gogledd mae cwmwd Dinmael, i'r de mae cwmwd Mochnant Uwch Rhaeadr, ac i'r dwyrain mae cwmwd Glyn Dyfrdwy; gw. Map 1. Enwyd Edeirnion ar ôl Edern fab Cunedda a ddaeth, yn ôl y traddodiad, o'r Hen Ogledd yn y bumed ganrif gan sefydlu llinach frenhinol dros rannau helaeth gogledd Cymru.

226 *Seith Marchawc:* Mae Bryn Saith Marchog i'r chwith o'r A494, sef y brif ffordd sy'n cysylltu Corwen a Rhuthun, ryw filltir a hanner i'r gogledd o Wyddelwern. Am elfennau'r stori onomastig hon, gw. 134 *Talebolyon.* Mae'n amlwg bod yr awdur yma'n deall yr enw lle hwn fel y rhif *saith* gyda'r enw *marchog,* ac mae'n enwi'r saith marchog hyn, neu saith *tywysog* fel y mae ef yn cyfeirio atynt fel a ganlyn: (i) Caradog fab Brân, (ii) Efeydd Hir, (iii) Unig Glew Ysgwydd, (iv) Iddig fab Anarog Walltgrwn, (v) Ffodor fab Erfyll, (vi) Wlch Minasgwrn, (vii) Llassar fab Llaesar Llaesgyngwyd. Fodd bynnag ychwanega wythfed enw, Pendaran Dyfed, trwy ddweud bod hwnnw'n was ieuanc. Mae'r rhif saith yma'n rhif cyfrin traddodiadol; cymh. nifer gwŷr Prydain sy'n goroesi cyflafan Iwerddon yn 360–62. Mae'n rhaid cofio hefyd fod *seith* yn gallu golygu 'sant' mewn Cymraeg Canol ac efallai mai Bryn y Marchog Sanctaidd yw ystyr wreiddiol y mynydd hwn; gw. BT 10:24–5 a Marged Haycock (gol.), *Blodeugerdd Barddas o Ganu Crefyddol Cynnar* (Llandybïe, 1994), 170–202, ar 180, ll. 49, *seith Pedyr* = 'Pedr Sant'. Am y posibilrwydd mai tri oedd nifer wreiddiol y cynweisiaid hyn, gw. *Rhagymadrodd,* Caradog (a), xxxix.

227 *Euehyd Hir:* gw. 81 uchod.

Unic Glew Yscwyd: gw. 101 uchod.

228 *Idic uab Anarawc Walltgrwn:* gw. 81 uchod.

Fodor uab Eruyll: Ni wyddys pwy yw hwn.

228/9 *Wlch Minasgwrn:* Ni wyddys pwy yw hwn.

229 *Llashar uab Llayssar Llaesgygwyt:* gw. *Rhagymadrodd,* xl-xli.

229/30 *[P]endaran Dyuet:* Yma nodir mai gwas ieuanc oedd hwn ac ef yw'r unig un sy'n dianc rhag ymosodiadau Caswallon yn 393–4. Mae'n debyg mai yr un person yw hwn â'r cymeriad sy'n penderfynu mai Pryderi fydd enw mab Rhiannon a Phwyll ar ôl i Riannon fynegi ei boddhad a'i gollyngdod wrth weld ei mab wedi dychwelyd atynt yn *Pwyll* (PPD 615–21). Hwn hefyd a bennir gan Bwyll yn dad-maeth i Bryderi (PPD 631–6). Sut bynnag er ei fod yn ddigon hen i fod yn dad-maeth i Bryderi yn *Pwyll,* pwysleisir ar ddau achlysur yn *Bendigeiduran* mai *guas ieuanc* oedd – pwynt a ddengys nad yw'r awdur terfynol bob amser yn gwbl gyson ag ef ei hun.

231   *kynueissat:* 'swyddog; rhaglaw'. Mae'r gair hwn yn gyfuniad o *kyn,* 'prif', *guas,* 'gwas' a'r terfyniad *-iat,* sy'n dynodi'r gweithredydd ac sy'n affeithio ar yr *-a-* yn y sillaf flaenorol a'i throi'n *-ei-;* gw. GMW §30 (c) (2); cymh. hefyd Triawd 13 lle enwir Caradog eto'n un o'r tri; yn ôl y triawd hwn y ddau arall yw Cawrdaf fab Caradawg ac Owain fab Macsen Wledig.

233   *a'r yniuer a dywedyssam ni:* 'a'r llu a grybwyllasom'; cymh. 59-60 *[y] gwr anagneuedus a dywedassam uchot,* er na cheir *uchot* yma.

234   *nyt oed uawr y weilgi yna:* 'Nid oedd y môr yn fawr y pryd hwnnw'. Mae'n amlwg bod rhywfaint o anghysonder gyda'r gosodiad hwn: dywedwyd eisoes ar ddechrau'r chwedl fod Bedigeidfran a'i frodyr yn eistedd ar graig Harlech gan edrych allan dros y môr i'r gorllewin pan welant longau yn dynesu o'r de-orllewin o gyfeiriad Iwerddon (3–15). Yna adroddir bod Matholwch yn cyrchu Aberffraw yn ei longau, h.y. ar y môr, tra bo Bendigeidfran a'i lu yntau yn mynd yno ar y tir (46-8). Ymhellach ymlaen yn y naratif, clywn fod gwaharddiad ar fasnach rhwng Iwerddon a Phrydain wrth i'r Gwyddyl rwystro pob llestr rhag hwylio dros y môr i Brydain (206–8). Serch hyn oll, dywedir yn awr nad oedd ond dwy afon rhwng Iwerddon a Phrydain (235). Yna, ceir manylion am geidwaid moch yn gweld peth rhyfedd yn dod dros y môr i Iwerddon (239-56). Mae fel petai'r awdur yn ceisio rhesymoli esboniad ar sut y gallai Bendigeidfran gerdded drwy'r dŵr sy'n gwahanu'r ddwy ynys, trwy ddweud nad oedd yn ddwfn nac yn llydan yr amser hwnnw. Mewn gwirionedd, dyma'r cipolwg cyntaf a gawn o Fendigeidfran fel dyn o faintioli corfforol mwy na'r meidrolyn cyffredin a chadarnheir y disgrifiad cawraidd hwn ohono gan y manylion a nodir gan geidwaid moch Matholwch a'r esboniad arnynt gan Franwen (239–60). Cyrraedd y cysyniad o Fendigeidfran fel cawr ei uchafbwynt pan orwedd dros Afon Llinon i'w wŷr groesi'r afon ar ei gefn (271-72).

    y ueis yd aeth ef: 'dan rydio ['r dŵr] yr aeth ef'. Ystyr yr ymadrodd *y ueis* yw 'gan gerdded trwy ddŵr bas', h.y. rhydio dŵr. Am yr arddodiad *y* yn yr ystyr o 'oddi wrth; o; trwy', gw. GMW §223 N. 1; cymh. hefyd CO 990, *y treis,* 'trwy drais'.

235   *Lli ac Archan:* Mae'n sicr y gall yr enw cyffredin *lli(f)* olygu 'môr; llifeiriant; dilyw; llanw'. Fodd bynnag o'r cyd-destun yma, mae'n amlwg bod yr awdur yn meddwl am afon arbennig ac felly enw priod yw Lli iddo. Mae sawl afon Lí yn Iwerddon – hen enw Afon Bann y saif Coleraine yn Ulster arni ac Afon Laoi y saif dinas Corc arni yn Munster. Dengys Patrick Sims-Williams nad yw'r naill na'r llall yn gweddu i'r cyd-destun yn *Bendigeiduran* gan nad ydynt yn llifo i Fôr Iwerddon ac yn

ei dyb ef, yr aber fawr lle lleolir dinas Belffast – *Loch Laoigh* /lox li:/ – yw'r un fwyaf tebygol yma; gw. IIMWL 194.

O ran Afon Archan, nid oes afon o'r enw hwn yn Iwerddon ac efallai y dylid edrych yng Nghymru. Mae'r cwestiwn yn codi ai gwall copïo yn y Llyfr Gwyn a'r Llyfr Coch – gwall a berthynai i gynsail y ddwy lawysgrif hyn – sydd wrth wraidd y broblem a thybed ai *Arthan ddylai fod yma? Os felly, efallai mai Afon Arth sy'n rhedeg i'r môr ger Aber-arth ym Mae Ceredigion yw hon; cymh. GRhCE, 'Cywydd yn galw am adfer Gwynedd', 12:79–80: *Rhwng Hafren, hoyw ddwfr gloyw glân, / Llu gwrth a Lli ac Arthan;* a GLGC (*c.* 1500), 86:15–16: *o Arfon a Môn i gil Maenan – sir / â llu, a gorthir Lli ac Arthan.* Cefnogir y ffurf *Arthan* yn y ddwy gerdd gan gynghanedd.

Mae dewis arall i'w gael, un sydd hefyd yn gysylltiedig â Bae Ceredigion. Y tro hwn, gellir derbyn y sillafiad yn y llawysgrifau fel *archan* a derbyn y posibilrwydd bod amrywiad gwahanol ar yr enw yn hysbys i'r ddau fardd y cyfeiriwyd atynt uchod. Yn Nhriawd 44, rhestrir y Tri March a Gludodd y Tri Marchlwyth: *'Y trydydd marchlwyth yw'r un a gludwyd gan Erch march meibion Gwerthmwl Wledig; cludodd hwnnw Gweir a Glais ac Archanad i fyny Bryn Maelawr yng Ngheredigion i ddial eu tad.'* Gellir uniaethu Bryn Maelawr â bryn Pendinas ar lan afon Ystwyth ger Aberystwyth; cymh. TYP 123. Mae Sims-Williams yn awgrymu'r posibilrwydd o gysylltu'r enw Archanad yn y triawd gydag Archan yn *Bendigeiduran*. Pa un bynnag o'r ddau esboniad a ddebynnir, gellir mentro mai afon hynafol yng Ngheredigion a olygir wrth Archan / Arthan; gw. IIMWL 192–6.

y gelwit: Rhaid deall hyn fel 'y'u gelwid [hwy]'.

235/6 *A guedy hynny yd amlawys y weilgi pan oreskynwys y weilgi y tyrnassoed:* 'Ac wedyn, cynyddodd y môr pan oresgynnodd y môr y teyrnasoedd.' Mae'n bosibl bod y frawddeg hon a'r un flaenorol am enwau'r ddwy afon yn ychwanegiad diweddarach at y chwedl. Dyma a gredai W. J. Gruffydd, gw. 'The Mabinogion', *Cymmrodorion Society Transactions* (1912-13), 14-80, ar 62, a Thomas Jones, gw. B 12 (1948), 79-81; mae Patrick Sims-Williams yn ategu'r ddamcaniaeth honno, gw. IIMWL 192-93. Mae'n amlwg bod y syniad o foddi tiriogaeth gan y môr yn hen draddodiad a berthyn i lawer o lenyddiaethau gwerin ac mae Cymry'n gyfarwydd â sawl enghraifft. Yr un enwocaf, mae'n debyg, yw'r traddodiad am foddi Cantre'r Gwaelod ym Mae Ceredigion – cymh. Archan uchod. Yn ôl y traddodiad hwn, boddwyd Bae Ceredigion pan anghofiodd Seithenin – y swyddog a oedd yn gyfrifol am lifddorau morglawdd y bae – yn ei feddwdod gau'r llifddorau gan adael i'r môr lifo dros Gantre'r Gwaelod a'i foddi'n llwyr. Ceir cyfeiriad at y traddodiad hwn yn CO lle enwir y swyddog yn Teithi Hen (CO 245–6); gw. hefyd CO t. 87–8; gw. hefyd F. J. North, *Sunken Cities* (Cardiff, 1957), ar 148.

237 *a oed o gerd arwest:* 'y sawl a oedd o grefft y tannau', h.y. yr holl gerddorion / delynorion. Am y gystrawen yma, gw. 163 *dyuyn a oed o of yn Iwerdon.*

239 *meicheit:* 'ceidwaid moch'. Mae'r cymeriadau hyn yn ymddangos mewn sawl testun Cymraeg Canol arall: yn *Culhwch ac Olwen,* esgora mam Culhwch ar ei mab yn y lle mae meichiad yn gofalu am ei foch (CO 7); yn *Math,* meichiad dienw yn Arfon sy'n adrodd hanes ei hwch wrth Wydion ac yntau'n chwilio am Leu Llaw Gyffes (MUM 497–512); yn y Trioedd, enwir Pryderi fel un o dri meichiad grymus Ynys Prydain; gw. Triawd 26; gw. hefyd *Rhagymadrodd,* xlviii-xlix.

a oedynt: 'a oedd'. Pan fydd goddrych berf yn digwydd o flaen y ferf, defnyddir y rhagenw perthynol *a* i'w cysylltu. Os bydd y goddrych yn lluosog, ceir y ferf yn y lluosog fel yn yr enghraifft hon o'r Llyfr Gwyn neu yn yr unigol fel yn y darlleniad cyfatebol yn y Llyfr Coch *a oed.* Yn 241, ceir enghraifft arall gyda'r ferf luosog: *wy a doethant.* Yn *Math,* ceir dwy enghraifft eglur iawn, y gyntaf gyda'r ferf luosog: *Gwyr y deheu a gerdassant ac argan truan ganthunt parth ac eu gwlat* (MUM 149–50), a'r ail gyda'r ferf unigol: *Gwyr Gwyned a ymchweles dracheuyn yn llawen orawenus* (MUM 152); gw. hefyd GMW §65.

240 *e dremynt:* 'yr olygfa'. Defnyddir y llythyren *e* yma ar gyfer y sain aneglur /ə/ yn y fannod bendant yma; gw. *Rhagymadrodd,* li. Ceir dwy ffurf gysefin ar yr enw gwrywaidd hwn mewn Cymraeg Canol, *tremynt* (a'i ffurf dreigledig *dremynt*) a *dremynt* (a'i ffurf dreigledig *ddremynt*); cymh. hefyd *trum* a *drum.* Ceir yr un math o wamalu rhwng *gr-* ac *cr-* ar ddechrau gair, e.e. *cra(e)ssaw* a *gra(e)ssaw* 'croeso'; gw. 28 *a grayssaw wrthywch.*

241/2 *Argwlyd, ... henpych guell:* 'Arglwydd, ... henffych gwell'. Mae'r ffurf *henpych* yn 2ail berson unigol presennol dibynnol y ferf *hanuot,* 'hanfod', yn mynegi dymuniad: 'boed iti hanfod / fod yn well'. Mae'n llunio cyfarchiad confensiynol gydag enghreifftiau eraill ohono yn CO (142 a 513–14), *Gereint* (32 a 1192) a BMW (182 a 220). Er nad oes enghraifft arall o'r cyfarchiad hwn yn y Pedair Cainc – yn y tair cainc arall ceir *kyuarch gwell* neu *dyd da itt* – mae'r ymateb yn dilyn y patrwm sefydlog arferol lle mae'r cymeriad isaf ei statws yn cyfarch yr un uchaf ei statws yn gyntaf. Yr ymateb arferol confensiynol yw *Duw a ro[do] da it / ywch:* cymh. CyC 116–21.

242/3 *a chwedleu genhwch:* 'ac [a oes] newyddion gennych'. Noder absenoldeb y ferf yn y cwestiwn hwn; cymh. CO 115: *Chwedleu porth genhyt?* a 779 *Whedleu porth y genhyt?*

244 *coet ry welsom ar y weilgi:* 'yr ydym wedi gweld coed ar y môr'. Mae'r geiryn rhagferfol *ry* yn gallu rhoi ystyr perffeithiol i'r ferf sy'n ei ddilyn; gw. GMW §185 (a). Mae'r frawddeg hon yn cychwyn techneg naratif a elwir yn aml yn 'Ddyfais y Gwyliedydd' lle ceir un cymeriad (neu fwy) yn disgrifio digwyddiad y bu'n dyst iddo mewn araith uniongyrchol wrth

gymeriad arall. Mae'n ddyfais a geir yn aml mewn dramâu lle gellir cael disgrifiad o ddigwyddiad a fyddai'n ormod i'w lwyfannu'n fyw. Mae'r disgrifiad yn bywiocáu'r naratif gyda'r gwyliedydd yn mynegi yr hyn y mae wedi (neu yn) ei weld wrth y prif gymeriad ac mae hwnnw'n dehongli'r geiriau ac yn adnabod y bobl a welir yn y disgrifiad. Mewn gwirionedd mae'n ddyfais i gyfleu i'r gynulleidfa wybodaeth newydd ynghylch cymeriadau neu ddigwyddiad pwysig yn y naratif. Yn y rhan hon o *Bendigeiduran* gwêl y ceidwaid moch ryfeddod yn dod dros y môr a disgrifiant hwn wrth Fatholwch. Yn anffodus, ni fedr hwnnw ddehongli'r hyn a ddisgrifir ac awgryma iddynt fynd at Franwen i gael esboniad gan fod y rhyfeddod yn dynesu at lannau Iwerddon o'r dwyrain, o gyfeiriad Prydain, ei gwlad enedigol hithau. Noder bod tair rhan i'r hyn a welir: (i) coed lle na welwyd coed o'r blaen; (ii) mynydd yn ymyl y coed a hynny i gyd yn symud; (iii) crib uchel ar y mynydd a dau lyn o boptu iddi. Gall Branwen ddehongli'r rhyfeddod yn hawdd ac yn gywir: (i) hwylbrenni llongau yw'r coed; (ii) Bendigeidfran yw'r mynydd; (iii) trwyn Bendigeidfran yw crib y mynydd a'i lygaid yntau yw'r ddau lyn. Dadleua Proinsias Mac Cana fod y disgrifiad hwn yn fenthyciad o lenyddiaeth Wyddeleg gan mor debyg yw i ddisgrifiad o'r arwr Mac Cécht yn y chwedl *Togail Bruidne Da Derga*; gw. BDLl 24–32. Am gyfieithiad Saesneg o'r chwedl hon, gw. EIMS 'The Destruction of Da Derga's Hostel', 60–106. Fodd bynnag, dadleua Patrick Sims-Williams nad oes rhaid chwilio mewn llenyddiaeth Wyddeleg am gynsail i'r ddyfais hon yn *Bendigeiduran* pan ddywed: '... the similarity between *Branwen* and *Togail Bruidne Da Derga* is probably not an indication of literary borrowing, but a pointer to the imaginative richness of the narrative literature in and behind the Irish and Welsh manuscripts'; gw. IIMWL 95–133, ar 133.

249/50 *nyt oes neb yma a wypo dim y wrth hynny:* 'nid oes neb yma sy'n gwybod unrhyw beth am hynny'. 3ydd unigol presennol dibynnol y ferf *gwybot* yw *gwypo;* gw. GMW §157. Am y defnydd hwn o'r modd dibynnol, gw. *Rhagymadrodd* lxv.

252   *Kyn ny bwyf Arglwydes:* 'Er nad wyf yn Arglwyddes'. Ffurf arferol y cysylltair yma yw *kyt,* 'er' ac fe'i dilynir fel arfer gan y modd dibynnol – *bwyf,* 1af unigol presennol dibynnol y ferf *bot* yn yr enghraifft hon. Pan ddigwydd o flaen y geiryn negyddol *ny(t),* try'r *-t* ar ddiwedd y cysylltair yn *-n* trwy gymathiad â'r *n-* ddilynol gan roi'r ffurf *kyn ny* yma; gw. GMW §262. Nodwch yr eironi yng ngeiriau Branwen yma; mae'n hi'n arglwyddes, yn wraig i Frenin Iwerddon ac yn fam i etifedd coron Iwerddon, ond nid yw'n cael ei thrin ag unrhyw barch o gwbl a dyna sy'n ymhlyg yn ei geiriau yma. Â yn ei blaen i gyfeirio at ei chosb a'i hamarch er na chwyna fel y cyfryw; ceidw reolaeth ar ei theimladau a thrwy hynny ceidw ei hurddas. Am y posibilrwydd bod gair amwys Eingl-Sacsoneg yn rhan o ymateb Branwen yma, gw. Kathryn A. Klar, 'A Note on a possible

Anglo-Saxon Pun in *Branwen'*, yn *Celtic Language, Celtic Culture: a Festschrift for Eric P. Hamp*, (gol.) A. T. E. Matonis a Daniel F. Melia, (California, 1990), 305-7.

254/5   *Gwernenni a hwylbrenni:* 'Hwylbrenni a thrawslathau'. Er ei bod yn bosibl mai yr un yw ystyr *gwernen* a *hwylbren*, gellid gwahaniaethu rhyngddynt fel a ganlyn: 'gwernen' fyddai'r polyn pren hir unionsyth sy'n ymestyn o fwrdd y llong i'r awyr; fe'i gwneid fel arfer o bren y goeden o'r un enw gan fod y pren hwnnw'n fath na phydrai mewn dŵr; 'hwylbren' ar y llaw arall fyddai'r drawslath, y polyn pren hwnnw a hongiai allan o'r wernen i ddal yr hwyl ar agor.

257   *Nyt oed long y kynghanei ef yndi:* 'Nid oedd llong y cynhwysid ef ynddi'. Mae'r ferf *kyng(h)annaf*, bf. *kyng(h)enni*, yn ffurf gyfansawdd ar y ferf *gannaf*, bf. *genni*, 'dal; cael lle [yn]; cael ei gynnwys [yn]', a drafodwyd yn 52 *ny angassei* uchod. Dyma eto gyfeiriad at faint corfforol Bendigeidfran; cymh. 234 uchod.

262/3   *'Arglwyd,' heb y wyrda wrth Uatholwch:* Noder unwaith eto mai gwŷr Matholwch sy'n penderfynu beth y dylid ei wneud, ac nid ef ei hun; cymh. 155-63 lle cwyna trigolion Iwerddon wrth eu brenin am y cawr a'r wraig gan orfodi i Fatholwch ddilyn eu cyngor hwy, a 200-8 lle dywed ei wŷr wrth Fatholwch beth i'w wneud ynghylch y sarhad a dderbyniodd yng Nghymru. Ceir y teimlad nad syniad Matholwch oedd hyd yn oed dod i Brydain i chwilio am wraig yn y lle cyntaf ac mai ei wŷr a'i cynghorodd ynghylch hynny hefyd.

264   *[L]linon:* 'Afon Shannon' neu 'Afon Erne' neu 'Afon Liffey'. Cynnig Syr Ifor Williams yw mai Afon Shannon yw'r afon hon; gw. PKM 195-6. Esbonia Williams ymhellach fod yr *ll-* gychwynnol yn ffurf Gymraeg awdur y Pedair Cainc yn ymgais i gynrychioli *s-* daflodol ar ddechrau'r ffurf Wyddeleg ar enw'r afon, Sionainn /ʃinəŋ/. Llifa'r afon hon o'i tharddle yn Shannon Pot yn Swydd Cavan, trwy Loch Allen yn Swydd Leitrim ac yna i'r de trwy Loch Bofin, Loch Ree a Loch Derg gan lunio ffin rhwng Swyddi Roscommon, Galway a Clare i'r gorllewin a Swyddi Longford, West Meath, Offaly, Tipperary i'r dwyrain. Saif dwy dref bwysig arni: Athlone tua chanol ei chwrs ac yna, yn nes at ei haber, dinas Limerick. Dyma'r afon hwyaf yn Iwerddon – 224 milltir – a llunia rwystr naturiol rhwng dwyrain yr ynys, sef rhanbarthau Leinster a Munster, a gorllewin yr ynys, sef rhanbarth Connacht ynghyd â Swydd Clare, er bod yr olaf yn swyddogol ym Munster. Yn dactegol o ran digwyddiadau'r naratif, byddai croesi'r afon hon yn golygu bod rhwystr naturiol rhwng gwŷr Matholwch a gwŷr Bendigeidfran. Cytunodd Mac Cana a Derick S. Thomson â'r dehongliad hwn ; gw. BDLl, 117–21 a BUL 33, 285–6n.

Mae'n werth nodi bod afon bwysig arall yn tarddu ychydig i'r dwyrain o Loch Bofin y llifa Afon Shannon trwyddo. Afon Erne yw hon sy'n llifo o'i tharddle yn Loch Gamhna (Lough Gowna) i'r gogledd-ddwyrain trwy

Loch Erne Uchaf, trwy dref Enniskillen ac yna trwy Loch Erne Isaf allan i'r môr yn ymyl tref o'r enw Ballyshannon ar lannau Bae Donegal. Fel y daw Afon Erne i mewn i Loch Erne Isaf o'r de, gwelir Ynys Devenish; gw. isod. Yr hen enw Gwyddeleg ar y rhan uchaf o'r afon hon, rhwng ei tharddle a Loch Erne isaf, oedd *Leamhain* /levən/. Fe'i cofnodwyd mewn cerdd gan y bardd Gwyddeleg Tadhg Óg Ó Huiginn (*fl.* 1430) lle mae'r bardd yn canmol Loch Erne [Isaf]; gw. Eleanor Knott (gol.), 'In Praise of Loch Erne', yn *Irish Syllabic Poetry 1200-1600* (Dublin, 1974), 47-48, pennill 6, a 98 n.6 d; gw. hefyd nodyn ar 82 n.7:

> *Éisdeacht re héanlaith in chalaidh—*
> *coiscidh neach do nighi a bhas;*
> *gáir binn 'ga ealaibh ag éirghe,*
> *Leamhain inn is Éirni as.*

'Gwrando ar adar y lan— / rhwystra hyn rywun rhag gwlychu ei ddwylo; / cri persain ei elyrch [sef, elyrch y llyn] yn codi [i'r awyr], / Leamhain [yn llifo] i mewn iddo ac Eirne [yn llifo] allan ohono'

Gallai'r enw *Leamhain* yn hawdd fod yn sail i'r ffurf *Llifon / Lliuon,* ac yna trwy gamgopïo, cafwyd *Llinon* yn nhestun *Bendigeiduran.* O gymryd y ddwy afon, Shannon a Leamhain / Erne, gellir gweld yn glir fod y naill – Afon Shannon yn llifo i'r de – a'r llall – Afon Leamhain yn llifo i'r gogledd – yn torri rhan orllewinol Iwerddon oddi wrth rannau'r dwyrain, y gogledd a'r de. Pe torrid y bont dros y naill neu'r llall, anodd fyddai i fyddin Bendigeidfran, sy'n nesáu o'r dwyrain, gyrraedd byddin Matholwch.

Cynnig Rachel Bromwich oedd mai Afon Liffey yw'r afon a olygir yma yn y testun, yr afon y saif dinas Dulyn arni, a chytunodd Patrick Sims-Williams â'r dehongliad hwn; gw. adolygiad Rachel Bromwich o BDLl gan Mac Cana yn *Medium Aevum* 28 (1959), 203-10, ar 208–9; gw. hefyd IIMWL 197–201. Llifa Liffey o'i tharddle ychydig i'r de o Loch Bray Uchaf, nid nepell o gopa Kippure ym mynyddoedd Wicklow, i'r de-orllewin trwy Gronfa Ddŵr Poulaphouca ac yna i'r gogledd trwy Swydd Kildare ac wedyn i'r dwyrain trwy Swydd Dulyn ac allan i'r môr ym Mae Dulyn, 78 milltir o hyd. Ei henw yn yr Wyddeleg yw *Life* /lifə/ a chan na ddigwydd enwau brodorol mewn Cymraeg Canol gydag *l-* gychwynnol, mae'n hawdd deall sut y trowyd hon yn *ll-*. Deellid *-f-* yng nghanol gair fel /v/ ac ysgrifennid yr enw fel *lliu-*. Mae'n bosibl y byddai'r enw hwn wedi troi yn Lliuon trwy gydweddiad ag afonydd eraill yng Nghymru o'r un enw a than ddylanwad enw cwmwd Llifon yng nghantref Aberffraw ym Môn, y cwmwd hwnnw sy'n lleoliad i fedd Branwen (381–2). Byddai camgopïo'n gyfrifol wedyn am droi *Lliuon* yn *Llinon.* O blaid deall mai Afon Liffey yw'r afon y cyfeirir ati yma yn y testun y mae'r ychwanegiad i glwydau gael eu gosod ar gefn Bendigeidfran wrth i hwnnw orwedd ar draws yr afon er mwyn i'r fyddin ei chroesi; gw. 274–5 *y byrwyt clwydeu arnaw ef* isod.

Yr unig beth cadarn y gellir ei ddweud am y cynigion uchod yw eu bod yn dangos nad oedd yr awdur o Gymro yn gwbl sicr o ran ei wybodaeth o ddaearyddiaeth Iwerddon. Yr oedd am enwi afon o bwys ac yr oedd ganddo ddwy stori onomastig i'w hadrodd hefyd, tarddiad y ddihareb a tharddiad enw lle. I'm tyb i, oherwydd y cysylltiadau rhwng Devenish a Llanbadarn Fawr a amlinellir mor eglur gan Patrick Sims-Williams ym mhenodau 9 a 10 o IIMWL, y tebyg yw mai enw Afon Leamhain sy'n sail i'r ffurf Gymraeg Lliuon ~ Llinon yn *Bendigeiduran* ond bod traddodiad am enwi Dulyn fel tref Rhyd y Clwydau wedi'i impio ar yr afon y bu'n rhaid i wŷr Bendigeidfran ei chroesi gan greu ychydig o ddryswch ynghylch pa afon a fwriadwyd.

(auon oed yn Iwerddon): 'afon a oedd yn Iwerddon'. Rhoddwyd y geiriau hyn mewn cromfachau yn y golygiad hwn gan eu bod yn debyg i ychwanegiad esboniadol diweddarach.

268/9 *[a dyuot a wnaethant]:* 'a daethant'. Ychwanegwyd y geiriau hyn nad ymddangosant yn yr un o'r ddwy lawysgrif wreiddiol er mwyn deall y testun yn haws. Hebddynt, yr hyn a ddywedir yw: 'Daeth Bendigeidfran i'r tir a llynges gydag ef tua glan yr afon'; onid oes angen symud o'r lle y glaniodd gwŷr Prydain yn Iwerddon i lan yr afon dan sylw y torrwyd y bont drosti, boed honno Afon Shannon (Sionainn), Afon Erne (Leamhain) neu Afon Liffey (Life), cyn sylweddoli bod y bont drosti wedi'i difetha? gw. PKM 196 a BDLl 119.

270   *kynnedyf:* 'nodwedd, priodoledd, hynodrwydd'; gw. 127 *[k]ynnedyf.*

271   *Mae dy gynghor am bont?:* 'Ble mae dy gyngor ynghylch pont?' h.y. beth yw dy gyngor o ran pont? Mae'r ffurf ferfol *mae* ar ei phen ei hun yn gallu cynnwys cwestiwn ynghylch lleoliad rhywbeth, h.y. ble mae? cymh. *mae yr aniueileit yd aethawch yn eu hwysc?* 'ble mae'r anifeiliaid yr aethoch i'w nôl.' (MUM 106); *mae yniuer y llys?,* 'ble mae llu'r llys?' (MULl 65); *Mae, heb hi, dy gedymdeith di, a'th cwn?* 'Ble, meddai hi, dy gyfaill a'th gŵn?' (MULl 174–5). Nodwch mai gwŷr Bendigeidfran sy'n gofyn i'w harweinydd am gyngor ac ef sy'n ateb – yn gwbl wahanol i'r ffordd mai Matholwch sy'n holi ynghylch sut i ddelio â bygythiad gwŷr Prydain ac mai ei wŷr yntau sy'n rhoi'r ateb (262–6).

272   *a uo benn bit pont:* 'yr hwn a fyddo'n bennaeth, bydded yn bont', h.y. dylai'r sawl a fyn fod yn arweinydd fod yn gynhaliwr hefyd. Gyda'r geiriau hyn y dechrau testun Peniarth 6.

273   *ac y diharebir etwa ohonaw:* 'ac mae'n ddihareb o hyd'. Am drafodaeth ar storïau onomastig, gw. 134 *Tal Ebolion.*

274/5 *y byrwyt clwydeu arnaw:* 'taflwyd clwydau arno', h.y. gosodwyd plethwaith o bren ar ei gefn. Mae'n bur debyg bod stori onomastig arall wedi'i bwriadu gyda'r ymadrodd hwn. Mae gweithred Bendigeidfran o orwedd dros yr afon ei hun yn esbonio'r ddihareb *A fo ben bid bont,* Mae'r weithred o daflu clwydau o bren ar ei gefn yn ymddangos ar yr olwg gyntaf yn afraid yn y cyd-destun os nad oes diben arall iddi. Yr unig esboniad rhesymegol yw bod elfen gloi stori onomastig ar goll yma: yr elfen honno fyddai: 'ac oherwydd hyn, gelwir Rhyd y Clwydau ar y lle o hyd.' Yr Wyddeleg am yr enw lle hwn fyddai *Áth Cliath*. Bellach ychwanegwyd yr enw Gwyddeleg am dref, sef *baile,* ar flaen yr enw lle hwn gan roi *Baile Átha Cliath*, sef yr Wyddeleg am ddinas Dulyn sy'n sefyll ar Afon Liffey; gw. 264 *[L]linon* uchod. Mae'n bosibl nad oedd y copïwr yn gyfarwydd â'r enw hwn a dyna'r pam y'i hepgorwyd o'r testun, hynny neu fod disgwyl i'r gynulleidfa ddeall yr awgrym heb orfod cael y diweddglo esboniadol. Mae peth tebyg yn digwydd yn *Math* yn y stori am foddi morynion Blodeuwedd mewn llyn ger Afon Cynfal lle hepgorwyd y diweddglo rhesymegol: ac am hynny, gelwir Llyn y Morynion arno o hyd; gw. MUM Llyn y Mor(w)ynion 552n; gw. hefyd IIMWL 199–201.

279/80   *Ac y mae Matholwch yn rodi brenhinaeth Iwerdon y Wern uab Matholwch:* 'Ac mae Matholwch yn rhoi sofraniaeth Iwerddon i Wern fab Matholwch'. Mae hyn yn awgrymu bod Matholwch yn coroni ei fab yn frenin dros Iwerddon yn ei le ei hun. Ai lle Matholwch yw gwneud hynny neu oni ellid ystyried Bendigeidfran fel goresgynnwr Iwerddon fel ei wir frenin? Wedi'r cyfan mae Matholwch wedi ffoi rhag byddinoedd brenin Prydain gan roi'r gorau i'w hawl iddi.

281   *y'th wyd:* 'yn dy ŵydd; o'th flaen'. Mewn Cymraeg Canol, ceir y ffurf *y* yn lle *yn* o flaen y rhagenwau mewnol *'m* a *'th;* gw. GMW §222; cymh. hefyd 137 *y'th wlat ti.*

282   *Ac yn y lle y mynnych ditheu:* 'a ble bynnag y mynni dithau'. Caiff Bendigeidfran benderfynu ble y trosglwydda Matholwch y goron i'w fab. Unwaith eto, gwelir anallu Matholwch i daro penderfyniadau drosto ei hun. Defnyddir 2ail unigol presennol dibynnol y ferf *mynnu* yma oherwydd mai is-gymal amhendant sydd yma; gw. *Rhagymadrodd,* lxv.

283   *gossymdeitha:* 'gwna baratoadau ar gyfer [derbyn] Matholwch'.

284   *ac aduyd ys kymeraf gynghor:* 'Efallai y cymeraf i gyngor'. Ffurf 3ydd unigol presennol y ferf *adfod,* 'digwydd; bod', yw *aduyd,* 'adfydd', ac yn yr ymadrodd *ac aduyd,* 'agatfydd', golyga 'efallai'; gw. GMW §150. Ffurf lafarog rhagenw mewnol proleptig 3ydd unigol gwrywaidd yw *ys* yma yn cyfeirio ymlaen at yr enw gwrywaidd unigol sy'n dilyn y ferf *kymeraf,* sef *kynghor;* gw. GMW §§59 a 60.

288   *o dowch yn ehegyr:* 'os dowch yn gyflym'. Am ffurf y cysylltair amodol yma, gw. *Rhagymadrodd,* lxiv.

289   *Y kennadeu a gyrchyssant racdu:* 'Teithiodd y negeswyr yn eu blaen'. Nodwch yma'r ffurf hŷn ar 3ydd lluosog yr arddodiad *rac* yma yn y Llyfr Gwyn ac yn y Llyfr Coch. Digwydd y ffurf gyda'r terfyniad lluosog *-nt* yn fwy aml yn nhestun y Pedair Cainc yn Llyfr Gwyn Rhydderch fel yn Llyfr Coch Hergest. Am ffurfiau personal arddodiad mewn Cymraeg Canol, gw. GMW §63.

292 *mae ych kynghor chwi?:* 'beth yw eich cyngor chwi?'; gw. 271 *Mae dy gynghor am bont?*

293 *Ni enghis ef y mywn ty eiryoet:* 'Ni chafodd ei gynnwys erioed mewn tŷ'. Am y ferf *genni ~ gengi,* gw. 52 *ny angassei.*

294 *o 'y anryded ef:* 'i'w anrhydedd', h.y. er anrhydedd iddo. Yma mae *o 'y* yn un o'r nifer o amrywiadau ar yr arddodiad *y,* 'i', ynghyd â 3ydd unigol gwrywaidd y rhagenw mewnol genidol sydd hefyd yn cymryd y ffurf *y,* ''i', mewn Cymraeg Canol. Bellach ceir *i'w* mewn Cymraeg Llenyddol Safonol er bod nifer o amrywiadau yn y tafodieithoedd o hyd, megis 'i'i' > 'i' yn y Gogledd-orllewin, ac 'iddi' yn y De. Yn wreiddiol ffurf yr arddodiad sy'n golygu 'i' bellach oedd **do* a feddalwyd yn **ddo* ac y collwyd ei sain gychwynnol yn ddiweddarach, gan roi **o.* Os ychwanegir y rhagenw mewnol yn y 3ydd unigol, *y,* at y ffurf hon ar yr arddodiad, ceir *o 'y,* a dyna yn union sydd yn y testun yma; cymh. GMW §56 N. 2.

296 *doro:* 'dyro'. Un o'r ddau amrywiad ar 2ail unigol ffurf orchmynnol y ferf *roi,* 'rhoi', yw *doro;* gw. GMW §175. Y ffurf fwyaf arferol yw *dyro;* cymh. ffurf y Llyfr Coch.

297/8 *y ganhei yndaw:* 'y câi ei gynnwys ynddo'; gw. 52 *ny angassei.*

298/9 *A'r kennadeu a doethant:* 'A daeth y negeswyr'. Yma, mae'r goddrych yn lluosog a'r ferf hithau. O ran y cytundeb rhwng goddrych a berf, gw. 82 *Y guyr hynny a 'y godiwawd ac a ouynyssant idaw.*

300/1 *Sef a gauas yn y gynghor:* 'Dyma a benderfynodd'. Am y gystrawen, gw. 42 *kymryt kynghor. Sef a gahat yn y kynghor.* Dywedir yma mai ef, Matholwch, a benderfynodd beth a wnâi yn y sefyllfa y mae'n ei gael ei hun ynddi. Serch hynny, ychwanegir yn eglur mai cyngor Branwen sydd wrth wraidd ei benderfyniad a hynny er mwyn arbed y wlad rhag rhyfel agored a rhag difetha'r wlad yn llwyr. Mae hyn yn gwbl eironig, gan mai *llygru y wlat,* 'difetha'r wlad', ynghyd â holl drigolion Iwerddon, ymron, a'r rhan helaethaf o lu gwŷr Prydain yw'r canlyniad yn y diwedd, er gwaethaf ei hymdrechion heddychlon hithau. Unwaith eto, catalydd y dinistrio yw Efnysien. Fodd bynnag, nid yw'r Gwyddyl yn ddieuog o'r dinistr ychwaith. Yn y geiriau *Ac ystryw a wnaeth y Gwydyl* (304), cofir am yr ystryw a chwaraesant pan adeiladasant y Tŷ Haearn ar gyfer Llassar Llaes Gyfnewit a'i deulu ynghynt yn y naratif; cymh. 162–74. Bwriad adeiladu'r tŷ yn y ddau achos yw ceisio lladd y 'gelyn' o fewn y tai ond fel y gwelwyd o'r blaen, methant yn eu cynlluniau unwaith eto. Mae'r ddau ddigwyddiad yn sicr i'w cymharu â'i gilydd.

304/5 *dodi guanas o bob parth y bop colouyn o cant colouyn oed yn y ty:* 'gosod hoelen ar bob ochr i bob colofn o'r can colofn a oedd yn y tŷ', h.y. mae dau gan hoelen yn y colofnau i gyd. Mae'n amlwg bod y tŷ hwn yn adeilad mawreddog iawn.

306 *boly croyn:* 'cwdyn croen'. Ar bob un o'r hoelion, mae'r Gwyddyl yn hongian cwdyn wedi'i wneud o groen anifail; felly mae dau gan cwdyn

croen ac ym mhob un cuddia rhyfelwr o Wyddel. Yr ystryw felly yw bod
dau gan gŵr arfog ynghudd yn y tŷ yn barod i ymosod ar wŷr Prydain.
Mae Ifor Williams yn tynnu sylw at garfan o ormeswyr mytholegol yn
Iwerddon o'r enw y *Fir Bolg*, sef 'Gwŷr y Sachau', y cyfeirir atynt mewn
testun ffughanesyddol Gwyddeleg o'r teitl *Lebor Gabála Érenn, Part IV*,
'Llyfr Meddiannu Iwerddon', (gol.) R. A. S. Macalister, §278 ymlaen.
Felly iddo ef, cyfeiriad at drigolion Iwerddon sydd yma; gw. PKM 201.
Er bod Mac Cana yn cydnabod y posibilrwydd bod yr awdur o Gymro a
oedd yn gyfrifol am *Bendigeiduran* yn gyfarwydd â thraddodiad cyffelyb,
tyn hwnnw ein sylw at destun Gwyddeleg y *Bórama*, testun a drafoda'r
dreth wartheg y byddai rhaid i wŷr Leinster ei thalu i uchelfrenin
Iwerddon yn Tara; gw. BDLl 67-71. Yn y testun hwn, adroddir am ryfel
rhwng Brandub a gwŷr Leinster yn erbyn Aed brenin Iwerddon – noder
mai 'brân ddu' yw ystyr Brandub sy'n dwyn i gof enw (Bendigeid)fran ei
hunan. Yng nghyswllt *Beindigeiduran*, gellir deall Matholwch fel
uchelfrenin Iwerddon yn lle Aed yn y *Bórama*. Ar gyngor Esgob Áedán,
enfyn Brandub negesydd at wŷr yr Uchelfrenin i ddweud wrthynt fod
gwŷr Leinster wedi paratoi bwyd iddynt. Yn y cyfamser, mae gwŷr
Brandub wedi llenwi sachau â cherrig a'u rhwymo wrth gynffonnau cant
a hanner o geffylau anhywedd; ac ar yr un pryd mae ei filwyr dethol wedi
cuddio mewn basgedi bwyd i aros am filwyr Aed. Ar ben pob milwr yn ei
fasged, gosodwyd cig fel y credai'r gelyn mai basgedi llawn cig oeddynt.
Yn awr, enfyn Aed rai o'i filwyr i wirio cynnwys y basgedi a chytunant
mai bwyd sydd ynddynt. Fodd bynnag, pan gyrraedd gwŷr Aed eu
hunain, rhyddheir y ceffylau anhywedd gan beri braw i geffylau gwŷr
Aed a neidia gwŷr Leinster allan o'r basgedi gan ymosod ar wŷr y brenin
a'u gyrru ar ffo gan ladd Aed. Awgryma Mac Cana mai yn y sachau y
byddai gwŷr Leinster wedi'u cuddio yn y stori hon ac nid mewn basgedi.
Mae'n wir bod nifer o fanylion yn y stori hon yn galw i gof fanylion
Bendigeiduran er mai aflwyddiannus fu gwŷr Matholwch yn eu hymgais i
ladd y gwesteion ac mai llwyddiannus fu ymdrechion gwŷr Brandub; gw.
BDLl 64-71. Cytuna Patrick Sims-Williams â'r amlinelliad uchod gan
gredu bod awdur *Bendigeiduran* yn gyfarwydd â rhyw fersiwn o stori'r
Bórama; gw. IIMWL 277-84.

308   *edrych golygon orwyllt:* 'edrych [â] llygaid gwyllt iawn'. Yn y cyd-
destun hwn, ystyr *golygon* yw 'llygaid'. Yn gwbl naturiol, cyfeirir at ddau
lygad Efnysien yma ac mae'r rhif dau yma'n bwysig. Treiglir enwau sy'n
ymddangos yn lluosog ond sy'n cael eu hystyried fel arfer fel pâr yn aml
iawn ar ôl y fannod bendant. Pan gyfeirir at y gair *gefell* yn y lluosog, y
ffurf a ddefnyddir yw *gefeilliaid*, ac ar ôl y fannod bendant ceir treiglad
gan mai dau blentyn yn rhannu'r un pen-blwydd â'r un rhieni a olygir, sef
'yr efeilliaid'. Wrth gyfeirio at fynydd yn Arfon lle mae dau bant amlwg
iddo, cyfeirir at ffurf luosog yr enw *gafl*, sef *geifl*, ac ar ôl y fannod
bendant, ceir *Yr Eifl*. Nid nepell o'r mynydd hwn y mae dau gopa, *(Y)*

Gyrn Goch a *(Y) Gyrn Ddu*; treiglir yr enw sy'n ymddangos yn ffurf luosog ar *corn*, sef *cyrn*, yn feddal gan yr ystyrir fel arfer y ddau gorn hyn gyda'i gilydd, sef *Y Gyrn*. Treiglir yr ansoddair yn dilyn yr enwau yma, *coch* a *du*, hefyd gan mai'r rhif deuol sydd wrth fôn yr enw. Yn yr enghraifft hon yn *Bendigeiduran*, treiglwyd yr ansoddair *gorwyllt* yn dilyn yr enw *golygon* am yr un rheswm, sef 'dau lygad gwyllt iawn'; gw. GMW §22.

309   *Beth yssyd yn y boly hwnn?:* 'Beth sydd yn y sach hon?' Noder y gofyn Efnysien yr un cwestiwn, neu amrywiad arno, dair gwaith yn yr episod hwn er bod dau gan sach dan sylw. Y tro cyntaf a'r ail dro, hola ynghylch cynnwys y sach gyntaf a chynnwys yr ail sach. Yna, dywedir wrthym iddo drin pob sach yn yr un modd, sef ei gwasgu hi a'i chynnwys – milwr o Wyddel – nes bod yr olaf yn farw. Yna cyrraedd y sach olaf a hola'r cwestiwn y trydydd tro gyda'r un ateb eto. Wedi lladd y Gwyddel olaf, cân ei englyn ymffrostgar. Mae ailadrodd fesul tri yn dechneg gwbl amlwg yn y ceinciau i gyd; gw. Ian Hughes, 'Tripartite Structure in *Manawydan Uab Llyr*', Uppsala (2007), 99–109; ac R. M. Jones, 'Tri mewn Llenyddiaeth', *LlCy* 14 (1982), 92–110.

310   *'Blawt, eneit,' heb ef:* 'Blawd, gyfaill,' meddai ef [sef y Gwyddel]'. Un cwestiwn sy'n codi o ran yr ymddiddan byr hwn yw pwy yw'r Gwyddel sy'n ateb ymholiad Efnysien? Efallai mai Gwyddel a oedd yn y tŷ yn gwarchod popeth cyn i luoedd Iwerddon ac Ynys y Cedyrn ddod i mewn. Pam, felly, y caniatâi'r gwarchodwr hwn o Wyddel i Efnysien wneud yr un peth yn achos pob sach? Ar y llaw arall, a yw'n bosibl dadlau mai un o'r Gwyddyl yn y sachau sy'n ateb cwestiwn Efnysien? Cytunai hynny â'r ffaith y defnyddir y rhagenw blaen 3ydd unigol *y* o flaen *penn* bob tro, sef 'ei ben', h.y. pen y Gwyddel a atebodd ymholiad Efnysien. Dyma ddadl Patrick K. Ford yn *'Branwen*: A Study of the Celtic Affinities', SC 22/23 (1987/8), 29-41, ar 34-5.

Blawt: 'Blawd / Blodyn'. Gellir deall y gair torfol hwn fel y defnydd y gwneir toes ohono, sef 'blawd', neu fel ffurf luosog enw sy'n digwydd yn yr unigol fel 'blodeuyn' neu 'blodyn', sef 'blodau' i ni bellach. Mae'n werth nodi bod 'blodau' mewn Cymraeg Canol yn gallu bod yn drosiad am 'y goreuon', ac felly 'y milwyr gorau'; cymh. *Peredur* 13:4–5 *blodeu marchogyon* a 13:15 *blodeu y milwyr*. Mae ateb y Gwyddel yn y cyd-destun hwn felly yn amwys; trwy ddweud *blawt*, mae am gadw'r gwir ynghudd, sef bod milwr arbennig yn y sach, ond ni fyn ddweud celwydd noeth chwaith a gadewir i Efnysien (ac i'r gynulleidfa) ddeall yr amwysedd yn ei ffordd ei hun.

311   *y deimlaw:* 'ei fyseddu', h.y. byseddu'r enw gwrywaidd unigol *boly*, 'sach'.

y benn: 'ei ben'; gw. 310 uchod.

yny glyw: 'nes iddo deimlo'. Nodwch y defnydd o'r presennol dramatig yma; gw. GMW §119 (d).

312 *ymanodi:* 'suddo; ymdreiddio'. Mae'n bosibl mai *ymnoddi* yw ffurf wreiddiol y berfenw hwn gyda llafariad lusg wedi tyfu rhwng yr -*m*- a'r -*n*- gan roi *ymanoddi.* Seilir y ferf hon ar yr enw *nodd*, 'toddiant; sudd; gwlybwr' ac felly 'ymdoddi' neu 'ymsuddo' yw ystyr y ferf. Am drafodaeth ar y ferf brin hon, gw. Ifor Williams, 'ymanodi, ymnoddi, ymnoeddi', B 10 (1940), 133–4. Am ddatblygiad llafariaid llusg, gw. GMW §16.

[b]reithell: 'ymennydd'. Yma, mae'r Llyfr Gwyn yn darllen *ureichell* a diwygiwyd y testun ar sail darlleniad y Llyfr Coch a darlleniad Peniarth 6, ll. 41.

317 *Sef a:* Gyda'r geiriau hyn y diwedda dernyn Peniarth 6 o'r testun. Am y defnydd o'r gystrawen hon, gw. *Rhagymadrodd,* lix.

319/20 *yny ladawd:* 'nes iddo ladd'. Mae darlleniad y Llyfr Coch yma – *yny lladawd,* 'nes iddo ei ladd' – o bosibl yn well gan y disgwylid rhagenw mewnol gwrthrychol 3ydd unigol gwrywaidd nad yw'n achosi'r treiglad meddal yn y cyd-destun hwn i gyfeirio'n ôl at y milwr olaf a leddir gan Efnysien yn y sach olaf.

321 *Yr Englyn:* 'Y mae yn y sach[au] hon/[hyn], amryw fathau o 'flawd', / pencampwyr, rhyfelwyr, ymosodwyr mewn brwydr, / yn erbyn milwyr yn barod i'r frwydr'. Mae ystyr yr englyn hwn yn amlwg er bod ei fesur ychydig yn aneglur fel y saif yn y llawysgrifau gan fod naw sillaf yn y llinell gyntaf – cyfrifir *boly* yn air unsill gydag *y* ansillafog ar ei ddiwedd; gw. GMW §12. Fodd bynnag, o gywasgu *yn y* fel *'n y,* ceid wyth sillaf ynddi, nifer a oddefid yn lle saith yn ôl tystiolaeth englynion cynnar eraill. Mae'r ddwy linell olaf yn llunio toddaid byr, sef deg sillaf yn yr ail linell gyda rhagwant ar ddiwedd y bumed sillaf sy'n odli â'r gair acennog sy'n ei ragflaenu, h.y. *kynniuyeit* a *keimeit,* a gwant ar ddiwedd yr wythfed sillaf, h.y. *diskynneit,* a chwe sillaf yn y drydedd linell. Ceir odl rhwng diwedd y llinell gyntaf a diwedd y drydedd. Un diwygiad bach arall i ddarlleniad y ddwy lawysgrif fyddai newid *boly hwnn* i'r ffurf luosog *byly hynn* gan y disgwylid y ffurf luosog ar yr enw hwn gan y cyfeirir at gynnwys yr holl sachau ac nid at un sach benodol yn unig. Enghraifft o 'Englyn byr crwca' sydd gennym yn y testun; gw. John Morris-Jones, *Cerdd Dafod* (adarg. Caerdydd, 1980), §537 (2).

Ceir fersiwn arall o'r englyn hwn yn *Myvyrian Archaiology of Wales,* ar 331, sy'n hepgor y rhagenw *amryw:*

> *Ys id yn y boly hwn blawd*
> *Ceiniaid cynnifiaid disgynnaid yn nhrin*
> *Rhag cadwyr cad barawd.*

Ar sail hepgor *amryw* yn y fersiwn hon o'r llinell gyntaf, awgrymodd Ifor Williams y darlleniad canlynol er mwyn adfer saith sillaf yn y llinell: *Yssit yn y byly hyn blawt;* gw. PKM 203–4. Am broblemau gydag

englynion eraill yn y Pedair Cainc, gw. MUM, nodiadau i linellau 520–
35. Pwrpas yr englyn hwn yng nghyd-destun *Bendigeiduran* yw crynhoi'r
digwyddiadau a datgan ymffrost ar ran Efnysien; gw. CLIH xxxviii.

321 *yssit:* 'y mae'. Yr esboniad arferol ar y ffurf ferfol hon yw y tardda o *ys* +
     it, sef 3ydd unigol gwrywaidd y rhagenw menwol. Yn wreiddiol golygai
     rywbeth tebyg i 'mae iddo', h.y. 'mae'na' yng Nghymraeg llafar heddiw,
     gyda'r *iddo* neu'r *'na* i bob pwrpas yn ddiystyr ac yn ddiangen; gw.
     GMW §147 (c). Ceir sawl enghraifft arall o'r un ffurf yn *Culhwch ac*
     Olwen: Kyt keffych hynny, yssit ny cheffych, 'er y cei di hynny, mae ['na
     rywbeth] na chei' (CO 578 *et passim*); ceir hyd yn oed ffurf luosog:
     Chwedleu porth genhyt? Yssydynt genhym, (llythr.) '[A oes] newyddion
     o'r drws gennyt? [Oes.] Maent gennym' (CO 115).

323 *kydwyr:* 'gwŷr y gad; ymladdwyr', h.y. milwyr. Daw o'r ffurf unigol
     cadwr gyda newid llafariad *-a-* > *-e-* cyn y terfyniad lluosog *-wyr,* h.y.
     cadwr – cedwyr, lle cynrychiolir y sain /e/ gan y llythyren *y.*

324 *dothyw:* 'daeth'. O ran ffurf, 3ydd unigol perffaith y ferf *dyuot* sydd yma
     er na chadwyd ystyr y perffaith yn y cyd-destun. Felly, golyga *dothyw*
     yma yr un peth â *doeth* yn y cymal dilynol, sef 'daeth'. Llunnid perffaith
     y berfau *mynet, dyuot* a *gwneuthur* trwy ychwanegu ffurf bresennol y ferf
     bot at fôn y gorffennol, *do(e)th + wyf > dothwyf, do(e)th + wyt >*
     dothwyt, do(e)th + yw > dothyw. Llunnid gorberffaith yr un berfau trwy
     ychwanegu ffurf amherffaith y ferf *bot* at fôn y gorffennol, *do(e)th +*
     oedwn > dothoedwn, do(e)th + oed > dothoed (426); gw. GMW §§141–
     3.

326 *yn gyn ebrwydet ac yd eistedyssant:* 'cyn gynted ag yr eisteddasant'.
     Yma, yn groes i'r arfer, defnyddir y geiryn adferol *yn* ynghyd â gradd
     gyfartal yr ansoddair *ebrwyd,* sef *cyn ebrwydet* i olygu 'cyn gynted'.
     Ar ôl i luoedd y ddwy genedl gyrraedd y neuadd, tawelir yr elyniaeth
     rhyngddynt ac ymddengys bod cytundeb ar unwaith. Fodd bynnag, mae'r
     Gwyddyl o hyd yn tybio bod y gwŷr arfog yn y sachau'n dal yn fyw ac yn
     disgwyl i Fendigeidfran a'i lu fwyta eu llawnder ac yfed nes y byddant yn
     feddw. Yna maent i neidio allan o'r sachau a lladd milwyr Prydain. O ran
     bwriad, nid yw'n annhebyg i sefyllfa yn *Historia Regum Britanniae* lle
     trefnir heddwch rhwng Gwrtheyrn a'i filwyr o Brydain ar y naill law a
     Hengyst a'i filwyr o Saeson ar y llall. Mae'r ddau lu i gyfarfod â'i gilydd
     mewn lle arbennig ddydd Calan Mai i gadarnhau'r heddwch. Fodd
     bynnag, mae milwyr Hengyst yn cuddio cyllyll hirion yn eu hesgidiau ac
     ar arwydd gan Hengyst, maent i dynnu'r cyllyll allan a thrywanu gwddf
     pob Brython. Y gwahaniaeth rhwng y ddwy stori yw bod Hengyst a'i lu
     yn lled lwyddiannus yn eu cynllwyn tra bo'r Gwyddyl yn y sachau i gyd
     yn cael eu lladd gan Efnysien; gw. HKB 164-65.

328 *galw o Uendigeiduran:* 'galwodd Bendigeidfran'. Am y defnydd o'r
     berfenw gyda'r arddodiad *o* i fynegi'r goddrych, gw. *Rhagymadrodd,* lx.

330   *a phawb o'r a'e guelei:* 'a phawb o'r sawl a'i gwelodd'. Am y defnydd o
o'r a yma, gw. *Rhagymadrodd,* lxii.

333   *da oed genhyf i:* 'byddai'n dda gennyf i'. Am ystyr amodol ffurf
amherffaith y ferf *bot,* gw. *Rhagymadrodd,* lviii.

335   *Y Duw y dygaf uyg kyffes:* 'Cyffesaf i Dduw'. Ceir enghraifft o'r llw hwn
ym mhob un o geinciau'r Mabinogi ynghyd ag un enghraifft yn *Peredur* a
phedair yn *Gereint*; gw. CyC 123–8.

335/7 *ys anhebig a gyflauan gan y tylwyth y wneuthur a wnaf i yr awr honn:*
'drwgweithred annhebygol ei gwneud yn nhyb pobl y tŷ yw'r hyn a wnaf
i nawr', h.y. nid yw pobl y tŷ yn disgwyl i'r trosedd a wnaf nawr gael ei
gyflawni'.

      annhebig a gyflauan: gellir defnyddio'r arddodiad *a* mewn Cymraeg
Canol i gyplysu ansoddair ag enw sydd yn ei ddilyn mewn cystrawen
bwysleisiol fel hon. Ceir enghraifft arall o'r un gystrawen pan ddywed
Branwen *Da a dwy ynys a diffeithwyt o'm achaws i* cyn iddi farw (378).
Ceir enghreifftiau pellach yn y ceinciau eraill: *Ys glut a beth yd
ymdidanyssam ni* (PPD 156–7) a *bychan a dial* (PPD 469); *ys drwc a
gedymdeith uuost [t]i ac ys da a gedymdeith a golleist [t]i* (MULl 176-7);
ys bychan a beth (MUM 274); gw. GMW §39 (c). Yn y gystrawen hon yn
y Llyfr Gwyn, disgwylid *y gwneuthur* heb y treiglad gan fod *kyflauan* yn
air benywaidd unigol, h.y. drwgweithred annhebygol ei gwneud, a dyna'n
union sydd yn y Llyfr Coch. Am drafodaeth fanylach ar y gystrawen hon,
gw. John Armstrong, 'On some Middle Welsh Relative Constructions',
SC 22–3 (1987), 10–28.

338/9 *yny want y mab yn wysc y benn yn y gynneu:* 'Wele, taflodd y mab wysg
ei ben yn y tân'. 3ydd unigol gorffennol y ferf *gwanu* yw *gwant,* 'taflodd'
yma; gw, GMW §133 (b). Yma, cysylltair yw *yny* a gaiff ei ddefnyddio
mewn prif gymal gyda berf gadarnhaol i fynegi sydynrwydd gweithred
neu'r syndod a greir gan y weithred, h.y. mae'n cael effaith ddramatig ar
y naratif. Ceir ambell enghraifft arall o'r defnydd hwn o *yny* gyda
phresennol arferiadol y ferf *bot; hyny uyd kaer a welynt,* 'Wele, fe
welsant gaer' (CO 412–13); *han ny* (< *yny*) *uyd dauates uawr a welynt,*
'Wele fe welsant ddiadell fawr o ddefaid' (CO 416); *Ac ar hynny hyny
vyd y vrenhines a'e llawuorynyon yn dyfot,* 'Ac ar hynny, dyma'r
frenhines a'i llawforynion yn dod' (*Peredur* 35:18-9); gw. GMW §278 N.
Dyma'r drydedd enghraifft o greulonder Efnysien tuag at y Gwyddyl yn
fersiwn presennol y stori. Y tro cyntaf, triniodd geffylau Matholwch yn
greulon (66-70); yr ail dro, lladdodd y Gwyddyl yn y sachau mewn modd
creulon a didaro (304-20); yn awr mae'n lladd Gwern, brenin Iwerddon,
mewn modd erchyll a chreulon.

339   *[p]oeth:* 'ar dân; yn llosgi'.

340   *hi gysynwys:* 'ceisiodd; bwriadodd hi'. Yn y Llyfr Gwyn ceir *gynsynwys*
sydd yn ôl pob tebyg yn wall am *gysynwys,* 3ydd unigol gorffennol y ferf
cysynyaw, 'cysynio', sef 'ceisio, rhoi cynnig ar, bwriadu'. Noder darlleniad

y Llyfr Coch yma, *a gyngytywys* o'r ferf *cyngytyaw*, 'cyngydio' gyda'r un ystyr.

342　*ymgyuot o bawb:* 'codi gan bawb', h.y. cododd pawb. Am y defnydd o'r arddodiad *o* i fynegi goddrych rhesymegol berf, gw. *Rhagymadrodd*, lx. Ffurf atblygol y ferf *kyuot* yw *ymgyuot*, sef 'codi ei hun'. Ceir nifer o ferfenwau mewn Cymraeg Canol sydd yn amrywio o ran eu ffurf. Ymddengys fod llawer ohonynt yn digwydd un ai'n ddiderfyniad, megis *agor, cyfod, cadw, deffro, llanw* neu ynteu gyda'r terfyniad -*i*: *agori, cyfodi, cedwi, deffroi, llenwi*. Felly ceir *ymgyfod* ac *ymgyfodi*; gw. GMW §178 (a) a (d). Darlleniad y Llyfr Coch yma yw *ymgyuoc* a all fod yn wall copïo am *ymgyuot* gan fod *t* a *c* yn bur debyg i'w gilydd yn y llawysgrifau canoloesol; neu mae'n bosibl mai berf aral sydd yma, *ymgyfogi*, 'ymdaflu; ymladd'.

344　*Mordwyd Tyllyon:* Mae'n bosibl bod hyn yn gyfeiriad at Fendigeidfran ei hun. Felly, saif Bendigeidfran i fyny gan ddweud wrth filwyr Iwerddon am ochel rhagddo ef ei hun. Ystyr 'morddwyd' yw'r rhan o'r goes rhwng y glun a'r pen-glin. Ymddengys mai lluosog yr ansoddair *twll* yw *tyllyon* a'r ystyr yw naill ai 'tyllog; wedi'i drywanu' neu 'grymus; cadarn'. O ran deall mai Bendigeidfran yw Mordwyd Tyllyon yma, gallwn dderbyn mai cyfeiriad at y ffordd y caiff ei drywanu yn ei droed â gwaywffon wenwynig yn fuan wedyn yw'r ystyr. Cytunai hyn â'r disgrifiad o'r Brenin Bysgotwr a enwir fel Bron yng ngwaith y bardd Ffrangeg Chrétien de Troyes (*fl.* 1160-1190). Mae hwn yn frenin cloff oherwydd iddo gael ei drywanu rhwng ei goesau â gwaywffon. Tybir bod y cymeriad Bron yma'n cyfateb i'n Brân ni. Yn achos yr ail ddehongliad uchod, gall fod *Mordwyt Tyllyon* yn gyfeiriad at faintioli corfforol Bendigeidfran trwy gydgymeriad – os yw ei goesau'n fawr, mae gweddill ei gorff yn fawr hefyd. Fodd bynnag, mae problem sylfaenol gyda'r ddau ddehongliad gan fod yma ansoddair lluosog yn disgrifio enw unigol. Gwerth yw nodi yn y cyswllt hwn y ceir yn CO (196) yr enw *Echel* gyda'r epithet *Uordwyt Twll* gyda'r ansoddair *twll* yn y ffurf unigol i gytuno â'r enw unigol *mordwyt:* mae'n bur bosibl mai cyfeiriad at yr arwr clasurol Achilles yw hwn gyda'i goes yn dyllog, wedi'i thrywanu gan saeth o fwa Paris. I ddatrys problem y diffyg cyntundeb rhwng rhif yr ansoddair a rhif yr enw yn *Bendigeiduran*, cynigia Ifor Williams y posibilrwydd mai amrywiad ar *twll* yw *tyllyon* mewn modd tebyg i'r amrywiad *gwir* a *gwirion* ac felly ni raid cymryd mai ansoddair lluosog gydag enw unigol sydd yn yr ymadrodd yma; gw. CLlH 70-1. Cymhlethir y pwynt trwy i'r ymadrodd Mordwyt Tyllyon ddigwydd eilwaith yn y gainc yn y rhybudd a roddir i'r Gwyddyl yn syth wedyn; gw. isod. Digwydd yr ymadrodd *mordwyt* (llsgf. *ymordwyt*) *tyllon* yn Llyfr Taliesin yn y gerdd 'Golychaf-i Gulwyd'; gw. BT 33:25-27 a LPBT 273-92, yn llau 32-5:

Bum y gan Vran yn Iwerdon:
gweleis pan ladwyt mordwyt tyllon;
kigleu gyfarfot angerdolyon
a Gwydyl diefyl diferogyon.

Diwedderir y llinellau hyn fel: 'Bûm i gyda Brân yn Iwerddon / gwelais pan laddwyd 'morddwyd tyllion'; / clywais gyd-drawiad gwŷr ffyrnig / â['r] Gwyddyl dieflig, twyllodrus.' Noder y dibynna'r diweddariad hwn ar gyfieithiad Saesneg a gynigiwyd gan Haycock yn LPBT 276. Taliesin chwedlonol sy'n canu'r geiriau hyn; gw. *Rhagymadrodd*, xxii. Mae'n amlwg bod brolio yma ar ran Taliesin iddo dystio'n bersonol lawer o anturiaethau a gwyrthiau. Yn eu plith, ymffrostia iddo fod gyda Brân yn Iwerddon; cymharer enwau goroeswyr y rhyfel yn Iwerddon a gynhwysir yn y gainc a Thaliesin yn eu plith (360-2). Eisoes yn yr un gerdd, dywedodd y llefarwr iddo ganu gerbron meibion Llŷr yn Aber Henfelen; gw. LPBT 8:4 a 369-70 yn y gainc. Yn ddiweddarach, cân am ei brofiad yn y Byd Arall lle nad yw salwch na henaint yn effeithio ar y trigolion; ymhlith y rhain enwa Fanawyd[an] a Phryderi; gw. LPBT 8:45-7; enwyd y ddau hyn hefyd fel goroeswyr cyflafan Iwerddon yn y gainc; gw. *Rhagymadrodd*, xxix am y dyfyniad. O gyd-destun llinellau'r gerdd a ddyfynnwyd uchod, gellir deall bod Taliesin wedi tystio marwolaeth Bendigeidfran, os dehonglir *mordwyt tyllon* fel cyfeiriad at y cymeriad hwnnw. Fodd bynnag, fel y dadleua Haycock yn LPBT 287-8, gall *mordwyt tyllon* fod yn ansoddair cyfansawd lluosog gan gymryd *tyllon* fel lluosog *twll* 'cadarn; cryf'. Golygai hyn felly '[rhyfelwyr â] morddwydau cryfion', sef cyfeiriad at filwyr Ynys Prydain a hwythau'n annog ymlaen y Gwyddyl wrth iddynt afael yn eu harfau. Ystyr llinellau 344-5 yn y gainc felly fyddai: 'Ac yna dywedodd milwyr Prydain: 'Gŵn Gwern [h.y. y 'Gwyddyl'], gwyliwch rhag y rhai â chluniau cedyrn! [h.y. 'nyni']'. Mae'n bur debygol i awdur *Bendigeiduran* wybod am y geiriau hyn o'r gerdd yn Llyfr Taliesin ac iddo eu camddeall a'u camgymryd am gyfeiriad at Fendigeidfran ei hun; gw. hefyd BDLl 163-5 a IIMWL 161.

344/5   *Guern gwn gwchuiwch ... :* 'Filwyr Gwern, gochelwch rhag ...'. Er bod y ddwy lawysgrif yn darllen *guern gwngwch uiwch,* mae'n rhaid diwygio hyn. Deellir *guern gwn* fel lluosog *guern gi*, gyda'r gair *ci* yn drosiad am filwr, felly milwyr Gwern yn y cyd-destun hwn. Llunia *guern gi/gŵn* yma fath o air cyfansawdd rhywiog – gyda'r elfen ddibynnol, *Gwern* yma, yn gyntaf a'r brif elen, *ci/cŵn* yma, yn ei dilyn – ac o ganlyniad, treiglir yr ail elfen yn feddal. O ran y ferf, cymerir mai ffurf orchmynnol 2ail luosog berf sydd yma, o bosibl **gwchwyaw* gyda'r ystyr 'gochel rhag; gwylio'; cymh. PKM 208.

345   *Ac yn yd aeth:* 'a phan aeth; a thra âi'. Mae Bendigeidfran yn dal Branwen yn dynn rhwng ei darian a'i ysgwydd tra oedd pawb arall yn mynd i afael yn eu harfau. Am y defnydd o *yn* yma, gw. GMW §76; cymh. hefyd 68 *[y]n y caei graf ar ... .*

348 *kynneu tan dan y peir dadeni:* 'cynnau tân o dan y Pair Dadeni'. Dyma'r
     crochan a roddodd Bendigeidfran i Fatholwch fel rhan o'i ymgais i dalu'n
     iawn am i Efnysien ei sarhau; cymh. 127-30.

350 *kyuodyn:* 'codent'. Ceir nifer o enghreifftiau o derfyniad 3ydd lluosog y
     ferf heb y *-t* derfynol yn y testunau canoloesol: cymh. 414 *doethan*;
     cymh. hefyd MUM 203: *clywyn*, 'clywent'; MUM 550: *ni wydyn*, 'ni
     wyddent'; MULl 60: *guelyn*, 'gwelent'; MULl 373: *bydyn*, 'byddent'; gw.
     GMW §130 (b) N.2. Noder mai *kyuodynt* sydd yn y Llyfr Coch yma.

351/2 *pan welas Efnissyen y calaned heb enni yn un lle o wyr Ynys y Kedyrn:*
     Gellir deall hyn yn un o'r ddwy ffordd ganlynol: (i) trwy gymryd *o wyr
     Ynys y Kedyrn* gyda *heb enni* – 'Pan welodd Efnysien y cyrff meirw heb
     fod lle i wŷr Ynys y Cedyrn yn unman', h.y. cymaint oedd y cyrff meirw
     a welodd yno fel nad oedd lle i filwr byw o Ynys Prydain; (ii) trwy
     gymryd *o wyr Ynys y Kedyrn* gyda *calaned* – 'Pan welodd Efnysien y
     pentwr marw o wŷr Ynys Prydain heb [fedru] eu cynnwys yn unman',
     h.y. roedd y lle yn gorlifo â chyrff meirw gwŷr Prydain heb le i'w
     cynnwys. Pa un bynnag a gymerir, yr un yw'r disgrifad o'r lle, sef ei fod
     yn orlawn o gyrff meirw gwŷr Bendigeidfran. Yma *[g]enni* yw berfenw
     gannaf, 'cael [ei] gynnwys [mewn/yn]; bod lle i'; cymh. 52 *ny angassei*.

352 *dywot yn y uedwl:* 'dywedodd yn ei feddwl'. 3ydd unigol gorffennol y
     ferf *dywedyd* yw *dywot*. Llunnir amser gorffennol y ferf hon trwy newid
     llafariad y bôn o *-e-* i *-aw-* ac yna gwanychwyd y ddeusain *-aw-* yn *-o-*
     mewn sillaf ddiacen; gw. GMW §133 (c) (1). Noder mai dyma a wna
     Efnysien bron bob tro yn y testun hwn, siarad ag ef ei hun. Prin y ceir
     Efnysien yn siarad â neb arall ac eithrio pan fydd yn gofyn cwestiwn i
     rywun arall fel yn yr enghreifftiau canlynol: 62 *'Beth a wnant wy yna?'*,
     309 *'Beth yssyd yn y boly hwnn?'*, a 332 *'Paham ... na daw uy nei, uab uy
     chwaer, attaf i?'*.

353 *guae ui:* 'gwae fi'. Yma y sylweddola Efnysien am y tro cyntaf mai trwy
     ei weithredoedd ef y caiff cymaint o filwyr Bendigeidfran eu lladd a bod
     y Gwyddyl meirw yn atgyfodi eto'n fyw wedi iddynt gael eu taflu yn y
     pair dadeni.
     [g]wydwic: 'pentwr o gelanedd'. Dyma'r unig enghraifft o'r gair
     cyfansawdd hwn yn GPC. Mae'n debyg y tardda o *gŵydd*, 'carnedd;
     claddfa; beddrod', a *gwig*, 'cynnen; lladdfa; brwydr'.

354 *meuyl ymi:* 'cywilydd arnaf'. Mae hwn yn un o'r llwon a geir yn nwy o'r
     ceinciau eraill, PPD 157; MULl 242 a 271, ac yn *Gereint* 726 a 1294.
     Noder na cheir enghraifft yn *Math*; gw. CyC 124. Mae sarhau barf dyn yn
     gyfystyr â sarhau ei wrywdod ac felly mae llw fel hwn yn beth difrifol
     iawn.

355 *ymedyryaw:* 'cloddio; tyrchu; twnelu ffordd'. O'r cyd-destun, mae'r hyn
     y mae Efnysien yn ei wneud yn ddigon amlwg – mae'n sleifio'n
     llechwraidd i ganol cyrff meirw y Gwyddyl fel y caiff ei gamgymryd am

Wyddel marw ei hun ac o ganlyniad fel y caiff ei daflu i mewn i'r crochan hud. Mae'n bosibl bod y ffurf yn y llawysgrifau'n wallus ac mai ffurf atblygol y ferf *turio* sydd yma gyda'r ystyron uchod. Felly, mae Efnysien yn turio neu'n twnelu ei ffordd i ganol y celanedd. O ran ffurf y ferf yma, gellir cymryd mai /ə/ yw ynganiad yr *-e-* yn ail sillaf y gair. Mae'n bosibl bod y ferf yn seiliedig ar yr elfen atblygol *ym-* ynghyd â'r berfenw *turyaw* gyda llafariad lusg wedi tyfu rhwng yr *-m-* a'r *-d-* gan roi *ymyduryaw*; cymh. hefyd 312 *ymanodi*.

deu Wydel uonllwm: 'dau Wyddel tinnoeth'. Treiglwyd yr ansoddair *bonllwm* yma oherwydd ei fod yn digwydd ar ôl enw yn y rhif deuol; cymh. 308 *edrych golygon orwyllt* a GMW §22. Dadleua Mac Cana fod hyn yn adlewyrchu'r traddodiad Gwyddelig o ymladd yn noeth; gw. BDL1 116-7. Fodd bynnag, o gofio bod y Cymry'n gwisgo trowsus fel arfer, h.y. dilledyn sy'n gorchuddio'r coesau, y cluniau a'r pen-ôl, byddai Gwyddyl yn gwisgo math o gilt cwta yn gwneud iddynt ddangos eu pennau ôl i'r byd, yn enwedig pan fyddent yn plygu i lawr i godi rhywbeth. Felly math o hanner noethni fyddai'n disgrifio'r Gwyddyl orau yn y cyd-destun hwn; gw. IIMWL 24-8.

356   *Emystynnu idaw ynteu:* 'Ymestynnodd ef'. Cystrawen ferfenwol sydd yma gyda'r goddrych rhesymegol dan reolaeth yr arddodiad *y*, 'i'. Ceir cystrawen debyg mewn Cymraeg modern yn dilyn arddodiaid neu gysyllteiriau megis *wrth*, *cyn*, *nes* a.y.b. 'wrth iddi ymadael', 'cyn iddo gyrraedd', 'nes imi weld'. Mae cystrawen debyg arall mewn Cymraeg Canol lle mae'r goddrych rhesymegol dan reolaeth yr arddodiad *o*, e.e. 328 *galw o Uendigeiduran*. Am y defnydd o'r berfenw gyda'r arddodiad *y* i fynegi'r goddrych, gw. *Rhagymadrodd*, lx.

357   *yny dyrr y peir:* 'nes y tyr y crochan'. Am y defnydd o'r presennol dramatig mewn naratif, cymh. 311 *yny glyw*.

y galon ynteu: 'ei galon ef', sef Efnysien. Tyr Efnysien ei galon wrth iddo geisio achub y dydd i wŷr Prydain. Hwn yw'r person cyntaf i dorri ei galon o dristwch yn y gainc hon; gw. hefyd 379 *a thorri y chalon ar hynny;* a 392/3 *A hwnnw uu y trydyd dyn ...* isod.

358   *Ac o hynny y bu ... y wyr Ynys y Kedyrn:* 'Ac oherwydd hynny, bu cymaint o fuddugoliaeth ag a fu i wŷr Ynys y Cedyrn', h.y. oherwydd torri'r pair dadeni yn ddarnau, daeth y fuddugoliaeth – er cyn lleied ydoedd – i wŷr Prydain. Roedd yn fuddugoliaeth gan fod saith o wŷr Prydain wedi goroesi a dim ond pum gwraig feichiog o holl bobl Iwerddon; gw. 434-5.

358/9 *Ny bu oruot o hynny:* Gellir deall hyn mewn dwy ffordd: (i) 'Nid oedd buddugoliaeth i'r rheiny [chwaith]', gan ddeall *hynny* fel rhagenw dangosol lluosog yn cyfeirio at filwyr ynys Prydain; (ii) 'Nid oedd buddugoliaeth o hynny [o beth]', gan ddeall *hynny* fel rhagenw dangosol unigol diryw; gw. GMW §§91, 92 a 93.

360   *Pryderi*: Dyma'r unig gyfeiriad at y cymeriad hwn yn y gainc hon; gw. *Rhagymadrodd*, xlvii-l.

361   *Gliuieu Eil Taran:* 'Glifiau fab Taran'. Ystyr wreiddiol *eil* oedd 'ail'. Fodd bynnag, daeth hwn yn gynnar iawn i olygu 'etifedd y goron' a chan mai mab y brenin oedd hwnnw gan mwyaf, daeth i olygu 'mab', yn enwedig pan gaiff ei ddefnyddio gydag enwau priod; gw. T. M. Charles-Edwards, 'The Heir Apparent in Irish and Welsh Law', *Celtica* 9 (1971), 180-90; cymh. hefyd MUM 250-1 *Dylan Eil Ton*. Ni wyddys pwy yw'r cymeriad hwn er bod cyfeiriad at gymeriad o'r enw *Glinneu Eil Taran* yn *Culhwch ac Olwen* (CO 992) lle nodir i hwnnw, ymhlith eraill, gael ei ddal gan Wyn ap Nudd. Gan fod cymysgu rhwng -*n*- ac -*u*- yn digwydd mor aml mewn llawysgrifau, tybir mai'r un cymeriad yw hwn yn y ddau destun.

Talyessin: 'Taliesin'. Dywedir yma fod y bardd enwog hwn yn un o'r saith a ddihangodd o'r gyflafan yn Iwerddon. Ymddengys enw Taliesin gyntaf yn *Historia Brittonum* §62 (c. 829) ymhlith pum bardd o fri a ganai ym Mhrydain y 6fed ganrif; y pedwar arall yw [A]neirin, Talhaearn Tad Awen, Cian, a Blwchfardd er na wyddys dim pellach am y tri olaf. Datblygodd Taliesin wedyn o fod yn gymeriad hanesyddol i fod yn gymeriad chwedlonol a feddai ar wybodaeth yr holl fyd gan ymddangos fel un a fwynhâi gwmni aelodau Teulu Dôn; gw. MUM xliii-xliv a LPBT 9-21. Fe'i henwir yn *Teliessin Penn Beird* yn *Culhwch ac Olwen* (CO 214) ymysg y rhai a fu'n bresennol yn llys Arthur wrth i Gulhwch ofyn am gymorth hwnnw yn ei gais am Olwen. Cyfeirir ato yn y ffurf Ladinaidd *Telgesinus* fel yr un a hyfforddodd Fyrddin yn y gerdd Ladin, *Vita Merlini,* gan Sieffre o Fynwy (*c*.1150). Mae'r cysylltiad rhwng y ddau gymeriad hyn yn cael ei ategu mewn cerdd yn Llyfr Du Caerfyrddin a adweinir fel *Ymddiddan Myrddin a Thaliesin* (LlDC 1.1-7.2) a olygwyd gan A. O. H. Jarman yn 1951. Cysylltir ei enw â 'cherdd ymddiddan' arall o'r un llawysgrif, *Ymddiddan Ugnach a Thaliesin* (LlDC 101.10-102.14) a olygwyd gan Jenny Rowland yn EWSP 463-4 a 507-8. Mae holl gerddi Llyfr Taliesin yn cael eu tadogi arno er na ellir credu'r tadogiad hwn ond yn achos nifer cyfyngedig ohonynt mewn gwirionedd; cred Ifor Williams mai dim ond deuddeg cerdd y gellir eu tadogi'n iawn ar y bardd hanesyddol o'r chweched ganrif er bod ychydig o amheuaeth ynghylch ambell gerdd; gw. CT xlii-xlv a Graham Isaac '*Trawsganu Kynan Garwyn mab Brochuael:* a Tenth-Century Political Poem', ZCP 51 (1999), 173-85; ond gw. hefyd Patrick Sims-Williams, 'Powys and Early Welsh Poetry', CMCS 67 (2014) 33-54, ar 38-41. O ran gweddill cerddi Llyfr Taliesin, ymddengys iddynt gael eu rhoi yng ngenau Taliesin wedi i hwnnw dyfu'n gymeriad chwedlonol hollwybodus: mae nifer o gerddi darogan yn eu plith a rhai cerddi crefyddol; mae rhai cerddi'n tarddu o chwedloniaeth gynnar y Cymry a phobloedd ymhellach i ffwrdd megis rhai Iwerddon a'r byd clasurol; mae rhai cerddi'n dwyn perthynas agos â cherddi sy'n ymddangos yn yr hyn a adweinir bellach fel Chwedl / Ystoria Taliesin; cymh. *Ystoria Taliesin* wedi'i golygu gan Patrick. K. Ford yn 1992. Testun yw hwn sy'n esbonio sut y mae Taliesin chwedlonol yn ennill ei wybodaeth holl gwmpasog. Y testun pwysicaf o ran enwi Taliesin fel un o blith saith dihangwr o gyflafan dramor yw'r gerdd *Preiddeu Annwn* (BT 54.16-56.13). Am olygiad o'r gerdd hon, gw. LPBT, 433-51. Yn hon, ymffrostia'r bardd Taliesin iddo fynd gydag Arthur i Annwfn, y Byd Arall, a hynny ym Mhrydwen, llong Arthur; pwrpas y daith yw rhyddhau'r carcharor Gweir ac ennill trysor arbennig, Pair Pennaeth Annwfn, sy'n arddangos nodweddion arbennig: berwa fwyd ar gyfer y dewr ond ni ferwa ar gyfer y llwfr: *Ny beirw bwyt llwfyr, ny ry tyghit;* gw. LPBT 18:17. Ceir manylion tebyg yn nhestun *Tri Thlws ar Ddeg Ynys Brydain* lle cyfeirir at Bair Dyrnwch Gawr gyda'r manylion canlynol: *pe rhoid ynddo gig i wr llwfwr i ferwi, ni ferwai fyth; o rhoid iddo gig i wr dewr, berwi a wnai yn ebrwydd (ag yno y caid gwahan rhwng y dewr a'r llwrf)*; gw. TYP 258-65. Chwe gwaith yn ystod *Preiddeu Annwn*, ceir byrdwn o ryw fath gydag ambell amrywiad. Neges y byrdwn bob amser yw na ddychwelodd ond saith o'r antur. Dyma'r byrdwn cyntaf: *Tri lloneit Prytwen yd aetham-ni idi / nam[yn] seith ny dyrreith o Gaer Sidi.* – 'Tri llonaid Prydwen yr aethom ni iddi: / ac eithrio saith, ni ddychwelodd neb o Gaer Siddi' – Caer Siddi yw un o'r enwau yn y gerdd am y Byd Arall; gw. Patrick Sims-Williams 'Some Celtic Otherworld Terms', FS Hamp (1990), 57-81, yn enwedig 69-75. Yr hyn sy'n hynod am rai manylion yn y gerdd yw bod cyrch i'r byd arall dan arweiniad pennaeth arbennig; maent yn mynd i ynys dros y môr lle na fedrir sgwrsio â'r trigolion gan eu bod yn fud; ar yr ynys mae carcharor i'w ryddhau a chrochan hud i'w ennill. Caiff pawb heblaw saith eu lladd ac ymhlith y saith hyn y mae Taliesin a fu'n dyst i'r cwbl. Oni fedrid dweud peth tebyg am fanylion stori *Bendigeiduran*: mae cyrch i ynys dramor – Iwerddon – dan arweiniad pennaeth – Bendigeidfran – i ryddhau carcharor – Branwen. Cysylltir Iwerddon â phair hud – y Pair Dadeni – ac mae cyflafan yno heb neb ond saith yn goroesi, a Thaliesin yn eu plith.

361/2   *Ynawc, Grudyeu uab Muryel, Heilyn uab Gwyn Hen:* 'Ynog, Gruddiau fab Muriel, Heilyn fab Gwyn Hen'. Ni wyddys pwy yw'r rhain.

363   *llad y benn:* 'torri ymaith ei ben'. Mae torri pen gelyn wedi iddo gael ei ladd a'i gadw yn arwydd o fuddugoliaeth yn arfer digon cyffredin yn Iwerddon a Chymru'r gorffennol pell; gw. Ann Ross, *The Pagan Celts,* 50-52, and *Pagan Celtic Britain,* 118-24. Fodd bynnag, mae'n amlwg nad dyna sydd wrth wraidd yr elfen hon yn y stori hon. Dadleua Proinsias Mac Cana fod yr elfen hon yn y gainc yn tarddu o lenyddiaeth Iwerddon gynnar. Seilia ei ddadl ar y ffaith bod pen Bendigeidfran wedi iddo gael ei dorri ymaith yn dod yn fyw eto, megis, gan fod Bendigeidfran yn addo

y bydd ei ben yn gystal cwmni i'r goroeswyr ag y bu pan fu ar ei ysgwyddau ac yntau'n fyw (367-8). Cymhara hyn â thestunau Gwyddeleg cynnar lle dywedir y gall pennau wedi'u torri ymaith siarad o hyd; cysylltir rhai o'r testunau hyn â gwledda, yn union fel yn achos y gwleddoedd gyda'r pen yn Harlech (396-402) ac yng Ngwales (403-18) yn *Bendigeiduran*. Cyfeiria Mac Cana'n benodol at ddau destun Gwyddeleg a allai fod yn ffynhonnell ar gyfer y rhan hon o *Bendigeiduran*: *Cath Almaine*, 'Brwydr Allen', gol. Pádraig Ó Riain (Dublin 1978), lle adroddir am gerddor o fri o'r enw Donn Bó, sy'n addo ar noswyl y frwydr gerddora drannoeth y frwydr; yn anffodus caiff ef a'i frenin eu lladd yn y frwydr a thorrir ymaith ei ben. Serch hynny, deuir â'i ben i wledd fuddugol gwŷr Leinster a chanodd gerddoriaeth bersain ond trist ger eu bron. Yr ail destun yw *Togail Bruidne Da Derga,* gol. Eleanor Knott (Dublin 1936), lle adroddir am Mac Cécht yn chwilio am ddŵr i Conaire Brenin Iwerddon, llinellau 1472-88. Erbyn i Mac Cécht gyrraedd yn ôl â'r dŵr, gwêl ei frenin yn cael ei ladd ac wedyn torrir ymaith ei ben. Tywallta Mac Cécht ddŵr ar wâr Conaire a llefara'r pen bennill o ddiolchgarwch a chanmoliaeth iddo; gw. BDLl 91-5. Dadleua Patrick Sims-Williams yn gryf o blaid dylanwad *Cath Almaine* ar y rhan hon o *Bendigeiduran*; gw. IIMWL 284-6.

364   *Gwynuryn*: Ni ellir bod yn sicr pa leoliad a olygir yma wrth y Gwynfryn yn Llundain. Awgryma Ifor Williams mai'r bryn lle saif Tŵr Llundain ydyw, h.y. 'Tower Hill'; gw. PKM 214. Dilynir yr awgrym hwn gan Rachel Bromwich, er y cynigia'r cyntaf hefyd y posibilrwydd mai'r bryn lle saif Cadeirlan St. Paul a olygir; gw. TYP 98. Awgryma Glenys Goetinck y posibilrwydd bod sôn am gladdu pen Bendigeidfran yn Llundain yn eilradd yn nhestunau *Bendigeiduran* a *Manawydan* a'i bod yn bosibl i'w ben gael ei gladdu'n wreiddiol yng Nghymru. Ei hawgrym hi yw mai craig Harlech oedd y lleoliad gwreiddiol a'i fod wedi'i gladdu â'i wyneb tuag Iwerddon yn dalisman yn erbyn ymosodiadau o'r gorllewin. Wedyn, ail-leolwyd y man claddu yn Llundain; gw. Glenys Goetinck 'The Blessed Heroes' yn SC 20-21, 1985/6, 87-109, ar 95. Fodd bynnag, mae'n rhaid cyfaddef na fyddai pen a gladdwyd yn Llundain mewn gwirionedd yn edrych dros y môr tua Ffrainc!

Mae'n bosibl awgrymu man claddu gwreiddiol arall, yn nes at safleoedd eraill a gysylltir yn draddodiadol â Bendigeidfran megis Dinas Brân ger Llangollen a Mynydd Saith Marchog rhwng Rhuthun a Chorwen. Nododd Proinsias Mac Cana'r posibilrwydd bod cwlt Brân a'i deulu wedi'i leoli yn yr ardal honno; gw. BDLl 135–7. Ceir yn yr un ardal: Gorsedd Frân a Llyn Brân, ill dau ym Mynydd Hiraethog rhwng Dinbych a Phentrefoelas; Cadair Fronwen ym Mynydd y Berwyn bum milltir a hanner yn union i'r de o Gorwen; gw. hefyd *Rhagymadrodd*, xviii. Mae lle ar ben bryn uchel uwchben Coedpoeth ger Wrecsam o'r enw Gwynfryn, cwta bum milltir a hanner i'r gogledd o Ddinas Brân a thua deng milltir i'r dwyrain o Fryn Saith Marchog; cymh. 226. O ben y Gwynfryn hwn, gellir gweld holl wastadedd Maelor ac Iâl a hyd yn oed ran helaeth o wastadedd Swydd Gaer yn ymestyn tua'r dwyrain, lleoliad da ar gyfer talismon i warchod mynydd-dir gogledd-ddwyrain Cymru rhag ymosodiadau o'r dwyrain. Tybed a oes modd awgrymu mai hwn oedd y Gwynfryn gwreiddiol ond bod y lleoliad ynghyd â'r enw wedi'i symud i Lundain mewn oes ddiweddarach, yn unol ag awgrym Goetinck? Mae'n werth nodi, fodd bynnag, fod Llywarch ap Llywelyn yn cyfeirio at y Gwynfryn yn ei gerdd 'Mawl Dafydd ab Owain o Wynedd'. Yma cyfeiria at y ffordd y telir iawn i Ddafydd o naill ochr yr ynys, *O uro Echeifyeint uchelgruc*, Harlech o bosibl, hyd y llall, *Hyd Wynnuryn Llundein, lle clodluc,* 'Gwynfryn Llundain lle llachar ei glod; gw. CBT V, 1:109-10; gw. hefyd Saunders Lewis, 'Branwen', MC 14, a G. E. Jones, 'Llech Echemeint: Bro Echeifyeint,' LlCy 10 (1968-9), 243-4.

365 *a'y wyneb ar Freinc:* 'a'i wyneb tua Ffrainc', h.y. yn wynebu dros y môr i Ffrainc. Mae'r pen i'w gladdu yn wynebu'r dwyrain gan mai dyna'r unig gyfeiriad bellach y gall bygythiad i undod yr ynys hon ddod gan fod unrhyw fygythiad o'r gorllewin, h.y. o Iwerddon, eisoes wedi'i ddileu. Mae'r pen felly yn fath o dalismon a fydd yn sicrhau annibyniaeth a diogelwch Prydain tra bo yn y lle hwnnw; cymh. Triawd 37 a 37R yn y *Rhagymadrodd,* xxiv-xxv, a llinellau 429-30 o'r testun hwn lle cyfeirir at y Triawd. Nodwch fel y cytuna dechrau'r drydedd gainc â'r manylion hyn; gw. MULl 1-3.

366 *yn Hardlech y bydwch seith mlyned ar ginyaw:* 'Byddwch yn gwledda am saith mlynedd yn Harlech'. Mae Harlech yma yn cynrychioli rhyw fath o arhosfan arallfydol lle bydd gwledd yn parhau am gyfnod hir; gw. hefyd *Guales* isod. Cofier hefyd mai yn Harlech y dechreuodd gweithredoedd y gainc hon (3-4). Cyfeiria Lewys Môn o'r unfed ganrif ar bymtheg at Ginio Harlech yn ei gywydd 'Moliant Rhys ap Llywelyn, gan gymharu lletygarwch a haelioni bwrdd ei noddwr i'r wledd honno (GLM X:19). Cymhara Gwilym ab Ieuan Hen o'r bymthegfed ganrif wledd yn nhŷ ei noddwr â'r wledd yn Harlech yn ei gerdd 'Moliant Myfanwy o'r Faenor, Aberriw, a Hywel ab Ieuan Llwyd ei Gŵr' (GDIH IV:1-4).

Adar Rhiannon: Yn llinell 398, deellir mai tri yw nifer yr adar hyn. Noder bod cyfeiriad at yr adar hyn yn *Culhwch ac Olwen* lle dywedir bod angen i Gulhwch gael adar Rhiannon fel un o'r anoethau, 'gorchwylion', y mae'n rhaid iddo eu cyflawni cyn cael priodi Olwen yn ôl fersiwn Llyfr Gwyn Rhydderch o'r testun hwnnw (CO 632-3). Dyma'r trydydd anoeth ar ddeg yn y rhestr a dywedir am yr adar hyn: *y rei a duhun y marw ac a huna y byw* ..., 'rhai sy'n deffro'r meirw ac sy'n anfon y byw i gysgu'. Mae'n amlwg bod cân yr adar hyn i fod i swyno'r goroeswyr yn Harlech ac i beri iddynt anghofio am eu trallod a'u colledion yn Iwerddon; cymh. 397-402.

367 *y canu ywch:* 'yn canu ichi'. Noder ffurf y geiryn traethiadol berfol yma, *y*. Ceir *yn* yn y Llyfr Coch; cymh. hefyd 382 *y kerdet;* gw. GMW §145.

368 *Guales:* Er dechrau'r 17eg ganrif, uniaethwyd Gwales ag Ynys Grassholm; gw. Dillwyn Miles (gol., cyf.), *The Description of Pembrokeshire: George Owen of Henllys,* (Llandysul, 1994), 114: 'Far off in the sea stands the island Grassholm, so called of Mr Saxton, but of the neighbours Walleyes, a small island eight miles from the main, and for the remoteness thereof and small profits it yields, is seldom frequented.' Dyddiadau'r awdur gwreiddiol George Owen yw 1552-1613. Ynys fechan yw Grassholm tua saith milltir i'r gorllewin o Ynys Sgomer nid nepell o bwynt mwyaf de-orllewinol arfodir cantref Rhos yn Sir Benfro. I'r de-ddwyrain o'r ynys hon, edrychir ar draws Môr Hafren – Aber Henfelen (369-70) – i gyfeiriad Ynys Wair (Lundy). Am ymdriniaeth â'r ddwy arhosfan arallfydol hyn, Harlech a Gwales, gw. Glyn Jones, 'Y Wledd yn Harlech ac yng Ngwales ym Mabinogi *Branwen*', B 25 (1972-4), 380-6, a John Rhŷs *Celtic Folklore* cyfr. 2, 548; gw. hefyd PKM 214-15.

Penuro: 'Penfro'. Mae'r defnydd o'r enw hwn yn ddiddorol yng nghyddestun y chwedl hon. Os yw'n cyfeirio at gantref Penfro yn Nyfed, mae ychydig yn anghyson gan fod y cantref hwnnw ymhellach i'r deddwyrain; y cantref agosaf yn ddaearyddol at Grassholm / Gwales yw Rhos; gw. *Rhagymadrodd*, lxxii. Yn ei *Itinerarium Kambriae* – 'Taith trwy Gymru' – a ymddangosodd *c*. 1191, cyfeiria Gerald de Barri / Gerallt Gymro (*c*. 1146-1223) at *provincia pembrochiensis,* yn llythrennol 'rhanbarth Penfro', ond defnyddir y term Lladin *provincia* yn aml yn gyfystyr â'r term Cymraeg 'cantref' ac felly ymddengys ei fod yn trafod Penfro yn y cyd-destun hwn fel un o saith cantref Dyfed; gw. Lewis Thorpe (cyf.), *Gerald of Wales: The Journey through Wales and the Description of Wales* (Harmondsworth, 1978), 147-51.

Fodd bynnag, os yw *Penuro* yma'n cyfeirio at Ddyfed yn gyffredinol, sef Sir Benfro inni heddiw, mae'n debyg o berthyn i gyfnod Harri I, Brenin Lloegr (1100-35). Mae tystiolaeth gref o chwarter cyntaf y ddeuddegfed ganrif fod castell Penfro a'r wlad o'i gwmpas yn ganolfan i nerth milwrol y gorchfygwyr yn y de-orllewin. Nid yn unig hynny, ond yr oedd y castell a'r wlad yn nwylo'r brenin. Yn wir, parhaodd Penfro yn arglwyddiaeth frenhinol rhwng 1102 a 1138, trwy gydol teyrnasiad Harri bron (1100-1135). Yn ystod y cyfnod hwn, adeiladwyd neu cryfhawyd nifer o gestyll Normanaidd eraill yn ne-orllewin Cymru: yng Nghaeriw ac ym Maenorbŷr (cantref Penfro), yng Nghilgerran (cantref Emlyn), yn Nyfer (cantref Cemais), yng Nghas-wis (cantref Daugleddau), yn Hwlffordd (cantref Rhos), ac yn Nhalacharn (cantref Gwarthaf). Yn hyn o beth, mae'n werth nodi bod Rhôl Siecr sy'n cynnwys cyfrifon a dalwyd i Harri I gan nifer o siryfion yn ystod 1129-30 yn cyfeirio at un cyfrif o

Gymru, sef o Benfro, ac mae hyn ynddo ei hun yn brawf o sut yr ystyrid Penfro yn 'sir' yn yr oes honno, mewn ffordd nid annhebyg i sut yr ystyrid llawer o siroedd Lloegr; gw. I. W. Rowlands, 'Conquest and Survival: The Royal Lordship of Pembroke, 1102-1138' yn *Pembrokeshire County History, vol. II: Medieval Pembrokeshire*, (gol.) Brian Howells (Haverfordwest, 2002), 8-16, a *The Pipe Roll of 31 Henry I – Michaelmas 1130*, prepared by Joseph Hunter (London 1833, a ailgynhyrchwyd yn 1929), 136.

Os yw'n wir bod *Penuro* yn yr ail gainc yn cyfeirio at y sir gyfan, rhaid cyfaddef bod hyn yn cyferbynnu'n eglur â'r term a geir yn y tair cainc arall a fydd bob amser yn defnyddio Dyfed wrth gyfeirio at y rhan honno o Gymru; cymh. PPD 2 a 139; MUL1 13 *et al*. MUM 3. Ceir *Penuro* eilwaith yn yr ail gainc yn 404.

369 *y drws:* Ni ddywedwyd eto fod tri drws yng Ngwales, dau ar agor ac un, sy'n wynebu tua'r de, na ddylid ei agor ar unrhyw gyfrif; gw 405-8.

370 *Aber Henuelen:* 'Môr Hafren'. Dyma'r dŵr sy'n ymestyn o dde Sir Benfro i ogledd Cernyw ac mae'n cynnwys Aber Hafren. Mae cyfeiriad at yr un darn o ddŵr gyda'r un enw bron yn *Llyfr Taliesin* 33:4 lle cyfeirir at *ebyr henuelen;* gw. *Rhagymadrodd,* xxix.

373 *llas:* torrwyd ymaith', sef gorffennol amhersonol y ferf *llad;* gw. GMW §135 (b). Yma golyga'r ferf *llad* 'torri' ac nid 'lladd', fel yn yr ymadrodd 'lladd gwair' sef 'torri gwair'.

374 *gantu:* 'ganddynt'. Dyma ffurf 3ydd lluosog yr arddodiad *gan*. Yn wreiddiol, *-uf* /üv/ oedd y terfyniad ond rhoddodd hwn *–ud* /üð/ yng nghyfnod hynaf yr iaith, e.e. **gant[h]ud* (CA 45. 1137). Collwyd y gytsain olaf gan adael *–u* mewn Cymraeg Canol cynnar, e.e. *gan[t]u* (CLlH 41. 64c). Trwy gydweddiad â 3ydd lluosog y ferf, ychwanegwyd *–nt* at y terfyniad hwn gan roi *gant[h]unt* 209. Bellach, newidiwyd *–unt* yn *–ynt*, fel yn *ganddynt;* gw. GMW §63 (c).

O ran ffurfiau personol trydydd person unigol a lluosog yr arddodiad hwn yn nhestun y Llyfr Gwyn, ceir y ffurfiau yn *-th-* yn amlach o dipyn na'r rhai yn *-t-: ganthaw* 129, *genthi* 88, *ganthunt* 14, 19, 113, 171, 181, 382, 409, 415, 422; ond *gantaw* 173, 200, *genti* 45, 301, *gantu* 374, *gantunt* 299, 438. Yn y Llyfr Coch ceir *gantaw, genti, gantunt* yn bur gyson ac eithrio dwy enghraifft o *genthi* yn cyfateb i linellau 45 ac 88; gw. *Rhagymadrodd* xvi.

375 *Aber Alau yn Talebolyon:* Mae Afon Alaw yn llifo i'r de-orllewin o Lyn Alaw yng nghwmwd Talebolion yng ngogledd Ynys Môn; cymh. 134 *Talebolyon*. Mae'n cyrraedd y môr ychydig i'r gogledd o Ddyffryn (Y Fali) gyferbyn â gwarchodfa natur Penrhos ar Ynys Cybi.

377 *a welei ohonunt:* '[hynny] a welai ohonynt'. Yma, ceir y rhagenw perthynol *a* heb ragflaenydd gramadegol. Yr ystyr yw 'hynny a' neu 'cymaint ag a'; gw. GMW §77 (c).

378   *Da a dwy ynys:* 'Dwy ynys dda'. Am y gystrawen yma, gw. 335/36 *ys anhebig a gyflauan*. Iwerddon a Phrydain yw'r ddwy ynys y cyfeirir atynt yma wrth gwrs.

379   *a thorri y chalon ar hynny:* 'ac yna torrodd ei chalon'. Ni fynegwyd goddrych y berfenw yma ond mae'n amlwg mai Branwen sy'n torri ei chalon. Hi yw'r ail i dorri calon o dristwch yng nghyd-destun y gainc hon; gw. 357 *y galon ynteu* a 392/93 *A hwnnw uu y trydyd dyn a dorres y gallon o aniuyget.*

       bed petrual: bedd sgwâr'. Mae tomen gladdu a chromlech o'r Oes Efydd i'w gweld o hyd ar lan Afon Alaw yn agos iawn i Lyn Alaw. Adweinir y llecyn bellach fel Ynys Branwen, Bedd Branwen, neu Fedd Bronwen. Darganfuwyd y bedd hwn yn 1813 a chafwyd ynddo wrn dros droedfedd o uchder yn cynnwys lludw ac esgyrn y tybir iddynt fod yn rhai merch a'r rheiny wedi'u hannerlosgi. Mae'n hysbys i Lady Charlotte Guest wneud braslun o'r wrn yma pan fu ar ymweliad â'r lle a cheir llun o'r wrn yn ei chyfieithiad 1877.

382   *Val y bydant y kerdet:* 'Fel y byddant yn cerdded'. Am y defnydd o'r presennol arferiadol *bydant* gyda grym dramatig, cymh. 170 *yny uyd y ty yn burwen* a 172 *yny uyd y pleit haearn yn wenn* isod. Am y geiryn traethiadol berfol *y,* gw. 367 *y canu ywch.*

384   *Nac oes:* Mae'r ateb hwn yn eironig braidd. Dywed y garfan y mae'r goroeswyr yn cyfarfod â hi nad oes dim newyddion ynghylch digwyddiadau ym Mhrydain ond bod Caswallon wedi trawsfeddiannu'r goron a'i fod wedi lladd y rhaglawiaid a adawyd yng ngofal yr ynys yn absenoldeb Bendigeidfran (223-5) a bod mab Bendigeidfran wedi marw o dristwch.

389   *aniuyget:* 'tristwch; dryswch'. Seilir ystyr y gair hwn ar ychydig o enghreifftiau prin ohono yn y testunau canoloesol. Fe'i ceir yma yn *Bendigeiduran* ac yn *Cyfranc Lludd a Leuelys* (CllaLl 136-7) lle dywedir i Ffaraon Dande dorri ei galon yntau *[o] anniuyged;* gw. hefyd TYP 242.

390   *Caswallawn a daroed wiscaw llen hut:* 'Yr oedd Caswallon wedi gwisgo mantell hud'. Am ffurfiau'r ferf *daruot* mewn Cymraeg Canol, gw. GMW §154 a sylwer ar y nodyn hefyd. Yma, defnyddir 3ydd unigol amherffaith y ferf hon fel berf gynorthwyol i lunio'r gorberffaith, yn union fel y defnyddir 3ydd unigol gorffennol yr un ferf bellach i lunio'r amser gorffennol, yn enwedig yng Nghymraeg y Gogledd: *D(d)ar(f)u imi weld,* 'gwelais i'.

       llen hut: 'clogyn hud; mantell hud'. Mae'n amlwg bod y llen hon yn cynrychioli rhyw fath o glogyn hud sy'n yn gwneud y sawl sy'n ei gwisgo'n anweledig. Cyfeirir at len debyg yn *Breuddwyd Rhonabwy* lle dywedir bod gan Arthur len o'r enw Gwen: *Ac vn o genedueu y llenn oed, y dyn y dottit yn y gylch, ny welei neb euo ac euo a welei bawp* – 'Ac un o briodoleddau hynod y llen oedd na welai neb y dyn y'i rhoddid hi amdano ond fe welai ef bawb' (BRh 11:20-2). Cyfeirir at len Arthur yn *Culhwch ac Olwen* hefyd er na chaiff ei henwi yn y testun hwnnw ac ni fanylir ar ei rhinweddau yno chwaith (CO 159).

392 *y nei uab y geuynderw oed:* 'ei nai, fab ei gefnder oedd'. Yma dywedir mai nai Caswallon yw Caradog fab Bendigeidfran ac mai cefnderoedd yw Caswallon a Bendigeidfran ac mae hyn yn cytuno â manylyn yn *Manawydan* pan ddywed Manawydan, brawd Bendigeidfran, na allai fod yn hapus yn rhannu'r un tŷ â Chaswallon ei gefnder (MULl 9-11). Noder, fodd bynnag, mai ewythr yw Caswallon fab Beli i Fanawydan yn ôl dechrau *Bendigeiduran* ac nid cefnder, gan y manylir yno fod Penarddun, sef mam Bendigeidfran a Manawydan, yn ferch i Feli fab Mynogan (7-8) ac felly'n chwaer i Gaswallon fab Beli. O ddilyn y llinach yn y cyd-destun hwn, ewythr Bendigeidfran yw Caswallon nid ei gefnder; gw. hefyd *Rhagymadrodd*, xlii, troednodyn 108.

392/3 *A hwnnw uu y trydyd dyn a dorres y gallon o aniuyget:* 'A hwnnw oedd y trydydd person a dorrodd ei galon o dristwch'. Yma deellir *trydyd* fel y trefnolyn, sef y trydydd o'r tri a enwyd yn y testun hwn, yn enwedig o ystyried y defnydd o'r fannod bendant yng nghyd-destun y dyfyniad arbennig hwn. Fodd bynnag, fel arfer wrth ddyfynnu triawd, golyga *trydyd/tryded* 'un o dri/dair' fel yn 445-6 *tryded anuat paluawt yn yr ynys honn,* 'un o dair ergyd anffodus yn yr ynys hon'; gw. GMW §52. Am enghreifftiau pellach o'r Trioedd yn y Pedair Cainc, gw. 43 *tryded prif rieni.*

Yn 357, cyfeirir at Efnysien yn torri ei galon a marw – hwn yw'r cyntaf o dri chymeriad sy'n marw fel hyn yn y gainc. Yn 378-9, cyfeirir at Franwen sy'n marw o dorcalon – hi yw'r ail o fewn y gainc hon. Yma, cyfeirir at Gradawc fab Brân yn torri ei galon o dristwch. Mewn gwirionedd, llunia'r tri hyn fath o driawd o fewn y gainc ei hun o rai sy'n marw o dorcalon a hynny o fewn llai na deugain llinell yn y testun printiedig. Mae'n bosibl, felly, mai yn fwriadol y dewiswyd y fannod bendant yma. Am driawd sy'n deillio o ddechrau'r ddeunawfed ganrif ac sy'n cyfeirio at dri a fu farw o dorcalon, gw. *Rhagymadrodd*, xxxii-xxxiii.

393 *Pendaran Dyuet:* 'Pendaran Dyfed'. *Pendarar* yw ffurf ei enw yn y Llyfr Gwyn. Mae'n rhaid diwygio hyn yn *Pendaran Dyuet* ar sail 229-30.

397/8 *Ac [y gyt ac] y dechreuyssant wynteu uwyta ac yuet, dyuot tri ederyn:* 'A chyn gynted ag y dechreusant fwyta ac yfed, daeth tri aderyn'. Er nad yw *y gyt ac* yn yr un o'r ddwy lawysgrif, mae angen cysylltair amser i agor y cymal cyntaf yn y frawddeg.

399 *ac oc a glywssynt o gerd:* 'ac o bob cerdd a glywsent'. Am y gystrawen *a glywssynt o gerd*, cymh. 163 *dyuyn a oed o of yn Iwerdon ....* Noder fel y defnyddir y ffurf *oc,* yn hytrach nag *o,* cyn y rhagenw perthynol yma gan fod hwnnw'n cychwyn â llafariad; cymh. GMW §231.

399/400 *diuwyn oed pob un i wrthi hi:* 'annymunol oedd pob un o'i chymharu â hi', h.y. yr oedd pob cân arall yn annymunol wrth ochr cân adar Rhiannon.

400 *A fell dremynt oed udunt y guelet:* 'A golwg pell oedd iddynt eu gweld', h.y. ac yr oedd rhaid iddynt syllu'n bell er mwyn gweld yr adar.

401/2 *A chyn amlyket oed udunt wy a chyn bydynt gyt ac wy:* 'Ac yr oeddent mor amlwg iddynt hwy â phe byddent gyda hwy'.

udunt: Ffurf bersonol trydydd lluosog yr arddodiad *y* yw *udunt;* gw. GMW § 63 (d). Am y newid *y ... u > u ... u,* gw. GMW §4.

a chyn bydynt: 'â phe byddent'. Mewn Cymraeg Canol, defnyddid *a chyt/a chyn* ar ôl gradd gyfartal yr ansoddair – *cyn amlyket* yma – lle defnyddir y geiryn amodol 'pe' mewn Cymraeg Diweddar; gw. GMW §262 N.3. Dilynir y *cyt/cyn* hwn fel arfer gan yr amherffaith dibynnol, *bydynt* yn y frawddeg dan sylw.

405 *yneuad:* 'neuad': Am yr amrywiad *yneuad / neuad* mewn Cymraeg Canol, gw. GMW § 15. Noder y ffurf *neuad* hefyd yn yr un llinell.

406 *y gayat:* 'yn gaead', h.y. ar gau. Am yr amrywiad *yn / y,* gw. 163 *y barawt.*

407 *Weldy racco:* 'Wele acw'. Noder mai Manawydan yw'r un sy'n tynnu sylw pawb at y drws na ddylid ei agor. Mae'n ffordd i atgoffa ei gyd-ddeithwyr o rybudd Bendigeidfran ac mae'n gwbl nodweddiadol o'i gymeriad fel y'i hamlygir yn *Manawydan* hefyd. Dyn doeth ydyw, dyn call ei gyngor fel y'i disgrifir yn y gerdd *Pa ŵr yw'r Porthor* hefyd; gw. *Rhagymadrodd,* xxx.

408 *diwall:* 'helaeth; di-ball'. Mae hyn yn awgrymu y cânt wledd ddiderfyn eto yng Ngwales fel yn Harlech cynt; cymh. 366 *yn Hardlech y bydwch seith mlyned ar ginyaw.*

409 *yr a welsynt o ouut:* 'er gwaethaf yr holl ofid a welsent'. Am y gystrawen, gw. 163 *dyuyn a oed o of yn Iwerdon .....* Camddeallwyd hyn gan gopïydd y Llyfr Coch a oedd yn meddwl am y bwyd a gawsant wrth iddo ysgrifennu *yr a welsynt o vwyt yn y gwyd,* 'er yr holl fwyd a welsent o'u blaen.' Mae ail ran y frawddeg hon yn gymysglyd ganddo hefyd: *ac yr a glywys e hun,* 'ac er gwaethaf yr hyn a glywodd ei hun.'

409/10 *yr a gewssynt:* 'er gwaethaf yr hyn a gawsent eu hunain', h.y. er gwaeth yr holl ofid a gawsent eu hunain hefyd. Rhaid deall *o ouut* gyda *yr a gewssynt* yn ogystal â chyda *yr a welsynt.*

410 *ny doy gof udunt:* 'ni ddeuai cof iddynt', h.y. ni chofient. Mewn Cymraeg Canol, gellid treiglo'r goddrych yn dilyn rhai ffurfiau berfol ac un o'r rhain yw'r 3ydd unigol amherffaith; gw. GMW §21 (a); cymh. hefyd 430 *cany doey ormes.* Noder bod y Llyfr Coch wedi ychwanegu'r arddodiad *y,* 'i', ar ôl y ferf: *ny doey y gof udunt hwy dim,* 'ni ddeuai dim i gof iddynt hwy'.

412 *hyurydach:* 'hyfrytach'. Am y diffyg caledi yn y radd gymharol, gw. *Rhagymadrodd,* lvi; gw. hefyd GMW §41 N.2.

413/14 *Nyt oed aneswythach ... no fan doethan yno:* 'Nid oedd yn fwy anghysurus na phan ddaethant yno ac nid oedd dim un yn adnabod wrth y llall ei fod yn hŷn yn ystod yr amser hwnnw.' Wrth drosi'r frawddeg hon, gwell cymryd y rhan olaf *no fan doethan yno* yn syth ar ôl *Nyt oed anesmwythach.* Noder fel y collwyd y sain *-t* ar ddiwedd ffurf 3ydd lluosog gorffennol y ferf *dyuot,* 'dod', yma; gw. 350 *kyuodyn.* Mae angen ychwanegu *yn hyn,* 'yn hŷn', yn syth ar ôl *y uot* gan ei bod yn amlwg bod rhywbeth ar goll yng ngeiriad y ddwy lawysgrif fel y saif. Mae'n debyg bod hyn oherwydd i'r geiriau hyn gael eu hepgor yn y cynsail y copïwyd y Llyfr Gwyn a'r Llyfr Coch ohono. Felly, mae'r testun yn awgrymu nad oedd amser wedi cael effaith ar neb ohonynt gan fod pob un yn edrych yr un mor ieuanc ar ben y deugain mlynedd a dreuliwyd yng Ngwales ag oeddent ar ddechrau'r cyfnod. Ceir y syniad nad yw amser yn y byd arall yn symud fel y mae yn y byd hwn mewn sawl testun, e.e. testun *Immram Bran* a stori Fionn yn Tír na nÓg yn y traddodiad Gwyddeleg; gw. *Rhagymadrodd,* xxi-xxii.

417 *Ysbydawt Urdaul Benn:* 'Cynulliad y Pen Urddasol'. Gall *ysbydawt* olygu'r wledd ei hun neu y bobl sy'n cyfranogi ohoni, sef y cwmni neu'r cynulliad. Mae'r ddwy ystyr yn gweddu i'r cyd-destun yn y fan hon.
Ysbydawt Uranwen a Matholwch oed yr honn yd aethpwyt e Iwerdon: 'Cynulliad Branwen a Matholwch oedd yr un yr aethpwyt [ynddo / ag ef] i Iwerddon'. Oherwydd y defnydd o'r geiryn perthynol afrywiog *yd* yma o flaen y ferf *aethpwyt,* rhaid deall hyn fel rhyw fath o gystrawen berthynol afrywiog lle hepgorwyd yr arddodiad; gw. GMW §70 N.1. Ceir enghreifftiau o gystrawen debyg mewn testunau eraill: *a cheisswn greft y caffom yn ymborth* 'a cheisiwn greft y cawn ein cynhaliaeth [wrthi]' (MUL1 77); *pa drawscwyd y keir wynteu:* 'pa gynllun y'u ceir hwy [wrtho]' (MUM 68); *ys llaw gyffes y medrwys y lleu ef* '[â] llaw ddeheuig y trawodd yr un gwallt golau ef' (MUM 314-5).

419 *dydgueith:* 'un diwrnod'. Am y defnydd o'r adferf amser hon, gw. 59 *dydgueith.*
Meuyl ar uy maryf i: 'Cywilydd ar fy marf'. Am y defnydd o ebychiadau fel hwn, gw. 354 *meuyl ymi.*

424 *a dothoed:* 'a oedd wedi dod'. Dyma 3ydd unigol gorberffaith y ferf *dyuot,* 'dod'. Am ffurfiau perffaith a gorberffaith *mynet, dyuot* a *gwneuthur,* gw. 324 *dothyw.*

425/6 *Ac o'r gyuawr honno:* 'Ac o'r eiliad honno'. Ystyr *cyuawr* yw 'dechrau awr', sef moment, eiliad, yn union fel mai 'dechrau nos' yw *cyfnos* a 'dechrau dydd', h.y. gwawr, yw *cyfddydd..*

427 *Pa hyt bynnac y bydynt ar y ford:* 'Pa hyd bynnag yr oeddent ar eu ffordd'. Dyma ddefnydd o fformiwla arbennig i symud y digwyddiadau o un lleoliad (Gwales yma) i leoliad arall (Llundain). Nid oes diddordeb yn

yr hyn a ddigwyddodd yn ystod y daith; yr hyn sydd yn digwydd ar ddiwedd y daith sydd yn bwysig. Ceir dwy enghraifft o'r un ymadrodd yn *Manawydan*: *A pha hyt bynnac y bydynt ar y ford,* sy'n pontio Llundain ac Arberth (MUL1 26-7), a *By hyt bynnac y buant ar y ffordd,* sy'n pontio tref ddienw ar y gororau â Lloegr ac Arberth (MUL1 132).

428   *Gwynuryn:* gw. 364 uchod.

429   *trydyd matcud:* 'un o dri chuddiad ffodus'. Am y defnydd o'r trefnolion i olygu 'un o ...', gw. GMW §52; cymh. hefyd 392/3 *A hwnnw uu y trydyd dyn a dorres y gallon o aniuyget.*

        trydydd anuat datcud: 'un o dri datguddiad anffodus'. Am y ddau driawd hyn, gw. *Rhagymadrodd,* xxiv-xxv.

430   *cany doey ormes:* 'gan na ddeuai gormes'. Am dreiglo goddrych yn dilyn 3ydd unigol amherffaith berf, gw. 410 *ny doy gof udunt.* Am y pen fel talisman, gw. 365 *a'y wyneb ar Freinc.*

431/2   *A hynny a dyweit y kyuarwydyd hwnn:* 'A dyna a ddywed y chwedl hon'. Dyry GPC yr ystyron canlynol i'r gair 'cyfarwyddyd':

        (a) 'hyfforddiant; hysbysrwydd, gwybodaeth, dysg', h.y. chwedloniaeth.

        (b) 'chwedl, ystori, hanes; adroddiad'.

        Fel arfer, derbynnir yr ail ystyr uchod gan gyfieithwyr y Pedair Cainc a dyna sy'n gweddu orau i'r cyd-destun hwn yn *Bendigeiduran.* Fodd bynnag, dadleua Proinsias Mac Cana mai ystyr eilradd y gair yw 'chwedl' ac mai 'gwybodaeth; hyfforddiant' oedd ei ystyr wreiddiol; gw. *The Learned Tales of Medieval Ireland,* (Dublin, 1980) 139. Noda Sioned Davies a Brynley Roberts fod yr ystyr wreiddiol yn ehangach na chwedl neu stori, h.y. golygai 'y ddysg neu'r wybodaeth draddodiadol'; gw. CyC 3 a SMWL 1-24. Awgrymai hynny y dylid diweddaru'r frawddeg hon ar ddiwedd *Bendigeiduran* fel 'A dyna a ddywed y chwedloniaeth hon.'

432   *eu kyfranc wy:* 'eu hanes hwy'. Er golygai *cyfranc* yn wreiddiol 'cyfarfod' ac yna 'cyfarfod i frwydro', ehangwyd wedyn yr ystyr i olygu 'chwedl am frwydr' ac yna 'chwedl' yn gyffredinol; gw. CLlaLl 171n. Dyna, mae'n debyg, yw'r ystyr yma yn *Bendigeiduran.*

        Y gwyr a gychwynwys o Iwerdon: 'Y gwŷr a gychwynnodd o Iwerddon'. Mae'n amlwg mai math o deitl i'r adran olaf hon yn y gainc yw hwn; gw. *Rhagymadrodd,* xx.

435   *pump wraged:* 'pum gwraig'. Ffurf luosog *gwreic,* sef *gwraged,* a dyma'r ffurf a ddefnyddid mewn Cymraeg Canol ar ôl rhifolion hefyd; cymh. 5 *deu uroder.*

436   *pum meib:* 'pum mab'. Ffurf unigol yr enw hwn yw *mab* a'i ffurf luosog yw *meibion.* Fodd bynnag, y ffurf a ddefnyddid ar ôl rhifolion oedd *meib;* gw. GMW §51 (b).

438/9   *kyscu pob un lau heb lau gan uam y gilid:* 'cysgodd pob un [o'r bechgyn] blith draphlith gyda mam ei gilydd', h.y. ailboblogwyd Iwerddon gyfan trwy hil y pum mab hyn a'r pum gwraig hyn. Mae'n bosibl bod yr uniadau llosgachol hyn yn y gainc hon i'w holrhain yn ôl i storïau tebyg i hanes Lot yn llyfr Genesis. Ar ôl i Dduw ddinistrio Sodom a Gomorra, mae Lot a'i ferched yn llochesu mewn ogof. Trwy gynllwynio'r ddwy ferch, mae'r tad yn ei feddwdod yn cenhedlu plant ar ei ferched ei hun; gw. Genesis 19:30-38. Diddorol hefyd yw nodi bod y pum gwraig feichiog yn ôl *Bendigeiduran* yn llochesu rhag dinistr yr ynys gyfan *ymywn gogof* (435); gw. IIMWL, 204.

439/40 *a'y chyuanhedu:* 'ac ymgartrefu ynddi'. Am rym y gwreiddyn *kyuanhed-* yma, gw. 217 *yg kyuanned.*

441 *pymp rann Ywerdon:* 'pum rhanbarth Iwerddon'. Defnyddir o hyd yn yr iaith Wyddeleg y gair cúige [< Hen Wyddeleg *cóiced,* 'pumed ran'] wrth gyfeirio at ranbarthau Iwerddon. Y pum rhan hynny'n wreiddiol oedd Ulster yn y gogledd, Connacht yn y gorllewin, Leinster yn y dwyrain, Munster yn y de, a Meath yn y canol. Mae'n amlwg bod awdur *Historia Gruffudd fab Cynan* yntau'n gyfarwydd â'r rhaniadau hyn wrth iddo adrodd bod Avloed, tad Ragnell mam Cynan, yn frenin ar ddinas Dulyn a phumed ran o Iwerddon, sef rhanbarth Leinster gw. HGVK 1:7-8. Sonnir hyd heddiw am bedwar rhanbarth Iwerddon gyda Meath bellach yn rhan o Leinster. Mae'n bur debyg bod awdur *Bendigeiduran* yn gyfarwydd â phum rhaniad traddodiadol Iwerddon. Os felly, math o stori onomastig sydd ganddo yma i esbonio'r rhaniad pumplyg hwn; gw. IIMWL 202-7. *edrych y wlat:* 'archwilio'r wlad'; gw. 218.

444 *A llyna ual y teruyna y geing honn o'r Mabinyogi:* 'A dyma fel y terfyna'r Gainc hon o'r Mabinogi'. Ceir y fformiwla gloi hon ar ddiwedd pob cainc; gw. CyC 134–7. Am yr amrywiad ar ddiwedd *Pwyll,* gw. PPD 42:654. Serch hynny, ceir pwt bach ychwanegol ar ddiwedd *Bendigeiduran;* gw. *Rhagymadrodd,* xix-xxi.

444/5 *o achaws Paluawt Branwen:* 'ynghylch dyrnod Branwen'. Mae'r gair *palfawd* yn cynnwys yr enw *palf,* 'cledr y llaw', ynghyd â'r terfyniad *-awd* yn dynodi ergyd neu drawiad.

445 *tryded anuat paluawt:* 'un o dri dyrnod anffodus'. Am y triawd hwn, gw. *Rhagymadrodd,* xxxii.

446 *Yspydawt Uran:* 'Cynulliad Brân'. Yn ôl yr esboniad sy'n dilyn, dyma'r llu a aeth gyda Bendigeidfran i Iwerddon; cymh. hefyd 221 *pedeir degwlat a seithugeint.*

447/8 *y ginyaw yn Hardlech:* 'y wledd yn Harlech'. Mae'r enw *cinio* yn gallu bod yn wrywaidd neu yn fenywaidd. Cyfeiriwyd at y wledd hon eisoes yn 366 ac yn 396-402.

448 *am ganyat Adar Riannon:* 'am ganiad Adar Rhiannon'. Cyfeiriwyd at gân yr adar hyn eisoes yn 366-7 a 397-402.

449 *Yspydawt Benn:* 'Cynulliad [y] Pen'. Dyma *Ysbydawt Urdaul Benn* y cyfeiriwyd ato yn 417.

GEIRFA

Pan ddigwydd gair yn aml yng nghorff y testun, ni nodir ond y tair enghraifft gyntaf ohono yn yr eirfa. Ni nodir lleoliad yr amrywiadau orgraffyddol ar y ffurf sylfaenol ond pan fo'r rheiny o bwys. Trinnir c- *a* k- *fel un llythyren a rhestrir* -u- *pan ddynoda'r sain /v/ o dan* -f-. *Pan fo'r llythyren* -e- *yn dynodi'r sain aneglur /ə/, a ddynodir fel arfer gan y llythyren* -y-, *fe'i rhestrir yn yr eirfa hon o dan y llythyren* -y-, *e.e. ceir hyd i* kedymdeith *(~* kydymdeith) *ar ôl* kyduot.

a *ardd.* 'o' 378

a *geir. gof.* 31, 245, 383

a *rhag. perth.* 1, 8, 10

a *rhag. perth.* 'y sawl a' 207, 272; 'yr hyn a; popeth a' 377

a *geir. cyf.* 111, 123, 291

a *cys.* 'a'; 2, 4, 5; **ac** 'ac' 1, 3, 5

a *cys.* 'â'; 65, 89, 104; **ac** 'ag' 5, 6, 76

a *ardd.* 'â' 34, 70, 74; **ac** 'ag' 54, 132, 159, (gw. hefyd *gyt a/ac*)

a oed o ... 'hynny o ... a oedd; yr holl ... a oedd' 164, 237

achaws *enw* 'achos; rheswm' 83, 131, 226

adaw *b.e* 'gadael' 79, 223, 312; *gorff. un. 3* **edewis** 315; *gorff. amhers.* **edewit** 225, 387, 434

adeilaw *b.e* 'adeiladu'; *gorff. amhers.* **adeilwyt** 303

adnabot *b.e* 'adnabod; sylweddoli' 216, 413

aduyd/ac aduyd *adf.* 'efallai' 284

ae / ay *geir. gof.* 'ai' 64, 420

ae ... ae ... / ay ... ay ... *cys.* 'un ai ... neu ynteu ...' 160, 189/90, 282

aerua *enw* 'brwydr; lladdfa'; *llu.* **aeruae** 442

agori *b.e* 'agor' 408, 421; *pres. un. 1* **agoraf** 420; *dib. pres. llu. 2* **agoroch** 369, 371

agoret *ans.* 'agored' 406

agos *ans.* 'agos' 19

angassei (gw. **genni**)

anghynwys *ans.* 'atgas; milain' 157

allan *adf.* 'allan' 25, 174, 401; 'ymlaen' 134, 155, 158

am *ardd.* 'am' 38, 57, 64; *un. 3* **amdanaw** 391; *llu. 3* **amdanunt** 17, 18, 161

am benn *ardd.* 'am ben; yn erbyn' 168, 319; *un. 1* **am 'ym pen** 159

amgen *ans.* 'gwahanol'; fel *enw* 'un gwahanol' 285

amharch *enw* 'amarch; gwarth' 212, 254

amlau *b.e* 'cynyddu'; *gorff. un. 3* **amlawys** 236

amlwc *ans.* 'amlwg'; *gr. cyf.* **amlyket** 401

amrant *enw* 'amrant'; *llu.* **amranneu** 68

amryw *ans.* 'amryw' 321

amser *enw* 'amser' 414; *llu.* **amseroyd** 194

anagneuededus *ans.* 'anheddychol' 59; **anygneuedus** 99

anesmwyth *ans.* 'anesmwyth'; *gr. gymh.* **anesmwythach** 413, 415

anfuruaw *b.e* 'anffurfio' 72

anfuryf *enw* 'anffurf' 69

anhebic *ans.* 'annhebygol' 336

aniuyget *enw* 'tristwch; dryswch; penbleth' 389, 393

annerch *enw* 'cyfarchiad' 277

anorl[o]es *ans.* 'hyll, garw; herwr' 147

anryded *enw* 'anrhydedd' 294

ansawd *enw* 'cyflwr' 20

antrugarawc *ans.* 'didrugaredd' 308

anuat *ans.* 'anffodus' 429, 445

anuod *enw* 'anfodd' 106, 162 (gw. hefyd **o anuod**)

anuon *b.e* 'anfon' 213, 219; *pres. un. 1* **anuonaf** 100; *gorch un. 2* **anuon** 99

anwyl *ans.* 'annwyl'; *gr. gyf.* **anwylet** 76

ar *rhag. dang.* 'y sawl; y rheiny'; **'r** 102, 164, 330

ar *ardd.* 'ar' 1, 3, 22; *un. 1* **arnaf** 66, 153, 368; *un. 3 g.* **arnaw** 147, 275, 279; *un. 3 b.* **arnei** 204, 212, 266; *llu. 1* **arnam** 150; *llu. 2* **arnawch** 149; *llu. 3* **arnunt** 21, 29, 166

ar *ardd.* 'i' 195

ar benn *ardd.* 'ar ben' 143/144; 'ar ddiwedd' 152

ar draws *ardd.* 'ar draws'; *un 3 g.* **ar y draws** 275

ar ureint *ardd.* 'yn null' 116

ar gerdet *adf.* 'yn symud' 247, 249

ar hynny *adf.* 'ar hynny, wedi hynny' 22, 59, 78

ar hyt *ardd.* 'ar hyd; trwy gydol' 308, 309, 342

ar ol *ardd.* 'ar ôl; yn dilyn' 110

ar uaeth *adf.* 'ar faeth; i'w feithrin' 195

arall *ans.* 'arall' 50, 77, 132; *llu.* **ereill** 22, 318

arbennic *ans.* 'arbennig' 190

ardiawc *ans.* 'difywyd' 120

ardyrchawc *ans.* 'wedi'i arwisgo â' 2

arganuot *b.e* 'cael golwg ar' 308; *gorff. amhers.* **arganuuwyt** 216

arglwyd *enw* 'arglwydd' 29, 32, 34

arglwydes *enw* 'arglwyddes' 251, 252

aros *b.e* 'aros' *pres. un. 1* **arhoaf** 288; *gorff. un. 3* **arhoes** 172; *gorch un. 2* **aro** 287

arouun *b.e* 'anelu at; cyrchu' 78

aruawc *ans.* 'arfog' 153, 306

aruchel *ans.* 'uchel iawn' 247, 258

aru *enw* 'arf'; *llu.* **arueu** 180, 319, 344

arwest *enw* 'tant (offeryn)' 237

arwreid *ans.* 'arwrol; ysblennydd' 20

arwyd *enw* 'arwydd' 24; *llu.* **arwydon** 'baneri' 20

aryant *enw* 'arian' 103, 442

asgell *enw* 'asgell; adain'; *llu.* **eskyll** 213

ascwrn *enw* 'asgwrn' 69, 312

at *ardd.* 'at' 71, 79, 241; *un 1* **attaf** 148, 332; *un. 2* **attat** 176, 287; *un. 3 g.* **attaw** 38, 221, 277; *llu. 3* **attunt** 13, 15, 18

atcassu *b.e* 'casáu' 156

athrist *ans.* 'trist iawn' 122

athrugar *ans.* 'anferthol' 146

atteb *enw* 'ateb' 38, 96, 97

auon *enw* 'afon' 235, 264, 265

auory *adf.* 'yfory' 125, 128

awr *enw* 'awr'; **yr awr honn** *adf.* 'nawr' 336

ay (gw. **ae**)

ay … ay … (gw. **ae … ae …**)

bad *enw* 'cwch'; *llu.* **badeu** 25

ban *cys.* 'pan' 9, 10, 285 (gw. hefyd **pan**)

bann *enw* 'lle; ardal' 180

baryf *enw* 'barf' 419

bed *enw* 'bedd' 379

beichawc *ans.* 'beichiog' 434

beichogi *b.e* 'beichiogi' 151, 193

beis (gw. **y ueis**)

beth *rhag. gof.* 'beth' 31, 62, 86

beunyd *adf.* 'bob dydd' 204

bieu (gw. **pieu**)

blawt *enw* 'blawd; blodeuyn' 310, 314, 316

blwydyn *enw* 'blwyddyn' 154, 191, 197; *llu.* **blwynyded** 209; *gyda rhif.* **blyned** 366, 369, 402

bot *b.e* 'bod' 54, 79, 113; *pres. un. 2* **wyt** 123; *pres. un. 3* **mae** 30, 62, 243; **mae ?** 'ble mae?' 271, 292; **yw** 17, 32, 33; **oes** 77, 98, 249; *cypl.* **ys** 335; **yssit** 321; *pres. perth.* **yssyd** 29, 149, 150; *llu. 3* **maent** 179; *dyf. un. 1* **bydaf** 272; *dyf. un. 3* **byd** 129, 151, 153; *dyf. llu. 2* **bydwch** 365, 366, 369; *dyf. llu. 3* **bydant** 382; *amherff. un. 1* **oedwn** 143; *amherff. un. 3* **oed** 1, 2, 8; (gyda grym amodol) 333; *amherff. llu. 3* **oedynt** 3, 7, 12; **ytoedynt** 443; *gorff. arf llu. 3* **bydynt** 9, 36, 401; *gorff. un. 3* **bu** 40, 129, 133; *gorff. llu. 3* **buant** 154, 209, 402; *gorff. amhers.* **buwyt** 39; *gorb. un. 3* **buassei** 415, 442; *dib. pres. un. 1* **bwyf** 252; *dib. pres. un. 3* **bo** 92, 103, 137; *dib. pres. llu. 3* **bythont** 180; *dib. amherff. un. 3* **bei** 10, 114, 190; **wei** 183; *gorch. un. 3* **bit** 272

bod *enw* 'bodd; ewyllys' 91, 161, 278 (gw. hefyd **o uod**)

boly *enw* 'cwdyn; sach' 306, 309, 321; *llu.* **bolyeu** 309

bon *enw* 'bôn; gwaelod' 213

bonclust *enw* 'bonclust' 204

bonllwm *ans.* 'tinnoeth' 355

bore *enw* 'bore' 350

brathu *b.e* 'clwyfo' 359

brawt *enw* 'brawd' 4, 106, 211; *llu.* **brodyr** 199; *deuol* **broder** 5, 6, 10
breithell *enw* 'ymennydd' 312
breint (gw. **ar ureint**)
brenhin *enw* 'brenin' 1, 6, 15
brenhinaeth *enw* 'brenhiniaeth' 279, 284, 296
brenhineid *ans.* 'brenhinaidd' 404
brawd maeth *enw* 'brawd maeth'; *llu.* **brodyr maeth** 199
bwrd *enw* 'bwrdd' 23
bwrw *b.e* 'taflu' 25, 128, 356; *gorff. amhers.* **byrwyt** 274; **byrywyt** 349
bwrw neit *b.e* 'neidio' 340
bwyt *enw* 'bwyd' 166, 397
bwyta *b.e* 'bwyta' 117, 398
bychan *ans.* 'bach; bychan' [104]; *gr. gyf.* **bychanet** 122, 124; *gr. gymh.* **llei** 209
bynnac *rhag.* 'bynnag' 427
by *ans. gof.* 'pa' 33 (gw. hefyd **pa**)
bys *enw* 'bys' [104]; *llu.* **byssed** 312
byt *enw* 'byd' 44, 411
byth *adf.* 'byth' 430
byw *ans.* 'byw' 315, 416, 434

cad *enw* 'brwydr' 323; **cad barawt** 'parod am y frwydr'
cadarn *ans.* 'cadarn; cryf'; *llu.* **kedeirn** 36, 49; **kedeyrn** 88; **kedyrn** 253, 283, 295; *gr. gymh.* **cadarnach** 37
cadarnhau *b.e* 'cryfhau' 179
cadwedic *ans.* 'gwerthfawr' 190
cadwr *enw* 'ymladdwr'; *llu.* **kydwyr** 323
cae *enw* 'clesbyn' 189
cael *b.e* 'cael' 114, 193, 284; **cafael** 438; *pres. un. 2* **kehy** 125; *pres. un. 3* **keif** 33, 102, 103; *pres. llu. 2* **keffwch** 285; *amherff. un. 3* **caei** 68, 121, 201; *gorff. un. 1* **keueis** 85, 155; *gorff. un. 3* **cauas** 214, 297, 300; *gorff. llu. 3* **causant** 163; *gorff. amhers.* **cahat** 42, 223; *gorb. un. 3* **cawssei** 122, 198; *gorb. llu. 3* **kewssynt** 410; *dib. pres. un. 3* **caffo** 137; *dib. pres. llu. 1* **caffom** 286
kelain *enw* 'corff marw'; *llu.* **kalaned** 349; **calaned** 351, 355
calon *enw* 'calon' 357, 379, 389; **callon** 393
cam *enw* 'camwedd; anghyfiawnder' 123, 281
canyat *enw* 'cân' 448
can(h)yat *enw* 'caniatâd (i adael)' 65, 80
cannwr *enw* 'can gŵr' 315
cant *rhif.* 'cant' 305
canu *b.e* 'canu' 320, 367, 399
cany *cys. neg.* 'gan na(d)' 430
car *enw* 'cydymaith; perthynas' 423
carcharu *b.e* 'carcharu'; *gorch. un. 2* **carchara** 207
caredic *ans.* 'caredig' 111
carrec *enw* 'carreg' 3, 27

caru *b.e* 'caru' 330

cayat *ans.* 'caead; caeedig' 406

keimat *enw* 'pencampwr; rhyfelwr'; *llu.* **keimeit** 322

keing *enw* 'cangen' 444

keissaw *b.e* 'ceisio'; *pres. un. 1* **keissaf** 354

kelu *b.e* 'cuddio' 200

kennad *enw* 'negesydd'; *llu.* **ken(h)adeu** 80, 100, 110

kenedyl *enw* 'teulu' 76

kennadwri *enw* 'neges' 285, 287, 299

kerd *enw* 'cerdd; cân' 399; **kerd arwest** 'cerddorion; telynorion' 237

kerdet *b.e* 'cerdded; teithio; symud' 14, 247, 249; *gorff. un. 3* **kerdwys** 237

kerdet *enw* 'cyflwr' 149, 150

keuyn *enw* 'cefn' 68, 146, 237

keuynderw *enw* 'cefnder' 392

kic *enw* 'cig' 203

kilyd *enw* 'cyfaill; cilydd' 413; **kilid** 439

kilyaw *b.e* 'cilio' 263; *gorff. llu. 3* **kylyssant** 266

kinyaw *enw* 'cinio; gwledd' 366, 402, 448

cladu *b.e* 'claddu' 372, 380; *gorff. llu. 3* **cladyssant** 428; *gorch. llu. 2* **cledwch** 365

clawr *enw* 'plât' 104

cledyf *enw* 'cleddyf' 389, 391

clot *enw* 'clod; anrhydedd' 192

clotuawr *ans.* 'clodfawr; enwog' 192

clust *enw* 'clust'; *llu.* **clusteu** 67

clwyd *enw* 'clwyd'; *llu.* **clwydeu** 275

clybot *b.e* 'clywed' 218, 253; *pres. un. 3* **clyw** 311; *amherff. un. 3* **clywei** 27, 319; *amherff. llu. 3* **clywssynt** 399

codyant *enw* 'niwed; gwarth' 281

coet *enw torf.* 'coed' 244, 247, 248

cof *enw* 'cof' 410

collet *enw* 'colled' 423

colli *b.e* 'colli'; *gorb. llu. 3* **collyssynt** 423, 424

colouyn *enw* 'colofn; pilar' 305

coron *enw* 'coron' 2

coronawc *ans.* 'coronog' 1, 386

corwg *enw* 'corwgl; cwch bach'; *llu.* **corygeu** 206

craf *enw* 'gafael' 68

crib *enw* 'crib to' 165

croyn *enw* 'croen' 306; *llu.* **crwyn** 309

cud *enw* 'cuddiad' 431

cudyaw *b.e* 'cuddio'; *gorff. amhers.* **cudywyt** 429

cwbyl *ans.* 'cwbl; cyflawn' 84, 133

cwynaw *b.e* 'cwyno' 222

kychwyn *b.e* 'cychwyn' 45; *gorff. un. 3* **kychwynnwys** 185, 432; *gorff. llu. 3* **kychwynassant** 45, 373; **kychwynnyssant** 186, 403

kyt *cys.* 'er' 92; **a chyt bei** 'a phetai' 424

kyduot *b.e* 'cyd-fod; cyd-fyw' 415

kydwyr (gw. **cadwr**)

kedymdeith *enw* 'cydymaith; cyfaill' 423; *llu.* **kedymdeithon** 192

kedymdeithas *enw* 'cwmni; cyfeillgarwch' 367

kyuanhedu *b.e* 'meddiannu lle i fyw ynddo; ymgartrefu yn' 440

kyuanned *enw* 'lle mae pobl yn byw' 217

kyuarch uell *b.e* 'cyfarch' 148/9; **kyuarch guell** 26, 277

kyuaruot a *b.e* 'cyfarfod â' 383; 'digwydd i' *pres. un. 3* **kyueryw a** (gydag ystyr y
  perffaith) **ry gyueryw a mi** 'sydd wedi digwydd i mi' 86; *dib. amherff. 3*
  kyuarffei 425

kyuarwydyd *enw* 'stori; chwedl; chwedloniaeth' 431

kyuathrachwr *enw* 'perthynas trwy briodas' 278

kyuawr *enw* 'eiliad' 426

kyuedach *enw* 'cyfeddach' 53, 55, 182

kyueir *enw* 'ardal; rhan' 58

kyflauan *enw* 'cyflafan; lladdfa' 336

kyflet *ans. gr. gyf.* 'cyfled; mor llydan' 104

kyflym *ans.* 'cyflym' 262

kyfnot *enw* 'cyfnod' 436

kyuodi *b.e* 'codi' 56, 337; *gorff. un. 3* **kyuodes** 276; *amherff. llu. 3* **kyuodyn** 350;
  gorch. llu. 2 **kyuodwch** 100

kyuoeth *enw* 'teyrnas' 159, 160, 178

kyuoethawc *ans.* 'cyfoethog' 443

kyfranc *enw* 'hanes; stori; antur' 432

kyuref *ans. gr. gyf.* 'mor drwchus' 104

kyuuch *ans. gr. gyf.* 'cyfuwch; mor uchel' 165 (gw. hefyd **uchel**)

kyuurd *ans. gr. gyf.* 'mor fonheddig' 75

kyuyng gynghor *enw* 'cyfyng-gyngor; penbleth' 162

kyffes *enw* 'cyffes' 335

kygyd *enw* 'cigydd' 203

kynghenni *b.e* 'cael lle yn; cael (ei) gynnwys yn'; *amherff. un. 3* **kynghanei** 257

kynghor *enw* 'cyngor' 37, 42, 92

kyngydiaw *b.e* 'bwriadu; ceisio'; *gorff. un. 3* **kyngytywys** (LlC 340)

kyhyt *ans. gr. gyf.* 'cyhyd; mor hir' 104

kylch (gw. **yg kylch**)

kymeint *ans. gr. gyf.* 'cymaint' 142

kymell *b.e* 'gorfodi' 202

kymryt *b.e* 'cymryd' 42, 54, 115; *pres. un. 1* **kymeraf** 284; *pres. llu. 1* **kymerwn**
  37, 112; *gorff. un. 1* **kymereis** 153; *gorff. un. 3* **kymerth** 130, 300; *gorff. amhers.*
  kymerwyt 262; *gorch. llu. 2* **kymerwch** 363

kymwt *enw* 'cwmwd' 132, 134

kymyscu *b.e* 'cymysgu' 168

kyn *ardd.* 'cyn; o flaen' 89; **kyn no** 121

kyn *cys.* 'er'; **kyn ny** 'er na' 252, 333

kyn *cys.* 'cyn; mor' 76, 326, 422

kynnal *b.e* 'cynnal; dal'; *gorff. un. 3* **kynhelis** 346

kyniuer *ans. gr. gyf.* 'mor niferus' 423, 424

kynnedyf *enw* 'cynneddf; hynodrwydd' 127, 270

kynneu *b.e* 'cynnau' 348

kynneu *enw* 'tân' 339

kynniuyat *enw* 'rhyfelwr'; *llu.* **kynniuyeit** 322

kynsynyaw (gw. **kysynyaw**)

kynt *adf.* 'gynt; o'r blaen' 350

kyntaf *adf.* 'am y tro cyntaf' 273

kynueissat *enw* 'rhaglaw; prif swyddog' 231; **kynweisyat** 232

kyrch *enw* 'taith; ymosodiad' 85

kyrchu *b.e* 'cyrchu; mynd i; ymosod ar' 13, 78, 148; *gorff. un. 3* **kyrchawd** 329; **kyrchwys** 173; *gorff. llu. 3* **kyrchyssant** 289, 396, 405; *gorff. amhers.* **kyrchwyt** 132; *gorch. llu. 2* **kyrchwch** 372

kyscu *b.e* 'cysgu' 55, 183; **kyscu gan** *b.e.* 'cyflawni priodas' 45, 88, 'cael cyfathrach rywiol â' 438; *gorff. un . 3* **kyscwys gan** 55, 63

kystal (gw. **da**)

kysynyaw *b.e* 'ceisio; bwriadu'; *gorff. un. 3* **kynsynwys** 340

kyweir *ans.* 'trefnus'; *gr. gymh.* **kyweirach** 20

kyweiraw *b.e* 'trefnu; paratoi' 116; *gorff. amhers.* **kyweirwyt** 303; *gorch. un. 2* **kyweira** 290

kyweirdeb *enw* 'darpariaeth; trefn' 117

kyweithyd *enw* 'mintai' 382

kywilid *enw* 'cywilydd' 114

chwaer *enw* 'chwaer' 63, 65, 222

chwedyl *enw* 'hanes' 71, 79; *llu.* **chwedleu** 'newyddion' 242, 243, 384

chwegwyr *enw* 'chwe gŵr' 388

chwi *rhag. llu. 2* 'chwi' 149, 245, 285

chwythu *b.e* 'chwythu' 168, 170

da *ans.* 'da' 8, 35, 181; *gr. gyf.* **kystal** 65, 75, 89; *gr. gymh.* **gwell** 54, 290; *gr. eithaf* **goreu** 129, 180, 196

da *enw* 'daioni; lles; bendith' 28, 242, 279

dadeni *b.e* 'dadeni; adfywio' 348

dadleu *enw* 'cynulliad; cyngor' 215

damunet *enw* 'dymuniad' 438

damweinyaw *b.e* 'digwydd, darfod'; *gorff. un. 3* **damweinwys** 193

dan *ardd.* 'o dan' 348 (gw. hefyd **guan y dan**)

dangos *b.e* 'dangos; egluro' 77

dant *enw* 'dant'; *llu.* **danned** 67

darllen *b.e* 'darllen'; *gorff. amhers.* **darllewyt** 218

darpar *enw* 'bwriad' 82

daruot *b.e* 'gorffen; digwydd' 328; *gorff. un. 3* **daruu** 386; *amherff. un. 3* **daroedd** 390

datcud *enw* 'datguddiad' 429

datcudyaw *b.e* 'datguddio'; *gorff. amhers.* **datcudywyt** 430

dec (gw. **teir ar dec** a **pedeir dec**)

dechreu *b.e* 'dechrau' 48, 118, 119; *gorff. un. 3* **dechrewis** 348; *gorff. llu. 3* **dechreussant** 53, 57, 396; **dechreuyssant** 117, 398; *gorff. amhers.* **dechreuwyt** 168, 397 (LlCH **dechreuit** 168)

deheu *enw* 'de' 13

delw *enw* 'delw; ffordd' 177; (gw. **pa delw**)

deu *rhif.* 'dau' 5, 6, 9

dewis *enw* 'dewis' 159

di *rhag. un. 2* 'ti; di' 251, 281; *ffurf gysylltiol* **ditheu** 280, 282, 287 (gw. hefyd **ti**)

dial *b.e* 'dial' 201, 202, 447

diang *b.e* 'dianc' 359; *gorff. un. 3* **dieghis** 174; **dienghis** 360, 394; *gorff. llu. 3* **dianghyssant** 140, 141

diuetha *b.e* 'difetha' 107

diuwyn *ans.* 'annymunol; anhyfryd' 399

diffeithwch *enw* 'diffeithwch; anialwch' 435

diffeithyaw *b.e* 'diffeithio; dinistrio'; *gorff. amhers.* **diffeithwyt** 378

digrif *ans.* 'dymunol; difyr' 409; *gr. gymh.* **digriuach** 412

digriuwch *enw* 'difyrrwch; pleser' 184

diharebu *b.e* 'diarhebu'; *pres. amhers.* **diharebir** 273

diheu *ans.* 'sicr' 19

dilit / dilyt *b.e* 'dilyn; parhau' 53, 54, 181

dilwgyr *ans.* 'dilwgr; heb bydru' 371

dim *rhag.* 'dim; unrhyw beth' 142, 245, 249

dioer *ebych.* 'Duw a ŵyr' 74, 83, 90

diolwch *enw* 'diolch' 129

diruawr *ans.* 'anferth; enfawr' 130, 173, 188

disgynniat *enw* 'ymosodwr'; *llu.* **diskynneit** 322

diskynnu *b.e* 'disgyn; glanio' 215

diskynnu ar *b.e* 'penderfynu' 114/5; *gorff. llu. 3* **diskynyssant** 208

ditheu (gw. **di**)

diwall *ans.* 'di-ball; helaeth' 166, 408

diwaradwydaw *b.e* 'dileu cywilydd/gwaradwydd' 95

diwarauun *ans.* 'diwarafun; diwrthwynebiad' 155

diwed *enw* 'diwedd' 184

dodi *b.e* 'dodi; gosod; rhoi' 304, 305, 313; *gorff. un. 1* **dodeis** 160; *gorff. amhers.* **dodet** (**ar**) 'galwyd' 133, 194, 226

dof *ans.* 'dof; wedi'i hyweddu' 132

doluryaw *b.e* 'galaru' 218

doro (gw. **rodi**)

dothyw (gw. **dyuot**)

dremynt (gw. **tremynt**)

drwc *ans.* 'drwg' 424; *gr. gymh* **gwaeth** 85

drwod *adf.* 'drosodd; i'r ochr draw' 176, 253, 275

drws *enw* 'drws' 369, 371, 406

drwy *ardd.* 'trwy; dros' 184, 263, 266; *un. 3 ben.* **drwydi** 270

drydwen *enw* 'drudwen' 210

drygweith *enw* 'golwg ddrwg' 146

dryll *enw* 'darn' 357

dryllyaw *b.e* 'dryllio; torri'n ddarnau' 203

duundeb *enw* 'cytundeb' 326

Duw *enw* 'Duw' 27, 126, 242

dwy *rhif.* 'dwy' 169, 235, 260

dwyn *b.e* 'dod â; cludo' 211; *pres. un. 1* **dygaf** 335; *gorch. llu. 2* **dygwch** 364; 'treulio' 412; *gorff. un. 3* **duc** 191;

dwyn kyrch 'mynd ar daith'; *gorff. un. 1* **dugum** 85; *gorff. un. 3* **duc** 85

dwyn hwyl 'ffynnu; llwyddo'; *gorff. un. 3* **duc** 192;

dwyweith *adf.* 'dwywaith' 148

dy *rhag. bl. un. 2* 'dy' 63, 73, 78

dydgueith / **dydgweith** *adf.* 'un diwrnod' 59, 143, 215

dyuyn *b.e* 'galw ynghyd' 164

dygyuor *enw* 'cynulliad; llu' 39, 201

dygyuoryaw *b.e* 'casglu lluoedd' 220; **dygyuor** 261; *gorff. un. 3* **dygyuores** 158

dylyedus *ans.* 'dyledus; addas' 194

dylyu *b.e* 'bod â'r hawl i'; *pres. llu. 1* **dylywn** 408

dyn *enw* 'neb' 338, 434; 'person' 393

dyrchauael *b.e* 'codi' 23; 'gwella; cynyddu' 179

dyscu *b.e* 'dysgu' 211

dyuot *b.e* 'dod' 13, 16, 31; *pres. un. 3* **daw** 332; *pres. llu. 1* **down** 287; *pres. llu. 2* **dowch** 288; *amherff. un. 1* **down** 84; *amherff. un. 3* **doey** 188, 430; **doy** 410; *gorff. un. 3* **doeth** 35, 39, 71; *gorff. llu. 3* **doethant** 47, 187, 241; **doethan** 414; **deuthant** 115; *perff. un. 3* **dothyw** 324; *gorb. un. 3* **dothoed** 424; *dib. pres. un. 3* **del** 207, 285; *gorch. un. 3* **doet** 37, 108

dyuot am penn *b.e* 'ymosod ar' 387/8

dywanu y *b.e* 'dod ar draws' 60

dywedut / **dywedyt** *b.e* 'siarad' 351; 'dweud' 71; *pres. un. 3* **dyweit** 431; *pres. amhers.* **dywedir** 420; *gorff. un. 3* **dywot** 344, 352; *gorff. llu. 1* **dywedassam** 60; **dywedyssam** 233; *gorff. amhers.* **dywetpwyt** 273; *gorb. un. 3* **diwedyssei** 97

e *ardd.* (gw. **y** 'i')

e *ban.* (gw. **y** 'y; yr')

e *geir. cad.* (gw. **y** 'y')

e *rhag.* (gw. **y** 'ei')

'e *rhag.* (gw. **y** 'ei' ac **y** ''i')

e gan *ardd.* (gw. **y gan**)

e ymdeith *adf.* (gw. **y ymdeith**)

ebol *enw* 'ebol'; *llu.* **ebolyon** 133

ebrwyd *ans.* 'rhwydd; cyflym' 14, 15; *gr. gyf.* **ebrwydet** 326
ederyn *enw* 'aderyn' 210, 211, 213; *llu.* **adar** 366, 448
edewis (gw. **adaw**)
edrych *b.e* 'edrych; gweld; archwilio' 17, 218, 259; *gorff. un. 3* **edrychwys** 422
ef *rhag. un. 3 g.* 'ef' 5, 6, 28; *ffurf gysylltiol* **ynteu** 7, 37, 47
ehegyr *ans.* 'cyflym' 288
eidaw *rhag. medd. un. 3 g.* 'eiddo iddo' 33, 83
eidunt *rhag. medd. llu. 3.* 'eiddo iddynt' 17
ei(n)ghaw *b.e* 'blino; poeni; plagio' 157
enghis (gw. **genni**)
englyn *enw* 'englyn' 320
eil *trefn.* 'ail' 135, 197
eil *enw* 'mab' 361
eiryoet *adf.* 'erioed' 19, 52, 244
eissoes *adf.* 'er hynny' 94
eisted *b.e* 'eistedd' 3, 12, 48; *gorff. llu. 3* **eistedyssant** 49, 118, 326
eithyr *ardd./cys.* 'ac eithrio' 129, 315, 350
emystynnu (gw. **ymestynnu**)
en (gw. **yn**)
eneit *enw* 'cyfaill' 310, 316
enryded *enw* 'anrhydedd' 297
enw *enw* 'enw' 194
erbyn *ardd.* 'erbyn' 128
erbyn *b.e* 'derbyn'; *gorff. un. 2* **erbynneist** 178
erchi *b.e* 'gofyn am' 34, 159; *gorch. llu. 2* **erchwch** 16
eres *ans.* 'rhyfedd' 74, 141, 245
erwyd *ardd.* 'gerfydd; wrth' 337
eskeir *enw* 'esgair; cefnen' 247, 248, 258
eskyll (gw. **asgell**)
etwa *adf.* 'eto; o hyd' 99, 273; **etwan** 441
eu *rhag. bl. llu. 3* 'eu' 14, 20, 27 (gw. hefyd **y**)
eur *enw* 'aur' 104, 442
ewyllus *enw* 'ewyllys' 296

ual y *cys.* 'fel y' 36, 71, 117; **ual yd** 'fel yr' 12, 25, 48
ual nat *cys. neg.* 'fel nad' 206
ui *rhag. un. 1* 'fi' 353, 377 (gw. hefyd **mi**)
uy *rhag. bl. un. 1* 'fy' 75, 88, 95; **ue** 284; **uyg** 158, 160, 335; **uym** 253, 256

f(f)ord *enw* 'ffordd' 365, 427; *adf.* 'lle y' 442

gadu *b.e* 'gadael' 264; *gorch. llu. 1* **gadwn** 99; *gorch. un. 2* **gat** 207;
galar *enw* 'galar; tristwch' 411
galw *b.e* 'galw' 328; *pres. amhers.* **gelwir** 441; *gorff. un. 1* **gelwis** 330; *gorff.*
     amhers. **gelwit** 145, 235, 417

gallu *b.e* 'gallu'; *pres. un. 1* **gallaf** 284; *pres. un. 3* **geill** 95, 266, 270; *pres. llu. 2*
gellwch 370, 371; *amherff. llu. 3* **gellynt** 66, 351; *amherff. amhers.* **gellit** 70, 72;
gorff. llu. 3 **gallyssant** 426

gan *ardd.* 'gan' 121; 'gyda' 56, 63, 439; 'ym marn; yn nhyb' 76, 93, 120; 'ger'
256; *un. 1* **genhyf** 75, 89, 107; **gynhyf** 141; *un. 2* **genhyt** 35, 124; **na chenyt**
93; *un. 3 g.* **ganthaw** 129; **gantaw** 173, 200; *un. 3 b.* **genthi** 88; **genti** 45, 301;
llu. 1 **genhym** 243; *llu. 2* **genhwch** 243, 371; **gennwch** 367, 368; *llu. 3*
ganthunt 14, 19, 113; **gantunt** 299, 438; **gantu** 374 (gw. hefyd **y gan**)

ganedigaeth *enw* 'genedigaeth' 378

garwhau *b.e* 'ysgwyd' 216

gauael *enw* 'gafael' 338

geir *enw* 'gair' 273

geni *b.e* 'geni'; *gorff. amhers.* **ganet** 194, 436; *dib. pres. amhers.* **ganer** 152

genni *b.e* 'cael (ei) gynnwys (yn); bod lle i' 351; *gorff. un. 3* **(g)enghis** (LlCH
(g)eigwys; P6 **(g)ennis**) 293; *gorb. un. 3* **(g)angassei** (LlCH **(g)eyngassei**) 52;
dib. pres. un. 3 **ganho** (LlCH **geingho**; P6 **ganno**) 294; *dib. amherff. un. 3*
ganhei (LlCH **geinghei**) 298

geuel *enw* 'gefel' 165

gilyd *rhag.* 'gilydd' 413; **gilid** 439

glan *enw* 'glan' 239, 269, 380

glo *enw* 'golosg' 165, 168

godiwes *b.e* 'dal'; *gorff. un. 3* **godiwawd** (LlCH **gordiwedawd**) 82

godwrw *enw* 'twrw mawr' 343

gof *enw* 'gof' 164

gogof *enw* 'gogof' 435

gohir *enw* 'oedi' 338

golwg *enw* 'golwg; cipolwg'; *llu.* **golygon** 'llygaid' 308

goresgyn *b.e* 'goresgyn' 384; *gorff. un. 3* **goreskynwys** 236

goreu (gw. **da**)

gorfowys *enw* 'gorffwys' 376, 426

gormes *enw* 'gormes; ymosodiad' 430

gorssed *enw* 'bryncyn' 144

goruot *enw* 'buddugoliaeth' 358, 359

gorwed *b.e* 'gorwedd' 274

gorwyllt *ans.* 'gwyllt iawn' 308

gossot *b.e* 'gosod' 169

gossot *enw* 'pentwr' 165

gossymdeithaw *b.e* 'cynnal; darparu ar gyfer' 154; *gorch. un. 2* **gossymdeitha**
283

gouudyaw *b.e* 'blino; poeni; peri gofid i' 158

gouut *enw* 'gofid; trallod' 409

gouyn *b.e* 'gofyn' 60, 80, 313; *gorff. llu. 3* **gouynyssant** 82; *gorch. llu. 2*
gouynnwch 250

grayssaw *enw* 'croeso' 28

grym *enw* 'defnydd' 70

guae ebych. 'gwae' 353, 377

gwaelawt *enw* 'gwaelod' 265

gwaeth (gw. **drwc**)

gwahard *enw* 'gwaharddiad' 206

gwanu *b.e* 'taflu'; *gorff. un. 3* **gwant** 338

guan y dan *b.e* 'rhuthro at; ymosod ar' 66

guanas *enw* 'bachyn; hoelen' 304, 306

gwaradwyd / guaradwyd *enw* 'gwaradwydd; cywilydd; sarhad' 84, 90, 92

gwaradwydaw *b.e* 'cywilyddio; sarhau' 73, 75, 89

guarauun *b.e* 'gwarafun; gwrthwynebu'; *gorff. amhers.* **guarauunwyt** 155

guare *enw* 'ystryw' 94, 314

gwaret rac *b.e* 'gwaredigaeth rhag' 354

gwas *enw* 'gwas; llanc' 8, 230, 394; *llu.* **gueisson / gweisson** 8, 58, 437

guascu *b.e* 'gwasgu' 311, 318; *gorb. un. 3* **guascassei** 318

guassanaethu *b.e* 'gwasanaethu' 166

gwastat *ans.* 'gwastad; cyson; esmwyth' 121

gwchwyaw [?] *b.e* 'gochel rhag; gwylio'; *gorch. llu. 2* **gwchuiwch** 345

gwedu *b.e* 'bod yn weddus'; *amherff. un. 3* **gwedei** 6

guedus *ans.* 'gweddus; addas, hardd' 20

gwedy *ardd.* 'wedi' 18, 163 (gw. hefyd **wedy**);

gwedy hynny *adf.* 'wedyn' 88, 235

gwedy *cys.* 'ar ôl; wedi' 203

guefl *enw* 'gwefus'; *llu.* **guefleu** 67

gweilgi *enw* 'môr' 4, 234, 236

gwelet / guelet *b.e* 'gweld' 18, 190, 389; *pres. un. 1* **gwelaf** 15; *pres. un. 2* **gwely** 77; *amherff. un. 1* **gwelwn** 145; *amherff. un. 3* **gwelei / guelei** 330, 377, 391; *amherff. llu. 3* **gwelem** 246; *amherff. llu. 2* **gwelewch** 245; *amherff. llu. 3* **gwelynt / guelynt** 12, 23, 406; *amherff. amhers.* **gwelit** 256; *gorff. un. 3* **gwelas** 180, 339, 351; *gorff. llu. 1* **gwelsom** 244; **gwelsam** 244; *gorff. llu. 3* **gwelsant** 54, 182, 240; *gorff. amhers.* **gwelat** 254; *gorb. llu. 3* **gwelsynt** 19, 409; *gorch. un. 2* **gweldy** 407

gwell (gw. **da**; gw. hefyd **kyuarch** a **henpych**)

gwenn (gw. **gwynn**)

guenwynwaew 'gwaywffon wenwynig' 360

gwernen *enw* 'gwernen; hwylbren'; *llu.* **gwernenni** (LlCH **gwernenneu**) 254

gwir *enw* 'gwirionedd' 420

gwiscaw *b.e* 'gwisgo; arfwisgo' 16, 390; *gorff. un. 3* **gwiscawd** 18

gwlat *enw* 'gwlad' 137, 157, 160; 'rhanbarth' 221, 447

gwled *enw* 'gwledd' 48, 118, 184

gwledychu *b.e* 'llywodraethu' 439

gwneuthur *b.e* 'gwneud' 44, 69, 74; *pres. un. 1* **gwnaf** 108, 336; *pres. llu. 3* **gwnant** 62; *amherff. un. 3* **gwnai** 314; *amherff. amhers.* **gwneit** 90. 161; *gorff. un. 3* **gwnaeth** 61, 78, 105; *gorff. llu. 3* **gwnaethant** 53, 58, 64; **gwnaethont** 25; **gorugant** 56; *gorff. amhers.* **gwnaethpwyt** 74, 106, 140; *gorb. amhers.*

gwnaethoedit 199; *dib. pres. un. 2* **gwnelych** 77; *dib. amherff. llu. 3* **gwnelynt** 113; *dib. amherff. amhers.* **gwnelit** 90; *gorch. un. 2* **gwna** 294

gwr *enw* 'gŵr' 59, 105, 123; *llu.* **gwyr / guyr** 16, 17, 24

gwr mawr *enw* 'bonheddwr' 188

gwr nessaf *enw* 'perthynas'; *llu.* **gwyr nessaf** 199/200

gwrda *enw* 'uchelwr'; *llu.* **guyrda** 5, 158

gwrhau *b.e* 'talu gwrogaeth'; *gorch. un. 2* **gwra** 296

gwrandaw *b.e* 'gwrando'; *amherff. un. 3* **gwarandawei** 291; *gorff. un. 3* **guerendewis** 111

gwreic *enw* 'gwraig' 139, 147, 148; *llu.* **gwraged** 383, 434, 435

gwreicda *enw* 'boneddiges' 189; *llu.* **gwragedda** 158

gwres *enw* 'gwres' 173

gwrthot *b.e* 'gwrthod' 113

gwybot *b.e* 'gwybod' 208, 420; *pres. un. 1* **gwn[n]** 137, 142, 143; *pres. un. 2* **gwdost** 141, 270; *pres. un. 3* **gwyr** 250; *amherff. un. 3* **gwydat** 390; *gorff. llu. 3* **gwybuant** 412; *gorff. amhers.* **gwybuwyt** 167; *dib. pres. un. 3* **gwypo** 249; *dib. amherff. un. 1* **gwypwn** 84

gwyd (gw. **yngwyd**)

gwydwic *enw* 'pentwr o gelanedd' 353

gwynn *ans.* 'gwyn'; *b.* **gwenn** 'gwyn gan dân' 140, 172

gwynnyas *ans.* 'gwyn gan dân' 140 (LlCH)

gwynt *enw* 'gwynt' 14

gwys *enw* 'gwys' 221

gwysc *enw.* 'trywydd' 339; (gw. hefyd **wysc ei ben**)

gyr llaw *ardd.* 'gerllaw' 246

gyrru *b.e* 'gyrru' 202

gyt a(c) *ardd.* 'gyda(g)' 51, 154, 210; (gw. hefyd **y gyt a(c)**)

gyt ac y *cys.* 'cyn gynted ag y' 276; (gw. hefyd **y gyt ac y**)

haearn *enw* 'haearn' 163, 172; **hayarn** 140

haedu ar *b.e* 'cyrraedd; digwydd i'; *amherff. un. 3* **haedei ar** 278

hanuot *b.e* 'bod'; *dib. pres. un. 2* **henpych guell** 'cyfarchion' 242

hawd *ans.* 'hawdd' 107

heb *berf ddiffygiol* 'ebe; meddai' 28, 29, 32; **heb y** 15, 31, 33; **heb yr** 332

heb *ardd.* 'heb' 65, 80, 200

hediw *adf.* 'heddiw' 128

hela *b.e* 'hela' 143

heno *adf.* 'heno' 124

henpych guell (gw. **hanuot**)

herwyd *ardd.* 'oherwydd' 162

heuyt *adf.* 'hefyd' 126, 146

hi *rhag. un. 3 b.* 'hi' 189, 191, 210; *ffurf gysylltiol* **hitheu** 'hithau' 210, 212, 271

hir *ans.* 'hir' 366; *gr. gymh.* **hwy** 183

holl *rhag.* 'holl; i gyd' 261, 262

hollwyr *enw* 'y gwŷr i gyd' 315

hon(n) *ans. dang. b.* 'hon' 1, 44, 87
hon(n) *rhag. dang. b.* 'hon' 418, 445
honno *ans. dang. b.* 'honno' 40, 55, 181
honno *rhag. dang. b.* 'honno' 43, 65, 90
hut *enw* 'hud' 390
hun *enw* 'cwsg' 54
hun *rhag. atblyg.* 'hun; hunan' 104, 109, 156
hwn(n) *ans. dang. g.* 'hwn' 309, 321, 432
hwn(n) *rhag. dang. g.* 'hwn' 407
hwnnw *ans. dang. g.* 'hwnnw' 38, 92, 94
hwnnw *rhag. dang. g.* hwnnw' 9, 137, 138
hwy *rhag. llu. 3* 'hwy' 171 (gw. hefyd **wy**)
hwy (gw. **hir**)
hwyl *enw* 'llewyrch; cynnydd; ffyniant; llwyddiant'; **dwyn hwyl** 'ffynnu; llwyddo' 192
hwylbren *enw* 'hwylbren; trawslath; hwyl-lath'; *llu.* **hwylbrenni** 255
hwylyaw *b.e* 'hwylio'; *gorff. llu. 3* **hwylyssant** 233
hy *ans.* 'hy; glew' 16
hyt *enw* 'hyd' 427
hyt *ardd.* 'hyt at' 58, 364; **hyt yn** 'hyd at' 48, 187, 428; (gw. hefyd **ar hyt**)
hyt at *ardd.* 'hyd at'; *un. 3 g.* **hyt attaw** 221
hyt ban *cys.* 'hyd nes' 285, 311, 437
hyt na(t) *cys. neg.* 'fel na' 70, 72, 201
hynn *ans. dang. llu.* 'hyn' 29, 62, 64
hynn *rhag. dang. dir.* 'hyn' 285, 354
hynny *ans. dang. llu.* 'hynny' 8, 46, 82
hynny *rhag. dang. llu.* 'y rheiny' 6, 186, 222
hynny *rhag. dang. dir.* 'hynny' 38, 74, 81 (gw. hefyd **ar hynny, yn hynny, ymysc hynny**)
hyspys *ans.* 'hysbys; amlwg'; *gr. gyf.* **hyspysset** 422
hyuryd *ans.* 'hyfryd'; *gr. gymh.* **hyurydach** 412

i rhag *un. 1* 'i; fi' 65, 66, 95; *ffurf gysylltiol* **inheu** 'innau' 106, 153, 160
iach *ans.* 'iach; cyflawn' 102
iawn *enw* 'iawndal; boddhad' 114, 123, 124
ie *geir. cad.* 'ie' 37, 73, 94
ieith *enw* 'iaith' 211
ieuanc / ieuang *ans.* 'ieuanc' 230, 394

lau heb lau *adf.* 'yn ddiwahân; blith draphlith ' 439
llad 'lladd' 107, 388, 391; *amherff. un. 3* **lladei** 390; *gorff. un. 3* **lladawd** 320; *dib. pres. amhers.* **llader** 128; 'torri' 69; 'torri ymaith' 363: *gorff. amhers.* **llas** 373
llall *rhag.* 'llall' 10
llathen *enw* 'gwïalen; ffon' 103
llaw *enw* 'llaw' 313, 341, 342 (gw. hefyd **gyr llaw**)

llawen *ans.* 'llawen' 39, 334, 335; **bot yn llawen wrth** 'croesawu' 39

llawn *ans.* 'llawn' 153, 349

llawr *enw* 'llawr' 171

lle *enw* 'lle' 27, 96, 178; **yn y lle** *adf.* 'ar unwaith' 42; (gw. hefyd **yn lle**)

llei (gw. **bychan**)

llen *enw* 'llen; clogyn; mantell' 390

lles *enw* 'lles; budd'; *ans. gr. gymh.* **llessach** 'llesach; mwy buddiol' 182

llestyr *enw* 'llestr; llong' 266

llety *enw* 'llety' 60

llidyawc *ans.* 'llidiog; dig' 259; *gr. eith.* **llidyawcaf** 9

lliwaw i *b.e* 'edliw i; cwyno wrth' 200

llong *enw* 'llong' 12, 23, 186; *llu.* **llongeu** 15, 19, 22

llonyd *enw* 'llonydd; tawelwch' 201

llu *enw* 'llu' 9, 295, 307; *llu.* **lluoed** 275

llun *enw* 'ffurf' 108

lluossauc *ans.* 'niferus' 179

llwyr *ans.* 'llwyr' 221

llygat *enw* 'llygad' 259

llygru *b.e* 'difetha; dinistrio' 72, 301; *gorff. amhers.* **llygrwyt** 102

llynghes *enw* 'llynges' 268

llyma *ebych.* 'dyma' 197, 276, 382

llyn(n) *enw* 'llyn' 144, 145, 247

llyn(n) *enw* 'diod' 166, 397

llyna *ebych.* 'dyna' 149, 245, 343

llys *enw* 'llys' 3, 16, 40

llythyr *enw* 'llythyr' 212, 216, 217

llyueryd *enw* 'gallu siarad' 129

llywenyt *enw* 'llawenydd' 121, 130; 'croeso' 188

'm *rhag. mewn gen. un. 1* ''m' 106, 175, 253

mab *enw* 'mab' 151, 194, 195; **uab** (h.y. yn rhan o enw priod) 1, 4, 7; *llu.* **meibon** 7; *gyda rhif.* **meib** 436

mabinyogi *enw* 'chwedl; cyfarwyddyd' 444

maen sugyn *enw* 'magned'; *llu.* **mein sugyn** 265

maeth *enw* 'maeth'; **brodyr maeth** 'brodyr maeth' 199; **ar uaeth** 'ar faeth; i'w feithrin' 195

magu *b.e* 'magu'; *gorff. llu. 3* **magyssant** 437

mal y(d) *cys.* 'fel y' 6

mam *enw* 'mam' 5, 7, 106

man(n) *enw* 'man; lle' 180

march *enw* 'march; ceffyl' 102; *llu.* **meirch** 60, 61, 125; **meirych** 57, 61, 64

marchawc *enw* 'marchog' 225

matcud *enw* 'cuddiad ffodus' 429

mawr *ans.* 'mawr' 40, 145, 146; *gr. gyf.* **kymeint** 142; *gr. gymh.* **mwy** 66, 93, 114; *gr. eithaf* **mwy(h)af** 10, 343

medei *berf ddifygiol* 'meddai' 314

medu *b.e* 'meddu ar; perchen ar'; *amherff. un. 3* **medei** 91

medwi *b.e* 'meddwi' 167

medwl *enw* 'meddwl' 335, 352; 'bwriad' 17

medylyaw *b.e* 'meddwl; bwriadu' 122; *gorff. llu. 3* **medylyssant** 113, 437

megin *enw* 'megin' 169; *llu.* **megineu** 169, 170

meich[i]at *enw* 'ceidwad moch'; *llu.* **meicheit** 239

meint *enw* 'maint' 358

meithryn *b.e* 'meithrin' 210, 217

melyngoch *ans.* 'melyngoch' 145

menegi *b.e* 'mynegi; adrodd' 97, 211, 278; *pres. un. 1* **managaf** 143; *gorff. llu. 3* **managyssant** 110; *gorch. llu. 2* **menegwch** 102, 105

merch *enw* 'merch' 87; **uerch** (h.y. yn rhan o enw priod) 7, 35, 50

meuyl *enw* 'gwarth; cywilydd' 354, 419

mi *rhag. un. 1* 'mi; fi' 15, 86, 94; *ffurf gysylltiol* **minheu** 'minnau' 38, 65, 177 (gw. hefyd **ui**)

mis *enw* 'mis' 151, 152, 156 (ar sail LlCH)

mochyn *enw* 'mochyn'; *llu.* **moch** 240

modrwy *enw* 'modrwy' 190

mor *enw* 'môr' 58, 254, 430

morbennyd *enw* 'pentir; arfordir; glannau' 262

morwyn *enw* 'morwyn; gwyryf' 44, 64, 75

mwrthwl *enw* 'morthwyl' 165

mwy (gw. **mawr**)

mwyaf / mwyhaf (gw. **mawr**)

mwynyant *enw* 'defnydd; lles' 72

mynet *b.e* 'mynd' 17, 83, 98; *pres. un. 1* **af** 38; *amherff. llu. 3* **eynt** 161; *gorff. un. 3* **aeth** 38, 80, 81; *gorff. llu. 3* **aethant** 55, 110, 183; *gorff. amhers.* **aethpwyt** 418; *dib. pres. un. 3* **el** 206; *gorch. un. 3* **aet** 334; *gorch llu. 2* **ewch** 101

mynnu *b.e* 'mynnu; dymuno' 34; *pres. un. 3* **myn(n)** 31, 32, 35; *pres. amhers.* **mynhir** 74; *amherff. un. 3* **mynhei** 31, 392; *amherff. llu. 3* **mynhynt** 75; *dib. pres. un. 2* **mynnych** 282; *dib. pres. un. 3* **mynho** 109

mynnu *enw* 'dymuniad; ewyllys' 125

mynyd *enw* 'mynydd' 246, 247, 248

na *geir. neg.* 'na' 19, 128, 137; **nat** 'nad' 70, 72, 89

na *geir gorch. neg.* 'na' 207

na *geir. neg. mewn atebion* 'na' 32; **nac** 'nac' 384

na *cys.* 'na(c)' 91, 188, 338; **nac** 'nac' 413

na ... na ... *cys.* 'na ... na' 107, 266; **nac ... nac ...** 'nac ... nac ...' 410

nachaf *ebych.* 'wele' 22, 59, 120

namyn *cys.* 'ond' 51, 77, 174

neb *rhag.* 'unrhyw un; neb' 85, 91, 174; 'y sawl' 91; 'rhywun' 180

neges *enw* 'neges; busnes' 33

negessawl *ans.* 'ar neges; ar fusnes' 32

nei *enw* 'nai' 280

neill *rhag.* 'naill; un o ddau' 8, 341

neillparth *adf.* 'un ochr' 50, 295, 325

neit *enw* 'naid' 340 (gw. hefyd **bwrw neit**)

nessaf (gw. **gwr nessaf**)

nessau *b.e* 'nesáu' 14, 26; *gorff. un. 3* **nessawys** 24; *gorff. llu. 3* **nessayssant** 18

neuad *enw* 'neuadd' 405 (gw. hefyd **yneuad**)

ni *rhag. llu. 1* 'ni' 112, 150, 233; *ffurf gysylltiol* **ninheu** 'ninnau' 38, 286, 287

niuer *enw* 'llu; gosgordd' 47, 56; *llu.* **niueroed** 324 (gw. hefyd **yniuer**)

no *cys.* 'na' 23, 54, 85; **noc** 'nac; nag' 20, 148, 183

noe *enw* 'dysgl dylino' 210

nos *enw* 'nos' 40, 55, 124

ni *geir. neg.* 'ni' 95, 137, 293; **ny** 52, 66, 84

ni *geir. perth. neg.* 'na' 189; **ny** 244, 297, 408

nit *geir. neg.* 'nid' 123, 161, 209; **nyt** 51, 77, 91

nys 'nis'; *sef* **ny** + *rhag. mewn. gwrth. un. 3 g.* 'nis' 99

o *ardd.* 'o' 2, 13, 19; *un. 3 g.* **ohonaw** 273, 274, 388; *un. 3 b.* **oheni** 376; *llu. 3* **ohonunt** 73, 306, 315

o achaws *ardd.* 'o achos' 225/6, 240, 416; **o'r achaws hwnnw** 'o achos hynny' 130/1; *un. 1* **o'm achaws** 378; 'ynghylch' 444, 446

o anuod *ardd.* 'o anfodd; yn erbyn ewyllys'; *un. 1* **o'm anuod** 106; *llu. 3* **oc eu hanuod** 162

o uod *ardd.* 'o fodd; yn wirfoddol' 91; *llu. 3 g.* **o'e uod** 278; *llu. 3* **o'y bod** 161

o'r a *ardd. + rhag. + perth.* 'o'r rheiny a; o'r sawl a' 102, 164, 330

och *ebych.* 'och; gwae' 255

odyna *adf.* 'oddi yna' 132, 174

odyno *adf.* 'oddi yno' 45, 141

oed *enw* 'oed; penodiad; amser' 44

ol (gw. **yn ol**; **ar ol**)

oll *rhag.* 'oll; i gyd' 163, 248, 301

ony *cys. neg.* 'oni; os na' 141, 201, 284;

onys *cys. neg. + rhag. mewn. gwrth. g.* 'onis' 250

onyt *cys. neg.* 'onid; os nad' 33, 420; 'ac eithrio; heblaw am' 384

orwyllt (gw. **gorwyllt**)

ot *cys.* 'os' 147

oy *ebych.* 'o; wir' 352, 377

o'y *ardd. + rhag. mewn. un. gen. 3 g.* 'i'w; er ei' 294; **o'y anryded ef** 'er anrhydedd iddo' 294 (gw. hefyd **y**)

pa *ans. gof.* 'pa' 17, 82, 105 (gw. hefyd **by**); 'beth' 386

pa delw *adf. gof.* 'pa ffordd; sut' 177

paham *adf. gof.* 'paham' 81, 332

pali *enw* 'sidanwe' 21

pall *enw* 'pabell'; *llu.* **palleu** 51, 116

paluawt *enw* 'ergyd â chledr llaw' 445, 447

pan *cys.* 'pan' 54, 140, 167 (gw. hefyd **ban**)

pan *adf. gof.* 'o ble' 136

pan yw *cys.* 'mai; taw' 105

par (gw. **peri**)

parawt *ans.* 'parod' 163,

parhau *b.e* 'parhau'; *gorff. un. 3* **parhawd** 131

parth *enw* 'ochr; tu' rhan' 50, 248, 258

parth a(c) *ardd.* 'tua(g)' 13, 16, 26

pawb *rhag.* 'pawb' 56, 314, 330

pebyll *enw* 'pabell'; *llu.* **pebylleu** 116

pedwar *rhif. g.* 'pedwar' 357

pedeir dec/deg *rhif.* + *enw* 'pedair ... ar ddeg; **pedeir deg [g]wlad** 'pedwar rhanbarth ar ddeg' 221, 446/7 (gw. **gwlat**)

pedwar ugeint *rhif.* 'pedwar ugain; wyth deg' 369, 411, 416

pedwyryd *trefn.* 'pedwerydd' 156

pei ys *cys.* + *rhag. mewn. 3 g.* 'pes; pe ... hynny' 84

peir *enw* 'pair; crochan' 127, 128, 136

pell *ans.* 'pell' 400

penn *enw* 'pen' 311, 318, 319; *llu.* **penneu** 68, 318; 'diwedd' 152, 156; 'pennaeth' 272 (gw. hefyd **ar benn**, **ym penn** ac **am benn**)

pennaf / penhaf *ans.* 'pennaf; prif' 232; 'pennaeth' 29, 224; *adf.* **yn benhaf oll** 'yn bennaf oll; yn anad dim' 425

perchen *enw* 'perchennog' 164

perued *enw* 'canol' 171

peri *b.e* 'peri; achosi; trefnu' 156, 165, 166; *amherff. un. 3* **parei** 8, 10; *gorff. un. 3* **peris** 220, 363; *gorch. un. 2* **par** 205

pethewnos *enw* 'pythefnos' 151, 152

petrual *ans.* 'sgwâr' 379

pieu / bieu *berf ddiffygiol* 'biau' 30; *mewn cwestiwn* **pieu** 'pwy biau?' 28; *amherff. un. 3 mewn cwestiwn* **pioed** 'pwy oedd biau?' 61

plentyn *enw* 'plentyn'; *llu.* **plant** 167

pleit *enw* 'wal; mur' 172, 173

plufen *enw* 'pluen'; *llu.* **pluf** 216

pob *rhag.* 'pob' 58, 102, 169; **pop** 248, 258, 260

pobi *b.e* 'pobi' 203

poen *enw* 'cosb; penyd' 205, 219, 222; *llu.* **poeneu** 212

poeth *ans.* 'llosg; ar dân' 339

pont *enw* 'pont' 265, 267, 270

post *enw* 'postyn; pilar'; *llu.* **pyst** 309

praf *ans.* 'cadarn; cryf' 303

prenn *enw* 'pren; coeden' 245

prif *ans.* 'prif' 43, 87

prynhawngueith *adf.* 'un prynhawn' 2

pump *rhif.* 'pump' 434, 435; **pymp** 440, 441

purwen *ans.* 'purwyn; tanboeth; gwynias' 170

pwy *rhag. gof.* 'pwy' 29, 137, 390

'r *geir. perffeithiol* 85 (gw. hefyd **ry** ac **yr**)

rac *ardd.* 'rhag (ofn)' 208, 301; 'oherwydd' 172; 'o flaen' 22, 323; *llu. 2* **racoch** 'yn eich blaen' 372; *llu. 3* **racdu** 'yn eu blaen' 289 (gw. hefyd **gwaret rac**)

racco *adf.* 'acw' 15, 407

raculaenu *b.e* 'mynd o flaen, mynd heibio' 22

rann *enw* 'rhan; rhanbarth; talaith' 441

rannu *b.e* 'rhannu; lletya' 58, 178, 440

rannyat *enw* 'llety' 57; **ranyat** 'rhaniad' 440

rawn *enw* 'blew garw (cynffon ceffyl)' 68

rei *rhag.* 'rhai' 22, 62, 64

reit *enw* 'rhaid' 161

reuedawt *enw* 'rhyfeddod' 85

rieni *enw llu.* 'rhieni' 43, 87

rith *enw* 'llun; ffurf' 356

rodi *b.e* 'rhoi' 43, 65, 75; *pres. un. 1* **rodaf** 127; *amherff. un. 3* **rodei** 189; *gorff. un. 2* **rodeist** 136; *gorff. un. 3* **roes** (LlCH **rodes**) 177; *gorff. llu. 3* **rodyssant** 76; *dib. pres. un. 3* **rodo** 28, 242; *gorch. un. 2* **doro** (LlCH **dyro**) 296

rugyl *ans.* 'rhwydd' 14

rwng *ardd.* 'rhwng' 341 (gw. hefyd **y rwng**)

rwymaw *b.e* 'rhwymo; clymu'; *gorff. amhers.* **rwymwyt** 213

ry *geir. perffeithiol* 86, 244 (gw. hefyd **'r** ac **yr**)

ry gyueryw (gw. **kyuaruot**)

ryued *ans.* 'rhyfedd' 89, 244

ryw *enw* 'math' 33, 105, 211

sarahet / sarhaet *enw* 'sarhad' 201; *llu.* **sarahedeu** 157

sef *rhag.* 'sef; dyna; dyma' 9, 42, 81; **sef ual** 48, 71

seith *rhif.* 'saith' 225, 230, 366

seithuet *trefn.* 'seithfed' 403

seith ugeint *rhif.* 'saith ugain; cant a deugain' 221, 447

seithwyr *rhif. + enw* 'saith gŵr' 223, 226, 359

somm *enw* 'ystryw; twyll; sarhad' 198

sugyn (gw. **maen sugyn**)

swch *enw* 'pig tarian' 23

swydwr *enw* 'swyddog'; *llu.* **swydwyr** 57

synyaw *b.e* 'edrych ar ôl' 231

tal *enw* 'taliad' 133

tal *enw* 'ochr' 210

talu *b.e* 'talu' 125; *gorff. amhers.* **talwyt** 131, 132; *dib. pres. un. 3* **talo** 126

tan *enw* 'tân' 168, 340, 348

tangneued *enw* 'tangnefedd; heddwch' 9, 24, 303

tangouedu *b.e* 'creu heddwch'; *pres. un. 3* **tangnoueda** 298

tangneuedus *ans.* 'tangnefeddus; heddychlon' 115

taraw *b.e* 'taro' 173, 204

taryan / tarean *enw* 'tarian' 23, 24, 342

tebyg *ans.* 'tebyg; tebygol'; *gr. gymh.* **tebygach** 113

tebygu *b.e* 'tebygu; meddwl' 175; *pres. un. 1* **tebygaf** 94; *pres. un. 2* **tybygy** 251

tec / teg *ans.* 'teg; hardd' 20, 404; *gr. eithaf* **teccaf** 44

teimlaw *b.e* 'teimlo; cyffwrdd â' 311, 317

teir *rhif. b.* 'tair' 209

teir ar dec *rhif b.* 'tair ar ddeg' 12, 186

telediw *ans.* 'hardd; addas; teilwng' 192

telediwaw *b.e* 'ychwanegu at; cynyddu'; *pres. un. 1* **telediwaf** 126

teruynu *b.e* 'terfynu; gorffen'; *pres. un. 3* **teruyna** 444

teyrndlws *enw* 'tlws brenhinol' 190

ti *rhag.un. 2* 'ti' 32, 35, 77; *ffurf ddwbl* **tidy** 34; *ffurf gysylltiol* **titheu** 295 (gw. hefyd **di**)

tir *enw* 'tir' 16, 26, 37

tiryon *ans.* 'tirion; cyfeillgar; cwrtais' 331

torllwyth *enw* 'beichiogrwydd' 152

torri *b.e* 'torri' 67, 264, 379; *pres. un. 3* **tyrr** 357; *gorff. un. 3* **torres** 393; *gorff. llu. 3* **torryssant** 267

tra *cys.* 'tra' 131, 181, 430

trachefyn *adf.* 'eto' 207

trannoeth / tranoeth *adf.* 'trannoeth' 42, 350

traws (gw. **ar traws**)

tremic *enw* 'sarhad' 66, 94

tremynt *enw* 'golwg; golygfa' 240, 400

treulaw *b.e* 'treulio' 193; *gorff. llu. 3* **treulyssant** 184, 411

trig[y]aw *b.e* 'aros; byw'; *gorff. un. 3* **trigwys** 230

trin *enw* 'brwydr' 322

trist *ans.* 'trist' 120

troet *enw* 'troed' 360; *llu.* **traet** 337

troi *b.e* 'troi; cerdded o gwmpas; bod yn brysur gyda' 240

trwyn *enw* 'trwyn' 260

tryded *trefn. b.* 'un o dair' 43, 87, 445

trydyd *trefn. g.* 'trydydd' 392, 406; 'un o dri' 429

tu ar *ardd.* 'tuag at; yn wynebu' 370

ty *enw* 'tŷ' 51, 52, 140

tylwyth *enw* 'teulu' 336

teyrnas *enw* 'teyrnas'; *llu.* **tyrnassoed** 236

tywyssawg *enw* 'arweinydd; arglwydd'; *llu.* **tywyssogyon** 224

'th *rhag. mewn gen. un. 1* ''th' 137, 281, 295

uch penn *ardd.* 'uwchben' 4, 144, 400; *llu. 3* **uch eu penn** 27

uchel *ans.* 'uchel' 27; *gr. gyf.* **kyuuch** 165; *gr. gymh.* **uch** 23
ucheneit *enw* 'ochenaid' 379
uchot *adf.* 'uchod; uwchben' 60
ue (gw. **uy**)
un *rhif.* 'un' 22, 72, 73
un *ans.* 'cyffelyb; un' 5, 6, 106
unben *enw* 'arglwydd' 122
urdaul *ans.* 'urddasol' 417

wedy *ardd.* 'wedi' 169 (gw. hefyd **gwedy**)
wei (gw. **bot**)
weithon *adf.* 'nawr' 206
wrth *ardd.* 'wrth' 67, 68, 69; 'yn ôl' 125; *un. 2* **wrthyt** 32; *un. 3 g.* **wrthaw** 39; *llu.*
   2 **wrthywch** 28; *llu. 3* **wrthunt** 188 (gw. hefyd **y wrth**)
wrth hynny *adf.* 'gan hynny' 133 (gw. hefyd **y wrth hynny**)
wy *rhag. llu. 3* 'hwy' 20, 29, 62; **wynt** 12, 30, 32; *ffurf ddwbl* **wyntwy** 153; *ffurf*
   gysylltiol **wynteu** 25, 27, 161; **wynte** 415 (gw. hefyd **hwy**)
wyneb *enw* 'wyneb' 105, 365
wynepwerth *enw* 'iawndal yn ôl statws cymdeithasol; gwerth urddas' 103
wysc y benn *adf.* 'wysg ei ben' 339; (gw. hefyd **gwysc**)
wythuet *trefn.* 'wythfed' 374

y *ban.* 'y; yr' 4, 9, 10; **yr** 1, 17, 33; **e** 26, 71, 79; **'r** 8, 16, 22
y *geir. cad.* 'y; yr' 23, 24, 45; **yd** 2, 172, 275; **e** 160
y *geir. traeth. o flaen ans.* 'yn' 163, 406
y *geir. traeth. o flaen bfn.* 'yn' 367, 382
y *geir. traeth. o flaen enw* 'yn' 224.
y *geir. perth.* 'y; yr' 35, 55, 64; **yd** 3, 27, 51
y *geir. perth. + rhag. mewn. gwrth. un. 3. g.* 'y'i' 294, 298
y *geir. perth. + rhag. mewn. gwrth. un. 3. b.* 'y'i' 417
y *geir. cad. perth. + rhag. mewn. gwrth. llu. 3.* 'y'u' 153, 154, 155.
y *rhag. bl. un. 3. g.* 'ei' 4, 33, 72 ; **e** 40, 98, 109
y *rhag. bl. un. 3. b.* 'ei' 65, 205, 211
y *rhag. bl. llu. 3.* 'eu' 67, 400 (gw. hefyd **eu**)
'y *rhag. mewn. gen. un. 3. g.* ''i' 46, 47, 63; **'e** 7, 107, 173
'y *rhag. mewn. gen. un. 3. b.* ''i' 167, 173, 202
'y *rhag. mewn. gen. llu. 3.* ''u' 161
'y *rhag. mewn. gwrth. un. 3. g.* ''i' 82; **'e** 143, 330
'y *rhag. mewn. gwrth. llu. 3.* ''u'; **'e** 26, 111, 390
y *ardd.* 'i' 7, 17, 18; **e** 189, 420; *un. 1* **im** 136, 149, 155; **ym** 76, 87, 90; **ymi** 136,
   354; *un. 2* **it** 77, 293; **yt** 92, 125, 126; **yti** 136, 143; *un. 3 g.* **idaw** 3, 50, 80; **ydaw**
   105, 133, 190; *un. 3 b.* **idi** 151, 193, 194; *llu. 2* **ywch** 28, 242, 367; *llu. 3* **udunt**
   54, 67, 116
y *ardd. + rhag. mewn. un. gen. 3 g.* 'i'w' 260 (gw. hefyd **o'y** ac **y'u**)
y *ardd.* 'trwy' 234, 257 (gw. **y ueis**)

y am *ardd.* 'heblaw am' 5

y gan *ardd.* 'oddi wrth' 136, 277, 329; **e gan** 330; *un. 1* **y genhyf** 286; *llu. 1* **y genhym** 291

y gyt *adf.* 'yghyd' 135

y gyt a(c) *ardd.* 'ynghyd â; gyda' 4, 139, 268; (gw. hefyd **gyt a(c)**)

y gyt ac y *cys.* 'cyn gynted ag y' 397; (gw. hefyd **gyt ac y**)

y gyt a hynny *adf.* 'at hynny; yn ogystal â hynny' 103

y may *cys.* 'mai' 106

y rw(n)g *ardd.* 'rhwng' 10, 40, 346; *un. 2* **y rot** 264; *llu. 3* **y rydunt** (LlCH **ryngtunt**) 326/7, 440

y ueis *adf.* 'trwy rydio' 234, 257

y uynyd *adf.* 'i fyny' 24, 337

y wayret *adf.* 'i lawr' 18

y wrth *ardd.* 'o gymharu â; wrth ochr'; *un 3 b.* **i wrthi** 400

y wrth hynny *adf.* 'ynghylch hynny' 142, 249/50 (gw. hefyd **wrth hynny**)

y ymdeith *adf.* 'i ffwrdd'; **e ymdeith** 83, 191

ych *rhag. bl. llu. 2* 'eich' 285, 292

ychwanegu *b.e* 'ychwanegu' 125

yt *geir. perth.* (gw. **y**)

yuelly *adf.* 'felly' 12, 64, 69

yuet *b.e* 'yfed' 398

ynghylch *ardd.* 'o gwmpas' 6; **yg kylch** 169, 240; *llu. 3.* **yn eu kylch** 141

yll *rhag. llu.* 'ill' 440

ym penn *ardd.* 'ymhen' 151, 403; 'i nôl' 345

yma *adf.* 'yma' 62, 84, 138

ymadaw a *b.e* 'ymadael â; gadael'; *gorff. un. 3* **ymedewis a** 319

ymadrawd *enw* 'sgwrs' 111

ymanodi *b.e* 'suddo; ymdreiddio' 312

ymaruar *b.e* 'trafod' 57

ymchwelyd / ymchoelut *b.e* 'dychwelyd'; *gorff. un. 3* **ymchwelwys** 96 (LlCH *gorff. llu. 3* **ymchoelassant**)

ymdeith (gw. **y ymdeith**)

ymdidan *enw* 'ymddiddan; sgwrs' 25, 120, 181; *b.e* 'sgwrsio' 54, 119

ymdidanwr *enw* 'ymddiddanwr; siaradwr' 124

ymdiwallu *b.e* 'bodloni hunan' 397

ymduryaw *b.e* 'ymdreiddio; twnelu ffordd; tyrchu' 355

ymedyryaw (gw. **ymduryaw**)

ymystynnu *b.e* 'ymestyn' 356

ymgaru *b.e* 'caru ei gilydd'; *amherff. llu. 3* **ymgerynt** 11

ymglywed *b.e* 'clywed ei gilydd'; *amherff. llu. 3* **ymglywynt** 25

ymgyuathrachu a *b.e* 'ymuno drwy briodas â' 34

ymgyuot *b.e* 'codi' 342

ymlad *b.e* 'ymladd' 10, 153, 261; 'y gallu i ymladd; gallu milwrol' 162

ymlaen *adf.* 'o flaen' 307

ymlith *ardd.* 'ymhlith' 355

ymodwrd *enw* 'cyffro; cythrwfl' 197

ymrwymaw *b.e* 'rhwymo ynghyd' 36

ymtiryoni a *b.e* 'dangos cariad at' 333

ymuadeu ac *b.e* 'cael gwared ar' 159

ymwaret *enw* 'gwaredigaeth; mantais' 98

ymwelet a *b.e* 'ymweld â' 108

ymysc hynny *adf.* 'yn y cyfamser' 191

ymywn *adf. / ardd.* 'mewn' 51, 52, 293

yn *rhag. bl. llu. 1.* 'ein' 287

yn *ardd.* 'yn' 2, 3, 40; **en** 434; **yg** 198, 214, 217; **ym** 58, 178, 179; **y'th** 'yn dy …' 137, 281; *un. 3. g.* **yndaw** 298; *un. 3. b.* **yndi** 257

yn *geir. traeth. o flaen enw* 'yn' 87, 103, 230 (gw. hefyd **y**)

yn *geir. traeth. o flaen ans.* 'yn' 54, 120, 129; (gw. hefyd **y**)

yn *geir. adf.* 'yn' 14, 16, 38

yn *geir. o flaen b.e* 'yn' 12, 13, 14 (gw. hefyd **y**)

yn lle *ardd.* 'yn lle' 281

yn hynny *adf.* 'yn y cyfamser' 66, 192/3, 209

yn ol *ardd.* 'ar ôl'; *un. 3 g.* **yn y ôl** 100, 101, 147; *llu. 3* **yn eu hol** 'o'u hôl; y tu ôl iddynt' 14

yn y(d) *cys.* 'lle y' 68; 'pryd y; tra' 345

yna *adf.* 'yna' 62, 118, 152

yneuad *enw* 'neuadd' 117, 405 (gw. hefyd **neuad**)

yng gwyd *ardd.* 'yng ngŵydd; o flaen'; *un. 2* **y'th wyd** 281; *un. 3 b.* **yn y gwyd** 409

yniuer *enw* 'llu; gosgordd' 28, 40, 233; *llu.* **yniueroed** 46 (gw. hefyd **niuer**)

yno *adf.* 'yno' 137, 164, 370

ynteu (gw. **ef**)

yny *cys.* 'hyd oni; nes y' 47, 133, 170

yny *cys. + rhag. mewn. gwrth. un. 3. g.* 'hyd oni … ef hwnnw' 320 (LlCH).

yny *cys. sy'n cyflwyno effaith ddramatig* 'wele; dyma .....' 338

ynys *enw* 'ynys' 1, 43, 87

yr *bannod* (gw. **y**)

yr *geir. perffeithiol* 63, 73 (gw. hefyd **'r** ac **ry**)

yr *ardd.* 'er; oherwydd' 124; 'er gwaethaf' 409

ys *cypl.* 'mae'n' 335 (gw. **bot**)

ys *ffurf lafarog ar y rhag. mewn. gwrth. un. 3.* 'ef; hynny' 84; *geir. proleptig diystyr* 284

ysbydawt/yspadawt *enw* 'gwledd; cynulliad; cwmni' 417, 446,449

yscraff *enw* 'cwch bach'; *llu.* **yscraffeu** 206

yscwyd *enw* 'ysgwydd' 173, 216, 347,

yspeit *enw* 'cyfnod' 412

yssit *berf* 'mae' 321 (gw. **bot**)

ystauell *enw* 'ystafell' 163, 164, 165

ystlys *enw* 'ochr' 256

ystryw *enw* 'ystryw; cast' 304

ystynny *b.e* 'trosglwyddo; cyflwyno' 281; *gorff. amhers.* **ystynnwyt** 327

y'u *ardd. + rhag. mewn. llu. gen. 3* 'i'w 153

ENWAU CYMERIADAU

Beli (Uab Mynogan) 7, 385
Bendigeiduran (Uab Llyr) 1, 47, 52 (*et passim*)
Branwen (Uerch Lyr) 35, 43, 50 (*et passim*); **Bronwen** 86
Caswallawn (Uab Beli) 385, 388, 390, 392
Cradawc (Uab Bran) 224, 227, 231, 386, 389
Kymidei Kymeinuoll 139
Eue(h)yd Hir 81/2, 101, 227
Efnyssyen (Uab Eurosswyd) 5, 59, 307; **Efnissyen** 332, 351
Eurosswyd 7, 331
Fodor Uab Eruyll 228
Gliuieu Eil Taran 361
Guern Uab Matholwch 195, 280
Heilyn Uab Gwyn Hen 362, 419
Idic Uab Anarawc (Walltgrwn) 81, 228
Llashar Uab Llayssar Llaesgygwyt 229
Llassar Llaes Gyfnewit 138; **Llayssar Llaesgygwyt** 229
Llyr 1, 4, 35, 49, 50, 87, 101
Manawydan (Uab Llyr) 4, 49, 100/1, 329, 330, 360, 384, 407
Matholwch 30, 43, 46 (*et passim*)
Mallolwch (Peniarth 6) 5, 6, 8, 9, 12, 19, 22
Mordwyd Tyllyon 344, 345
Nissyen (Uab Eurosswyd) 5, 10; **Nyssyen** 331
Penardun (Uerch Ueli) 7
Pendaran Dyuet 229/30, 393
Pryderi 360
Riannon 366, 448
Talyessin 361
Unic Glew Yscwyd 101, 227
Wlch Minasgwrn 228/9
Ynawc 361
Grudyeu Uab Muryel 361

ENWAU LLEOEDD

BYRFODDAU

adf.	adferf(ol)	geir.	geiryn
amherff.	amherffaith	gof.	gofynnol
amhers.	amhersonol	gorb.	gorberffaith
ans.	ansoddair	gorch.	gorchmynnol
ardd.	arddodiad	gorff.	gorffennol
arf.	arferiadol	gr. eith.	gradd eithaf
atblyg.	atblygol	gr. gyf.	gradd gyfartal
b.	benywaidd	gr. gymh.	gradd gymharol
b.e.	berfenw	llu.	lluosog
bach.	bachigol	medd.	meddiannol
bl.	blaen	mewn.	mewnol
cad.	cadarnhaol	neg.	negyddol
cyf.	cyfarchol	perff.	perffaith
cypl.	cyplad	perth.	perthynol
cys.	cysylltair	pres.	presennol
dang.	dangosol	rhag.	rhagenw
deu.	deuol	rhif.	rhifolyn
dib.	dibynnol	torf.	torfol
dyf.	dyfodol	trefn.	trefnolyn
ebych.	ebychiad	un.	unigol
g.	gwrywaidd		